www.ingramcontent.com/pod-product-compliance
Lightning Source LLC
LaVergne TN
LVHW050532160826
845677LV00011B/2001

* 9 7 8 9 9 4 8 8 0 0 1 6 3 *

الوَمْضَةُ الشِّعريّةُ

سحرُ التشكيلِ.. بلاغةُ الجوهر

محمّد صابر عبيد

الوَمْضَةُ الشِّعريّةُ

سحرُ التشكيلِ.. بلاغةُ الجوهر

إصدارات دائرة الثقافة، حكومة الشارقة 2023 م

الناشر: دائرة الثقافة - حكومة الشارقة - الإمارات العربية المتحدة
الهاتف: 5123333 6 971+
البرّاق: 5123303 6 971+
الموقع الإليكتروني: www.sdc.gov.ae
البريد الإليكتروني: sdc@sdc.gov.ae

الطبعة الأولى 2023

811.009
ع م . و
عبيد، محمد صابر
الومضة الشعرية : سحر التشكيل، بلاغة الجوهر / محمد صابر عبيد. – الشارقة، الإمارات العربية المتحدة : دائرة الثقافة، 2023.
304 ص؛ 21X14 سم.
1 – الشعر العربي – تاريخ ونقد – العصر الحديث
2 – التذوق الفني
أ – العنوان
ISBN: 9789948800163

المقدّمة:

«ما أكثرَ الشعر... ما أقلَّ الشعر»

تبدو هذه العبارة الافتتاحيّة لخطاب المقدّمة «ما أكثرَ الشعر... ما أقلّ الشعر» على قَدرٍ إشكاليّ مُعيّنٍ من الالتباس، أو التضادّ أو المفارقة، بين دالَّي «أكثر» و«أقلّ» لموضوعٍ مشتركٍ واحدٍ هو «الشعر»، فهل يختلف الموضوع المحوريّ المُسمّى «الشعر» بين الطرفَين المتضادَّين («أكثر» و«أقلّ») أمّ إنّه واحد في الحالَين؟

وما هي الحدود الفنيّة والموضوعاتيّة والقيميّة بين الـ«أكثر» والـ«أقلّ» في ظلّ معاينة جوهر الشعر في طبقاته الأعمق، وتلمّس حجم تأثيره الثقافيّ النوعيّ ودوره الجماليّ في صناعة الدهشة والإمتاع والجدوى؟

وكيف يمكن أن تخضعَ المعادلةُ الشعريّةُ لجناحَي طائر الشعر المتضادَّين هنا: «أكثر» و«أقلّ» في هذا السبيل للحُكم على شعريّة الشعر وقدرته الكامنة على الخلود؟

لا شكّ في أنّ التوصلّ إلى إجابات شافية عن مثل هذه الأسئلة الشائكة لن تكون سهلة وفي المُتناوَل دائماً، مهما حشدنا من معطيات ومعلومات ومقاربات ومرجعيّات ونظريّات ومقدّمات وقواعد وقوانين، نعتقد أنّ بوسعها توفير الفرص المناسِبة لبلوغ أجوبة قادرة على حلّ هذا الإشكال الثقافيّ والمعرفيّ.

لا علامة أو قرينة بوسعها أولاً أن تفصل معنى لفظة «الشعر» الأولى، عن لفظة «الشعر» الثانية، على الرغم من حساسيّة التناقض اللفظيّ والدلاليّ الحاصل قبلها بين «أكثر» و«أقلّ»، لكنّ لكلّ حالة من حالَتي التفضيل المتكرّرة «أكثر/ أقلّ» رؤية خاصّة لنوعيّة «الشعر» المُراد وصفه في كلّ حالة، ففي الجملة الأولى «ما أكثرَ الشعر» يتبادر إلى الذهن فوراً الكثرة الهائلة لهذا النوع من النشاط الإنسانيّ الإبداعيّ، وحين نعاين الساحة الأدبيّة العربيّة مثلاً سنجد أنّ الشعر منذ العصر الجاهليّ حتى الآن كثيرٌ جداً في المحصّلة الكميّة الإحصائيّة. مع أنّ ما وصَلَنا من شعر ينتمي إلى العصور العربية القديمة أقلّ حتماً ممّا قيل فعلاً، ولا سيّما قبل مرحلة التدوين، على النحو الذي يجعل كثرة الشعر هذه هي الصفة الغالبة على شعرنا العربيّ منذ نشأته التي لا تعود إلى تاريخ محدّد واضح وحاسم، كما أخبرنا الجاحظ مثلاً، وقد ينطبق هذا الكلام على النتاج الشعريّ للأمم والأقوام والشعوب الأخرى في العالم أجمع على نحوٍ أو آخر ضمن هذا الفضاء المعياريّ العام والشامل.

نجد أنّ هذا الأمر المقترن بـ«كثرة» الشعر الذي يكاد ينطبق على أشعار الأمم الأخرى كلّها من دون استثناء، إنّما يشير في ذلك إلى قُرب جنس الشعر من طبيعة الحساسيّة الإنسانيّة المباشرة للإنسان بمرجعيّاتها الوجدانيّة والعاطفيّة والانفعاليّة، إذ ربّما يمرّ كلّ إنسان على وجه الأرض بمرحلةٍ ما يحاول فيها قرض الشعر على نحوٍ من الأنحاء، مع أنّ العرب هم الذين نُسبتْ إليهم مقولة «الشعر ديوان العرب» الشهيرة، في الوقت الذي برزتْ فيه الشعوب الأخرى بفنون كتابيّة أخرى كالملحمة والمسرح والسرد وغيرها، ويحكي تاريخ كلّ

أمّة عن جنس أدبيّ خاصّ بها يتميّز به شعبها تقريباً عن الشعوب الأخرى، على الرغم من أنّ التطوّر الحضاريّ فيما بعد ألغى هذا التميّز وانتقلت الفنون الأدبيّة والإبداعيّة بين الشعوب بحريّة كافية، وصارت هذه الفنون متاحة للجميع بلا استثناءات ولا شروط.

يبقى الشعر – تقريباً – لدى الشعوب جميعاً هو القاسم المشترك الأعظم الذي يجعل البشر كلّهم أقرب إلى روح الشعر فِطرياً منه إلى الفنون الأخرى، ويكون هو الحلم التعبيريّ الأوّل للإنسان كلّما وجد لغته تستجيب لأفق هذا الحلم وتموّجاته ومثيراته، وكلّما وجد حساسيّته تنطلق باتجاه الكلام الشعريّ القادر على التعبير عن قوّة الانفعال بالتجربة ومثيراتها، بما يحقّق للإنسان قدراً من السعادة الداخليّة البسيطة في أنّه تمكّنَ من التعبير عن شعوره بطاقةِ فرحٍ خاصّة، يمكن أن تلهمه قوّة اندفاع مضافة نحو تقبّلِ ظروف الحياة وفهمِ تقلّباتها واحتواء لياليها المظلمة بجانب نهاراتها الجميلة النيّرة.

هل الشعر هو الشعر نفسه دائماً، وفي الأحوال والمناسبات والظروف والمفارقات والتقلّبات كلّها، من حيث حجم حضور الفنّ والجمال والتأثير والقيمة فيه؟ فقد وضع العرب القدامى نظريّة خاصّة للشعر سمّيت عندهم «عمود الشعر»، وعرّفوا الشعر بأنّه «كلام موزون ومقفّى وله معنى» تعريفاً بالغ التداول والشيوع حتّى الآن تقريباً، فإذ كان «الوزن الشعريّ» محدوداً على مستوى الفضاء الإيقاعيّ بالأوزان الشعريّة العربيّة الستة عشر التي اكتشفها الخليل بن أحمد الفراهيديّ، وإذا كانت «القافية» مقيّدة بمجموعة من القوانين الصارمة التي لا يمكن تجاوزها، يظلّ الشرط الثالث «المعنى» مفتوحاً

على أفق غير محدّد بما لا يمكن تقييده أو ضبطه بقوانين وأعراف وتقاليد واضحة وحاسمة، وكأنّه هو الشرط الجوهريّ المتمرّد على التقنين والتقعيد والضبط الآليّ الأدواتيّ حيث تكمن شعريّة الشعر.

يجعل هذا الأمر من مفهوم «الشعر» مفهوماً رحباً مفتوحاً على آفاق شاسعة ومتعدّدة بتعدّد التوجيه الدلاليّ لمفردة «المعنى»، بوصفه مفهوماً بالغ الحيويّة وشديد التحوّل بفضل حساسيّته التي تستجيب بقوّة للخارج النصيّ، بما تنطوي عليه فلسفة المعنى من نظرياتٍ وقيمٍ ومفاهيمَ تتعدّد وتتنوّع بتعدّد المدارس اللغويّة واللسانيّة والبلاغيّة والشعريّة وتنوّعها، بحيث تُقلِقُ مفهومَ الشعر، وتضع في طريقه شبكة من التأويلات التي لا يمكن وضع حدّ قاطعٍ لها مطلقاً، وتبقى المسافة قائمة على الصعيد الفنيّ الجماليّ بين شعرٍ وشعرٍ، وبين تجربةٍ شعريّةٍ وأخرى، وبين قصيدةٍ وقصيدةٍ، بحسب طبيعة النظرية والرؤية والمنهج والحساسيّة الذوقيّة الخاصّة والمعرفة المتطوّرة في ميادين التجربة والشعر والقصيدة والشاعر أيضاً.

إنّ عبارة «ما أقلّ الشعر» تذهب إلى منطقة الشعر الأصيل المكتنز الخصب الضارب في جوهريّته وقيمته العليا على الصعيد التشكيليّ والتعبيريّ والتصويريّ والسيميائيّ معاً، بمعنى أنّ الشعر إذا ما توسّعنا في فتح مفهومه على أكبر أفقٍ ممكنٍ، فسيكون لكثير ممّن يصطلح عليهم «شعراء» الانتماء له، لكنّه سيبقى في ظلّ مقولة «ما أكثر الشعر»، الذي قد يتساوى فيه الجميع بلا تمييز ولا استثناء، وسيكون مطيّة للجميع يركب مسارَهُ القاصي والداني بلا معايير ولا قوانين ولا قواعد ولا أسس رصينة.

أمّا المقولة المضادّة «ما أقلّ الشعر» فإنّ القصد منها هو «القليل النادر الباهر» الذي تنطبق عليه مقولة الشعر المرتفع فنياً وجمالياً إلى أعلى درجات الشعريّة، فأيّ تجربة شعريّة شخصيّة مهما اتّسعت على صعيد الكمّ الإنتاجيّ، فإنّ ما يميّزها هو القليلُ النوعيُّ العميقُ الشعريّةِ منه، على النحو الذي يمكن فيه تلخيص تجربة أيّ شاعر في العالم بعددٍ محدودٍ من القصائد مهما ترك من قصائد قد تملأ عشرات الدواوين، ولا يُستثنى من ذلك شاعر واحد في العالم، وعلى مرّ العصور، مهما حقّق من سمعة وشهرة وقوّة تداول منقطعة النظير، حال ذلك حال الجواهر الثمينة النادرة التي يرتفع ثمنها بمستوى ندرتها وقلّة من يحصل عليها ويفوز بحيازتها، فالأقلّ الشعريّ هو الشعر الباقي الصافي الثريّ الغنيّ الممتلئ الخلاق، وما عداه سيذهب جُفاءً، فالأكثر يكون دائماً عُرضة للاستهلاك الأكبر بلا عناية نوعيّة تحافظ على خصوصيّته واستثنائه.

تندرج فعاليّة «المختارات الشعريّة» أساساً داخل منهجيّةِ ترجيحِ الأقلّ الشعريّ على الأكثر الشعريّ في هذا المضمار المفهوميّ، بوصفها ممارسة تفضيليّة انتقائيّة ترجيحيّة تنهض على رؤية نقديّة خاصّة بـ«نخل» الكثير الشعريّ العام المتاح للحصول على القليل الشعريّ النوعيّ المميّز، وما يُترك خارج فضاء الأقلّ الشعريّ لا يعني أنّه ليس شعراً في المعيار التقليديّ العام لمفهوم الشعر، بل يعني أنّ الأقلَّ المُختارَ هو عين هذا الشعر وكنزه وجوهره وحجره الكريم النادر، وما سواه لا يرقى إلى مرتبة ما يُختارُ، بحيث يمكن التنازل عنه والاكتفاء بالمُختار فحسب داخل معيار الترجيح والتقويم والنقد.

تتضمّن مقاربتنا في هذه الأطروحة النقديّة خصوصيّة هذا الموضوع الخطير – وهي تطال قضيّة المختارات – بوصفه موضوعاً خاصاً يمثّل «عيّنة الدرس والرصد والفحص والمعاينة» من جهة، وتنتخب المقاربةُ لها ميداناً نقدياً عنوانه «الومضة الشعريّة» للوصول إلى طبقة الجوهر الشعريّ النوعيّ الموصوف بـ«الأقلّ» من جهة أخرى، ويمكن النظر إلى قضيّة «المختارات» بوصفها «معياراً كمياً» لهذه الأطروحة، في حين يمكن معاينة مصطلح «الومضة الشعريّة» بوصفه «معياراً نوعياً» لها، وبتضافر المعيارَين معاً سيكون بوسعنا الاطمئنان في حدود هذه المقاربة على جدوى الممارسة النقديّة التي اعتمدناها سبيلاً لهذه الأطروحة.

وإذا كانت المقدّمة تقتضي الإشارة إلى عيّنة الأطروحة النقديّة في دراستنا، فلا بأس من القول إنّ شاعرية الشاعر علي العامري مدهشة بالمقاييس كلّها، وعلى الرغم من أنّنا سننتخب قصائد بعينها، أو مقاطع شعريّة بعينها، من قصائد أخرى، غير أنّ هذه المختارات المعنونة «كتاب الحدوس» تمثّل سبيكة شعريّة لا يمكن الإحاطة بجماليّاتها من دون الاستمتاع بقراءتها كاملة، ففي كلّ قصيدة منها رؤية شعريّة خصبة وثريّة وغنيّة لا بديل لها، تكتمل فيها شبكة العناصر الشعريّة اكتمالاً شديد النضج والحساسيّة والتوازن الإبداعيّ.

وحسبنا أنّنا توغّلنا في غابة «كتاب الحدوس» الدائمة الخضرة والثمر والسحر والطرافة والوعي والجمال والألق، لتنبثق الومضات الشعريّة المدهشة في الزوايا والظلال والمكامن كلّها بلا حدود ولا مصدّات ولا عوائق.

مفهوم الومضة الشعريّة

الفضاء الشّعريّ معياراً اصطلاحيّاً:

يعدّ مصطلح «الفضاء الشعريّ» من أخطر المصطلحات التي إذا ما تمّ ضبطها على نحوٍ منهجيّ صحيح وعالي المستوى، يمكن عندئذٍ تحديد شبكة المفاهيم المتعلّقة بالجنس الشعريّ وأنواعه وأقسامه وتفرّعاته وأشكاله وأنماطه بدقّة ووضوح وطمأنينة، إذ يضع هذا المصطلح الحدود بين مصطلح شعريّ «نوعيّ شكليّ» وآخر اعتماداً على طبيعة تشكيل عناصر كلّ مصطلح، مع ما تمثّله كثرة المصطلحات وتزاحمها وتواردها وتوالدها بلا توقّف من حَرَجٍ مفهوميّ، قد يثير مشكلات جمّة على صعيد الدرس النقديّ في مجال نقد الشعر.

وبما أنّه لا مشاحة في المصطلح بعد الاتفاق على المعنى نظرياً؛ فلا بأس في كثرة المصطلحات داخل فضاء الشعر بشرط أن تكون ناضجة وصحيحة وفاعلة ومثمرة، وبعد ذلك لا بدّ من وضع حدود للمصطلحات التي تتشابك أحياناً، ويتداخل بعضها ببعض على النحو الذي يمكن أن يثير لبساً، بما يتوجّب وضع معيار منهجيّ فاصل يبيّن هذه الحدود ويضع كلّ مصلح – قدر المستطاع – داخل فضائه النوعيّ المميّز.

سنقارب هنا مجموعة من المصطلحات الرائجة في ميدان الأشكال

الشعريّة التي عرفتها الشعريّة العربيّة الحديثة على نحو واضح وشائع. ومن هذه المصطلحات التي تذهب نحو تعيين الشكل الشعريّ الخاصّ هو «القصيدة الديوان»، وهي القصيدة الواحدة التي تصدر في ديوان كامل خاصّ بها لا يحوي سواها، وثمّة أمثلة كثيرة على هذا الشكل الشعريّ، لعلّ من أشهرها «مديح الظلّ العالي» للشاعر محمود درويش، إذ تعتمد هذه القصيدة – في هيمنتها على الديوان الكامل من البداية إلى النهاية – على تقانات شعريّة سرديّة ودراميّة وملحميّة تسمح لها بهذا الامتداد الشعريّ الشاسع، ويقوم فضاؤها الشعريّ على خصيصة واضحة هي أنّ الديوان مخصّص لهذه القصيدة فقط، وهي من الطول الكتابيّ ما يسمح أن تشغل القصيدةُ مساحةَ ديوان شعريّ كامل ضمن الحدود الكتابية المعروفة للديوان الشعريّ.

أمّا مصطلح «القصيدة الطويلة» فهو مصطلح يقع على مستوى المساحة الكتابيّة التي تشغلها هذه القصيدة دون «القصيدة الديوان» من حيث الحجم الكتابيّ، إذ يمكن أن يضمّ الديوان الشعريّ الواحد الذي تندرج فيه «القصيدة الطويلة» قصائد أخرى طويلة أو قصيرة أو غير ذلك، وهذا الشكل الشعريّ المعروف والمتداول كثيراً يأخذ من «القصيدة الديوان» كثيراً من عناصرها التشكيليّة، غير أنّ هذه العناصر الشعريّة السرديّة والدراميّة والملحميّة تعمل في القصيدة الطويلة على نحو أقلّ كثافة وعمقاً واتّساعاً ونشاطاً من القصيدة الديوان، وربّما يحيل طولها وهو يمتدّ عشرات الصفحات في الديوان على هذا المصطلح فوراً، من دون الحاجة الماسّة إلى التثبّت من خصائص فنيّة أخرى تؤكّد فضاءَها الشعريّ الطويل.

يأتي المصطلح الآخر الأدنى في سلّم الطول الهابط إلى الأسفل ضمن صورة تعيين الأشكال الشعريّة المعروفة بعنوان «القصيدة القصيرة»، وهو مصطلح يتّجه نحو تعيين الشكل الشعريّ القصير، ويقابل في جنس السرد «القصّة القصيرة»، وهي القصيدة التي قد تشغل عدداً قليلاً من صفحات الديوان، وتشتغل على بؤرة شعريّة محدّدة، وتميل إلى الغنائيّة أكثر من ميلها إلى التشكيل السرديّ والدراميّ والملحميّ، وتشتغل على قضيّة محدودة لا تحتاج مزيداً من الكلام الشعريّ لبلوغ طبقاتها وظلالها وزواياها وتفاصيلها.

وربّما يأتي في السياق نفسه مصطلح «القصيدة القصيرة جداً» مناظراً أيضاً لـ«القصّة القصيرة جداً»، من حيث تصغير حجم الكتابة الشعريّة إلى ما دون الصفحة الواحدة في صفحات الديوان الشعريّ تقريباً على مستوى الكمّ الكتابيّ، وتذهب هذه القصيدة إلى مقاربة بؤرة شعريّة شديدة التكثيف والتركيز حول موقف شعريّ بالغ المحدوديّة والتموضع، وتنشط اللغة الشعريّة في هذه القصيدة للضغط على الصورة كي تعبّر بكثافة هائلة عن جوهرها، وهي تستخدم أقلّ ما يمكن من الدوال للتعبير عن أكبر ما يمكن من الدلالة.

يتجلّى – في خضم البحث عن أشكال القصيدة – شكلٌ ينطوي على تفاعل تشكيليّ جوهريّ وأصيل مع تقانة الصورة يُصطلح عليه «القصيدة الصورة»، ويحضر هذا الشكل الشعريّ حين «يعمد الشاعر إلى تكثيف تجربته إلى الحدّ الذي يجعل من القصيدة صورة شعرية واحدة»[1]، وقد يبدو «السبب في ميل الشعراء إلى هذا النوع من القصائد هو ما تتمتع به من التركيز والتكثيف، بحيث يمكن

للشاعر التخلص من الاستطالات التي عانى منها الشاعر كثيراً»[2]، والتوجّه نحو أقصى ما يمكن من الكلام للتعبير عن الحالة أو الموقف أو الرؤية بحساسيّة شعريّة عالية، تنتهي إلى صيغة تشكيليّة بارعة لا يمكن تكرارها أو استعادتها على هذا النحو مطلقاً.

يمكن أن يندرج مصطلح «البقع الشعريّة الأرجوانيّة» في هذا السياق الشكليّ لمقاربة الأشكال الشعريّة على هذا النحو، بما ينطوي عليه المصطلح من فعاليّةٍ تنويريّةٍ فنيّةٍ من جهة وتمثّلٍ شكليٍّ يتّجه نحو صورة معيّنة من جهة أخرى، إذ «تظهر جماليّات التنوير الشعريّ في القصيدة بوصفها خلاصات التجربة وعصاراتها في قدرتها على الاحتواء والتمثيل والاستقطاب والتشكيل، بما يجعل من الرؤية الشعرية الحاملَ المركزيّ للطاقة الفنيّة القادرة على تشعير المكان والزمن والحدث، وتشييد لغة شعرية قادرة على الإدهاش بما تتركه من لذّة فائضة في مستقبلات المتلقّي، وهو يتقصّى مناطق النفوذ الشعريّ الجماليّ في جغرافيا القصيدة»[3]، إذ يتبلور ضمناً في شكليّة محدّدة تقدّم نموذجاً شكليّاً داخل الفضاء الشعريّ العام للنصّ.

وعلينا هنا أن نعود من جديد إلى استذكار مدوّنة النقد العربيّ القديم لتلمّسِ ما يشبه هذه الرؤية الاصطلاحيّة، حيث «يمكن استعادة المفهوم الخاص بالتنوير الشعريّ والبقع الشعرية الأرجوانية على نحو ما في المدوّنة النقديّة العربية القديمة فيما كان يصطلح عليه «بيت القصيدة»، وهو البيت الذي تتجمّع فيه بؤر التنوير الشعريّ كلّها بحيث يكون بالغ الكثافة والخصب والتدليل والتصوير، ولفتِ الانتباهِ القرائيّ نحو غزارته وقيمته التعبيرية والتشكيلية بما يجعله

بقعة شعرية أرجوانية مشعّة، غير أنّ «بيت القصيدة» هذا في القصيدة الجديدة تحوّل إلى مجموعة من البؤر الدلالية التي تشعّ هنا وهناك في أجزاء مختلفة من القصيدة، وهي تمثّلُ نوعاً من الاندفاعة الشعورية التشكيلية الخاصة التي لا يمكن أن تخلو من صنعة»[4]، غير أنّ هذه البقعة يمكن أن تتكرّر وتبرز في مناطق كثيرة من القصيدة الواحدة، بما يجعل أكثر من «بيت قصيدة» يتجلّى في مناطق متعدّدة من طبقات القصيدة بهيكلها الكليّ.

وإذا ما انتهينا أخيراً إلى ما نصطلح عليه هنا «الومضة الشعريّة» نكون قد وصلنا إلى شكل شعريّ يتميّز بميزات شعريّة شديدة الخصوصيّة، ويأخذ المصطلح معناه الأوّليّ من طرَفيه المُتَواصِفَين، إذ يستعير دلالة الومض السريع والإشعاع الباثّ والإشاريّة اللامعة من دالّ «الومضة»، ويستعير خصائص التعبير الشعريّ المعروفة كلّها من دالّ «الشعريّة»، على النحو الذي يستقرّ فيه عند حشد هذه الخصائص والسمات داخل المحتوى المفهوميّ للمصطلح، وهو يشير إلى نماذج متنوّعة ومختلفة ومتعدّدة في هذا المجال.

نعود في ختام هذه المقاربة إلى «الفضاء الشعريّ» بوصفه الأداة المعياريّة الأساس للتفريق بين هذه الأشكال أو الأنواع الشعريّة، فإذا كانت المساحة الكتابيّة لكلّ شكل أو نوع شعريّ يمكن أن تكون معياراً أوّلياً في هذا الصدد، فإنّ هذا المعيار وحدَه يمكن أن يثير لبساً فيما يخصّ أشكالاً متقاربة في مساحاتها الكتابيّة، إذ كيف نضع حدوداً كتابيّة تتعلّق مثلاً بعدد الأسطر أو الكلمات أو الصفحات بين القصيدة القصيرة والقصيدة القصيرة جداً، وبينها وبين البقعة الشعريّة

الأرجوانيّة أو الومضة الشعريّة، حين نكتفي بالمعيار الكمّيّ وحده، فقد نأتي على قصيدة قصيرة جداً، لكنّها لا تمثّل بقعة أرجوانيّة شعريّة، وهي ليست ومضة شعريّة أيضاً، مع أنّ عدد الكلمات فيها يسمح بذلك على وفق المعيار الكميّ، بمعنى أنّه لا بدّ من حضور خصائص وسمات أخرى فوق المعيار الكميّ للاطمئنان على صحّة التصنيف الشكليّ ودقّته، وهو ما يفرض علينا التوسّع في مقاربة مصطلح «الومضة الشعريّة» اعتماداً على المفهوم الاصطلاحيّ العام للفضاء الشعريّ، بما ينطوي عليه من كفاءة وصلاحيّة لتعيين الأشكال الشعريّة وتمييزها.

تفتح هذه الرؤية المجالَ واسعاً نحو مقاربة المحصّلة القيميّة للشعر على نحوٍ عام، بهذا المعنى الضارب في خصوصيّته وتمركزه حول فهمٍ معيّنٍ ينطلق من جهات المفهوم كلّها، إذ لا يمكن الحكم على قيمة الشعر كمّاً أو نوعاً «إلا من داخلها، بل إنّ اعتبار الغايات البعيدة سواء كان ذلك عند الشاعر أثناء عملية الإبداع، أو عند القارئ أثناء مروره بالتجربة، إنّما هو ينزع إلى التقليل من القيمة الشعرية، وذلك لأنّ مثل هذا الاعتبار يغيّر من طبيعة الشعر عن طريق إخراجه من ميدانه الخاصّ به، فليست طبيعة الشعر في كونه جزءاً أو صورة من العالم الحقيقيّ (بالمدلول الشائع لهذه العبارة)، بل في كونه عالماً قائماً بذاته كاملاً ومستقلاً»[(5)]، ويستقرّ هذا المفهوم في الحدود النصيّة أولاً، وفي حاضنة الخطاب ثانياً، بما يجعل من مفهوم الومضة الشعريّة نصيّاً ميداناً حياً لمقاربة الشعر من داخله.

الومضة الشعريّة مصطلحاً نقديّاً:

يعود مصطلح «الومضة» إلى مرجعيّة الجذر اللغويّ الثلاثيّ «ومض»»، ومنه مصدر «الومض» الذي ينحصر معناه السياقيّ في الضوء الخاطف السريع الانطفاء بعد أن يترك أثراً، «والوَمْضَ والوَمِيضُ من لمعانِ البرق وكل شيء صافي اللون، وقد يكون الوميض للنار، وأومض البرق إيماضاً كومض، فأما إذا لمع واعترض في نواحي الغيم فهو الخَفوُ، وأومض له بعينه: أومأ، وفي الحديث: هلا أومضت إليّ يا رسول الله أي هل أشرت إليّ إشارة خفيّة من أومض البرق وومضَ. وأومضت المرأة: سارقت النظر، ويقال: أومضته فلانة بعينيها إذا برقت»[6]، فثمّة كثير من المعاني والدلالات تترشّح من هذه الجذور اللغويّة الدلاليّة لهذا الدالّ الثريّ، ولا سيّما حين يتّصل بجنس أدبيّ هو الشعر يحظى بعناية بالغة من لدن الإنسانيّة جمعاء.

تتحرّك القراءة على بساط النصّ كي تفتح فيه ما تيسّر من الآفاق للولوج إلى أعماقه وتفكيك شفراته وتعويم جماليّاته، «فالعبء في فكّ شفراته واستيعاب مقصده وتحقّق مرجعيّته يقع كلّه على (القارئ/ المستقبِل)، وهذا يعني أنّ إشكاليّة النصّ مرتبطة بإشكاليّة الخطاب؛ أي بما يتهيأ لها من وضعيّات لسانيّة تعمل على تحقيق المقصد المبيّت الذي يُراد تسريبه من خلال البنية التركيبية القائمة للنصّ»[7]، حيث تتركّز المقاصد جميعها في قدرة قارئ النصّ على بلوغ الدلالة العميقة التي يخبّئها في طبقاته العميقة.

ولا شكّ في أنّ العناية الجديدة باللغة منحت الدلالة القيمة الأكبر والأوفى في التعبير العام والتعبير الأدبيّ على وجه أخصّ، وكشفت في هذا المضمار «أنّ سؤال الدلالة أكثر جوهريّة من سؤال التمثيل، وأنّ التمثيل لا يصنع اقتصاد العلامة، ويقتضي الأمر إذاً، ومن أجل فهم كيف يقوم الذهن بالتمثيل ببساطة، أن نفهم أولاً كيف تدلّ العلامة»[8]، ولا سيّما في الخطاب الشعريّ الحديث بوصفه أعقد أنواع الخطابات من حيث تعقيد الإنتاج الدلاليّ، وزجّه في فضاء إبداعيّ خلاق، يستوجب فهماً دقيقاً وشاملاً للحراك السيميائيّ الذي تشتغل عليه العلامة الشعريّة في سبيل إنتاج الدلالة وتوظيفها في سياق التشكيلات الشعريّة المختلفة، ومنها في هذا المقام ما اصطلحنا عليه هنا «الومضة الشعريّة» ضمن تشكيل دلاليّ علاميّ شديد النوعيّة والخصوصيّة.

استلّ المعنى الاصطلاحيّ المشتغِل في حقل الدلالة الأدبيّة جزءاً كبيراً من هذا المعنى كي يشغّله لصالحه، إذ نظر إليه كثير من النقّاد والباحثين والمشتغلين الدارسين في هذا الحقل من زوايا نظر اصطلاحيّة إجرائيّة كثيرة، حين تعلّقَ الأمر بمعاينة «قصيدة الومضة» – على سبيل التخصّص الاصطلاحيّ – التي تعدّ شكلاً نوعياً من أشكال القصيدة العربيّة في وجهٍ مهمٍّ من وجوه شعريّاتها، فهي في نظر بعضهم «قصيدة خاطفة تتنامى بأسلوب السرد المونتاجيّ، وتكتمل ببذرة الختام، لكنّها تهتم بالقول التعبيريّ، والتركيز على الفكرة الشعرية وتناميها مع عدم الاهتمام باللغة وتحديثها، لأنّ قاموس القصيدة محدود وقصير»[9]، مما يوجب معاينة الشكل والرؤية واللغة والصورة وتفاصيل الأدوات والعناصر التشكيليّة الأخرى، على نحو

دقيق وحاسم يعمل لإدراجها كلّها في سياق محدوديّة المساحة اللغويّة الكلاميّة التي تشغلها هذه القصيدة في الفضاء الكتابيّ للنصّ الشعريّ، فكلّ عنصر من عناصر تشكيل قصيدة الومضة يعمل بآليّة قصديّة واضحة ضمن إطار الهدف العام لإنتاجها.

يمكن معاينة قصيدة الومضة على هذا الأساس بوصفها نمطاً مكثفاً جداً من أنماط التشكيل الشعريّ الحديث، ينفتح على فضاء تأويليّ رحب، وعلى قراءات متعددة لا يمكن حصرها أو تقييدها، تتضمّن «إشارية لمّاحة عليها أن تثير الأسئلة، وتستفزّ حاسة التخيل، والتخمين لدى القارئ»[10]، لكنّ شرط المساحة الكتابيّة المحدودة يبقى هو الشرط الأظهر الضامن لحضور الشروط الأخرى اللاحقة له وتفعيلها على نحوٍ أو آخر. وعلى قصيدة الومضة في هذا السياق أن تتضمن في مجمل تشكيلها صورة، أو حكمة، أو خاطراً سريعاً بأقصى درجات التمركز والتكثيف[11]، كي تحافظ على استقلاليتها النوعيّة القادرة على أن تمنح المصطلح فعاليّته في عدم انصهاره تحت قوّة مصطلحات أخرى مجاورة، والسعي لحشد شبكة من الخصائص والسمات لدعم شرعيّة المصطلح ومضاعفة كفاءته في الميدان.

يتردّد في هذا المضمار ما يمكن عدّهُ مصطلحاً مضاهياً يتقارب كثيراً مع مصطلح «الومضة الشعريّة» وهو «الضربة الشعريّة»، التي يُقصد منها وفيها التركيز اللغويّ الشديد في منطقة كتابيّة محدودة جداً ومتمركزة حول ذاتها، يحقّق فيها الشاعر «أكبر قدر ممكن من التركيز والتكثيف الذي يستوعب عموم التجربة بأقلّ مساحة كتابية ممكنة»[12]، حيث تحضر صفات التركيز والتكثيف ومحدودية

المساحة الكتابيّة بوصفها شروطاً مركزيّة لا يمكن تجاوزها، كما يقوم هذا الشكل الشعريّ عند باحث آخر «على تناقض بين حالتين، أو على طرافة الصورة أو طرافة الفكرة، أو على النهاية المدهشة التي تتفق مع ما يتقدمها، أو المدهشة التي تختلف مع ما يتقدمها»[13]، بحيث تتنوّع داخل هذا المسار تنوّعاً كبيراً وفاعلاً، وتقترب أو تبتعد من بعضها في السبيل نحو إثراء المصطلح وتعميق جوهره.

وقد يُنظر إلى هذه القصيدة في سياق آخر بوصفها «الجملة الشعرية والتوقيعية المركزة والخاطفة التي تحتشد فيها الدوال احتشاداً صياغياً متضامناً ومتضافراً على المستويات كافة، من أجل إنجاز أكبر قدر من حساسية التشكيل الشعريّ الجماليّ داخل الحيّز المكانيّ الضيّق نسبياً لمساحة الجملة الخطيّة»[14]، بما يجعل الجانب البَصَريّ يتدخّل حين يتمّ التركيز على مساحة سواد الكتابة المحدود المؤلّف للومضة الشعريّة، بما يمنح الومضة الشعريّة حيويّة أكثر في اللعب والتموّج على الخطوط النصيّة كلّها.

ينفتح مفهوم «الومضة الشعريّة» على عدد كبير من الفضاءات الدلاليّة والصوريّة والتشكيليّة التي تجعل من دالّ «الومضة» معنىً متموّجاً، يحرسه الشعر ويوغل فيه، ويتدخّل في أصغر جزئيّاته ومكوّناته الظاهرة والخفيّة، ومن جملة هذه الفضاءات الشعريّة التي تحيط بالومضة: الخطف والبريق والإدهاش واللمعان والسحر والإيقاع النوعيّ الخاصّ والمباغتة والمفارقة واللحظويّة والإشارة واللمحة وغيرها، وهي تحتشد في خاتمة الرحلة القرائيّة في بؤرةِ تلقٍّ واحدةٍ مشتركةٍ تتكثّف داخلها المعاني والأوصاف كلّها.

ولكلّ مفردة من هذه المفردات معنى خاصّ يتكوّن داخل أسوار المصطلح، فمعنى الخطف هو التفاعل مع العين الباصرة القارئة بحساسيّة شديدة السرعة، بما يتوجّب على هذه العين التقاط المعنى الخاطف الذي ينبغي أن تحصل عليه من أوّل نظرة، إذ تشحذ العين القارئة كامل طاقاتها وبأعلى كفاءة ممكنة للتلّقي الخاطف.

تنفتح صفة «البريق» على قوّة الإشعاع الشعريّ المنبعث من لحظة التلقّي الاستثنائيّة للمكتوب الشعريّ، بحيث يلمح القارئ في فضاء كلّ دالّ من دوال الومضة بريقاً خاصّاً يبعث على السعادة، ويحرّض على التأويل، وتتوالد من هذه الصفة شبكة صفات أخرى مثل «الإدهاش»؛ لأنّ البريق الذي لا يولّد الإدهاش هو بريق لا فنيّ، وكذلك صفة «اللمعان» التي تجعل المفردات تشرق على نحو كأنّها تستخدم أوّل مرّة، وصفة «السحر» التي تجعل الاندماج بين القارئ ومفردات الومضة الشعريّة على تواصل دائم لا ينقطع.

تتمخّض هذه الصفات النوعيّة داخل فضاء «الومضة الشعريّة» عمّا يمكن تسميته «الإيقاع النوعيّ الخاصّ»، وهو ينبثق من إيقاعيّة الدوال ودلالاتها في سبيكة شعريّة واحدة موحّدة، ثم تأتي على مستوى الموقف الشعريّ صفة «المباغتة والمفارقة»، حيث تخترق المألوفات وتكسر آفاق التوقّعات، بما يجعل من الصورة الشعريّة فيها صورة «لحظويّة» تقوم على فاعليّة الإشارة واللمحة ذات الطبيعة العلاميّة السيميائيّة.

تنعكس هذه المعاني والدلالات والقيم والصفات والتجلّيات كلّها حين نقاربها في «الومضة الشعريّة» على طبقة اللغة الشعريّة أولاً،

فتفرض عليها آليّة الاختزال والاقتصاد والتمركز والتكثيف، بحيث تظهر اللغة وهي في أبلغ حالات رقيّها وصفائها وإبهارها، وتكون في أعلى درجات النشاط والتأثير الجماليّ في مساحة عملها على نحوٍ ديناميّ متحرّك، وهو ما يجعل اللغة الشعريّة تتكشّف عن طاقتها الومضيّة الكامنة كي تؤدّي هذه الوظيفة على أكمل وجه، من حيث استفزاز حمولاتها السيميائيّة لأجل دلالات أوسع وأشمل وأعمق.

وحين نقاربها على صعيد التدليل أولاً، فلا بدّ أن نتطلّع في «قصيدة الومضة» إلى أعلى طاقة دلاليّة ممكنة داخل أقلّ ما يمكن من الدوال، في سياق الحفر داخل أعماق كلّ دالّ من دوالها المشارِكة في الحفل الشعريّ، والكشف عن حمولاتها الدلاليّة الكثيفة الثاوية في طبقاتها المختلفة من أعلى طبقة إلى أدنى طبقة، بعقلٍ تحليليّ وتأويليّ وجماليّ يحسب أنّ ما سيتمكّن من العثور عليه أقلّ ممّا يستعصي على العثور، وبمزاج قرائيّ يعي تماماً أهميّة هذه النوع من القراءات وخطورته وقيمته، بما يجعل النصّ الومضيّ قابلاً لمزيد من القراءات التي قد لا تفيه حقّه مهما كثرت وتعدّدت وتنوّعت.

وحين نقاربها على صعيد التصوير ثانياً، فلا بدّ أن نتوقّع الصورة الخاطفة التي تلتمع من وجوه عدّة، وتنهض على وجه مرآويّ واحد يختزل الوجوه الأخرى المُحتمَل ظهورها بين آونة وأخرى، وهذه الخصيصة التصويريّة قد لا تظهر في أشكال شعريّة أخرى غير هذا الشكل؛ لذا يجب على القارئ أن يلتقط الصورة الخاطفة قبل زوالها وغيابها، بحيث لا يبقى منها بعد ذلك سوى القشور، إنّها لحظة ساخنة تسهم في عرض الصورة ودعمها بكلّ ما يمكن من

قدرات التوصيل كي يلتقطها القارئ بسهولة خاطفة، وهي على هذا النحو بحاجة إلى قارئ نوعيّ يدرك جماليّة هذا الشكل وقدرته على الصوغ الشعريّ النادر.

منهجيّة القراءة بين التنظير والإجراء:

تحدّد منهجيّةُ القراءة الصورةَ التي يمكن أن تنتهي إليها هذه المعالجة النقديّة، وأيّ معالجة أخرى من هذا النوع، وهي تقارب نصاً أدبياً مقاربة جماليّة منتِجة لا تكتفي بتوكيد صفاته الجماليّة النوعيّة؛ بل تكشف عن الخصوصيّات الداخليّة التي تبرهن على صدق هذا التوكيد وحيويّته، وطالما أنّ المناهج النقديّة المتداولَة مرّت بمراحل عديدة ابتداءً بالمناهج السياقيّة التقليديّة، ومن ثمّ الثورة المنهجيّة الكبرى بظهور المنهج البنيويّ النصيّ وما بعده، وصولاً إلى نظريات القراءة والتلقّي والنقد الثقافيّ والنقد المعرفيّ وغيرها، فإنّ الرؤية النظريّة الحاوية للمنهج هي التي تحدّد طبيعة حاجة القراءة لمنهج معيّن وضروريّ ومناسب، يكون مركز القراءة ومحورها ودليلها وجسرها نحو بلوغ الغاية وتحقيق الهدف، انطلاقاً من كثافة المنطلقات النظريّة وتمركزها حول ذواتها؛ وانتهاءً برحابة الإجراءات على صعيد الممارسة النقديّة الميدانيّة النصيّة.

قد لا يفي منهج واحد بمتطلّبات القراءة وحاجاتها وحيثياتها وظلالها وجيوبها وتجلّياتها، فتتسلّل آليّاتٌ وأدواتٌ وتقاناتٌ من مناهج أخرى كي تبلغ القراءة مقاصدها، وتبرهن على فروضها، إذ ليس هناك ما يمنع من تداول أكثر من آليّة منهجيّة في قراءة واحدة، بشرط

أنّ من يحدّد التصوّر العام للحراك المنهجيّ في أرضيّة الممارسة النقديّة هي الشخصيّة النقديّة وليس المنهج، فالمنهج بما ينطوي عليه من آليّات وعدّة عمل ليس سوى واسطة تساعد الشخصيّة النقديّة في الوصول إلى مقاصدها ونتائجها.

يظهر الناقد صاحب الشخصيّة النقديّة بوصفه الحلقة الأقوى في مكوّنات النظرية النقديّة؛ لأنّه الفاعل الشخصيّ الميدانيّ المباشر على أرض القراءة، وتعكس شخصيّته الناقدة طبيعة علاقته بالنظرية والرؤية والمنهج على نحو واضح في مسرح الإجراء النقديّ التطبيقيّ، ولا سيّما حساسيّة العلاقة بين مرجعيّات النظرية المُتجلّية في أدوات المنهج النقديّ وإجراءاته في ميدان العمل، بحيث تنبثق شبكة من الأسئلة الضروريّة في هذا السياق.

هل سيدين هذا الناقد بالولاء المطلق للمرجعيّات النظريّة وتقاليدها المنهجيّة الرصينة المتعالية، أم إنّه ينتمي لشخصيّته النقديّة الخاصّة، وهي تتمثّل النظرية والرؤية والمنهج وتنتهي في النهاية إلى أن تعمل لحسابها؟

يتمّ طرح هذا السؤال الإشكاليّ في المراجعة الضروريّة التي تحتّم علينا فهم جوهر العمليّة النقديّة التي ينهض بها الناقد بآليّات ممارستها داخل الميدان، إذ «إنّ الناقد الذي لا يتعبّد بأقوال المنظرّين، قد ينسى أحياناً جملة القواعد النظريّة وهو أمام نصّ يشعّ إيحاءً ودلالاتٍ وصوراً بكراً. ثم يرى نفسه – وهو يعاود التمحيص والنظر – مضطراً إلى المواءمة بين مكوّنات ثقافته وذوقه وتجاربه لكي يقدر على مواكبة النصّ والعيش معه وفيه. وهذا جوهر عملية

التمثّل الخليقة وحدها بأن تمدّه بالعون على الإتيان بالجديد المُبتكَر، والنجاة من تكرار ما يقوله الآخرون، وما يضعه سواهم في شرحه وعرضه وتفصيله»[15]، فلا جديد ومبتكر وخلاق بلا شخصيّة نقديّة تتفوّق على ضرورات المنهج وتستجيب لإشعاع النصّ وبريقه وقوّة إدهاشه.

إنّ مجموع عناصر التشكيل النصيّ وعلاقاتها المتبادَلَة هي التي تخلق قيمة العناصر فيها[16]، فلكلّ عنصر من عناصر التشكيل قيمة خاصّة تتلاءم وطبيعة فعاليّته في سياق حشد هذه القيم المشتركة للحصول على نتيجة واحدة، ولا بدّ إذن من إدراك هذه القضيّة إدراكاً منهجياً يحتّم على القارئ فهم هذه الآليّة ومستوى تأثيرها في المتن النصيّ، على النحو الذي يحتاج فيه القارئ لوعيٍ شاملٍ وآليّة قراءة حفريّة تقع على حيويّة عناصر التشكيل وتباشرها في الصميم، ومن ثمّ السعي إلى تفكيكها لمعرفة ميكانزماتها الباطنيّة العاملة في تشكيل الفضاء النصيّ بعمارة من عناصر مشتبكة ومتفاعلة، تكوّن القيمة التي تبرهن على مقصديّة النصّ بما فيه من رؤية ذات موضوع وقضية ومشكلة وأطروحة ومقولة.

تحتاج قراءة موضوع «الومضة الشعريّة» في الخطاب الشعريّ الحديث منهجاً بنيوياً سيميائياً في الدرجة الأساس، إلا أنّ استقصاء القيم الفنيّة والجماليّة والعلاميّة والدلاليّة في هذا الموضوع سيكون بحاجة ماسّة للشخصيّة النقديّة أكثر من حاجته لأكاديميّة المنهج، على الرغم من ضرورة حضور الرؤية المنهجيّة بروحها وإجرائيتها وتجلّيها القادر على تحليل الطبيعة الفنيّة والموضوعيّة

للومضة الشعريّة، بما يجعل ضرورة حضور الفضاء المنهجيّ العام في إطار ضبط حركة المفاهيم والمصطلحات داخل فعاليّة القراءة النقديّة في مستوياتها المختلفة، فالمنهج هنا إنّما هو أداة فاعلة ذات حساسيّة خاصّة تقع في يد الشخصيّة النقديّة التي يجب أن تُحسن استعمالها على أكمل وجه.

فلسفةُ المختارات

هُويّة المختارات وتطوّرها:

تعود كتب «المختارات الشعريّة» في تاريخ الشعريّة العربيّة إلى مجموعة ممارسات أدبيّة نوعيّة في هذا الحقل اشتغلت عليها مدوّنة الأدب العربيّ القديم، بوصفها فعاليّات ذات طبيعة نقديّة «ذوقيّة» تكشف عن مزاج العصر الأدبـيّ والثقافيّ من جهة، وتعطي من جهة أخرى صورة عن بروز حساسيّة نقديّة جماليّة تذهب باتجاه الانتقاء والاختيار والتحديد والتفضيل، في سياق فهم تشكيليّ عام يقود إلى التوغّل الجماليّ في جوهر الإنتاج الشعريّ ومؤونته المركّزة البارعة، ويكمن في قصائد مُعيّنة شديدة الخصوصيّة يتمّ اختيارها بناءً على شبكة من المعايير النقديّة المتداولة والمعروفة والمتعمدَة في وقتها، يشتغل عليها صاحب المختارات، ويلتزم بها على وفق رؤية خاصّة لا يحيد عنها ما وسعه ذلك، مع عدم إغفال الذوق الشخصيّ وهو يتحكّم بلحظة الاختيار وحساسيّته وأسلوبه وطريقته ومقصديّته.

ولا شكّ في أنّ مصطلح «بيت القصيدة» الشهير في النقديّة العربيّة القديمة يحيل إلى ممارسة اختياريّة دقيقة ونوعيّة في هذا المجال، وهو يعيّن البيت الشعريّ المفرد الأغزر تشكيلاً ومعنىً في كلّ قصيدة بما يمثّل حساسيّة هذا الاختيار ونموذجه، إذ يتّجه إلى أقلّ

بنية شعريّة ممكنة في هيكل القصيدة العربيّة وهي «البيت الشعريّ»، بحيث تظلّ آليّاتُ الاختيار الوجهَ النقديّ الأبرز في تاريخ الشعريّة العربيّة على هذا النحو، ولأجل ذلك يسمى السطر من القصيدة العربية بالبيت، وترجع هذه التسمية إلى وجه الشبه بينه والبيت المعروف، فبيت الشعر يضمّ الكلام، كما يضمّ البيت أهله.

وقد أتى عليها النقد العربيّ القديم اصطلاحاً لدى أكثر من أديب عربيّ تدخّل في صوغ هذه الرؤية فقد «قال الثعالبي: بيت القصيدة يضرب في تفضيل الشيء على كلّه... يقال فارس الكتيبة وأول الجريدة وبيت القصيدة. قال المتنبي:

ذُكِرَ الأنامُ لنا فكان قصيدةً　　　أنت البديعُ الفردُ في أبياتها

وهذا البيت بيت القصيدة التي عرضها»[17]، وهو ما نستشفّه هنا من طبيعة الفعل الاختياريّ الذي يذهب إلى أقصى درجاته في اختيار البيت الواحد الممثّل للقصيدة بأكملها، بحيث تأتي المختارات على درجة أقلّ من حساسيّة الاختيار ومقصديته، وتمضي في سبيل اختيار جملة قصائد من كمّ شعريّ يمثّل تجربة الشاعر، إذ يُتاح هنا لصاحب المختارات أن ينتقي قصائد عديدة تحتشد كلّها ضمن سياق واحد في نهاية الأمر، لتعبّر عن هويّة الذوق النقديّ الذي يتحكّم في الاختيار بناءً على معطيات وأسس ومرجعيّات، تمثّل الأرضيّة المنهجيّة التي يتمّ بموجبها تفضيل قصيدة على أخرى داخل فضاء الاختيار.

انتسبت عنوانات بعض هذه المختارات إلى أسماء مُعدّيها مثل المفضّليات نسبةً إلى المفضّل الضبّي، والأصمعيات نسبة للأصمعيّ،

وأخذ بعضها الآخر عنوانات أخرى بحسب هُويّة الاختيار مثل جمهرة أشعار العرب، وسمّى أبو تمّام مختاراته بـ«ديوان الحماسة» لتنفتح محاولة أبي تمّام على محاولات أخرى تقلّدت عنوان «الحماسة» دليلاً على نوعها الشعريّ ومنهجها في الاختيار مثل «حماسة الشجريين، والحماسة البصرية، وديوان الحماسة للمرزوقي، وللبحتري، وديوان الحماسة للتبريزي» وغيرها.

كان لحماسة أبي تمّام الأولويّة على مستوى الأهميّة في النظر إلى قضية المختارات الشعريّة التراثيّة، إذ «إنّ حماسة أبي تمّام من أمهات كتب التراث العربيّ التي استحقّت – عن جدارة – أن ترتفع إلى مكانة سامقة بين كتب الاختيارات الشعريّة، وحظيت بتعدّد رواياتها، وكثرة شُرّاحها، وكان لها عظيم الأثر في الارتقاء بالذوق الأدبيّ، وفي إثراء النصوص الأدبيّة ونقدها. ولهذا يؤكّد دارسو الأدب العربيّ ونقّاده: أنّ أبا تمّام كان في اختياراته، أشعر منه في شعره، مع أنّ منزلته الشعريّة الرفيعة ليس محلّ خلاف»[18]، وهو ما يمنحها هذه المكانة النوعيّة في سياق هذا النوع من الجهد الأدبيّ ذي الطبيعة النقديّة الضمنيّة.

تكشف الأقاويل النقديّة التي دارت حول حماسة أبي تمّام عن الأهميّة الثقافيّة والأدبيّة والنقديّة التي تنطوي عليها المختارات، فعلى الرغم من هذا الرأي الذي شاع كثيراً عن علوّ كعب مختارات أبي تمّام في حماسته قياساً بشعره يعبّر عن حَسَدٍ شعريّ أو مناكفة شعريّة، للطريقة الفريدة المتميّزة التي اختطّها أبو تمام في بناء قصائده بتشكيلها اللغويّ المعروف، إلا أنّ ذلك يدلّ في الوقت نفسه

عن المنزلة التي وصلتها المختارات الشعريّة على أكثر من صعيد، بحيث صارت لدى البعض تضاهي تجربته الشعريّة.

يمكن النظر إلى كتاب «طبقات فحول الشعراء» بوصفه نموذجاً نقدياً مثالياً لقضية المختارات في هويّتها النقديّة المنهجيّة، إذ ذهب ابن سلّام في كتابه هذا إلى منطقة نقديّة ذات ذراعَين منهجيين اثنين؛ يتمثّل الأوّل في معيار «الطبقات» بما يعكسه من حساسيّة تفضيل بين طبقة سابقة وأخرى لاحقة، فيما يتمثّل الثاني بمعيار «فحول» وهو يتّجه نحو استخدام مفردة «فحل» بقيمتها الذكوريّة المركزيّة المهيمنة، والمفردتان كلتاهما تقومان على فعاليّة التفضيل والاختيار في المعاينة والتصنيف والإقرار، وقد وضّح ابن سلام فلسفته النقديّة في التفضيل والاختيار ضمن هذا السياق على هذا النحو:

«ففضّلنا الشعراء من أهل الجاهليّة والإسلام والمخضرمين الذي كانوا في الجاهليّة وأدركوا الإسلام، فنزّلناهم منازلهم، واحتججنا لكلّ شاعر بما وجدنا له من حجّة، وما قال فيه العلماء. وقد اختلف الناس والرواة فيهم. فنظر قوم من أهل العلم بالشعر. والنفاذ في كلام العرب، والعلم بالعربيّة، إذا اختلفت الرواةُ فقالوا بآرائهم، وقالت العشائر بأهوائها، ولا يُقنع الناسُ مع ذلك إلا الرواية عمّن تقدّم. فاقتصرنا من الفحول المشهورين على أربعين شاعراً، فألّفنا من تشابه شعره منهم إلى نظرائه، فوجدناهم عشر طبقات. أربعة رهط كلّ طبقة، متكافئين معتدلين»[19].

وبوسعنا هنا التقاط الدوال النقديّة التي تكشف عن فلسفته في

الاختيار والتفضيل في «ففضّلنا الشعراء من أهل الجاهليّة والإسلام والمخضرمين الذي كانوا في الجاهليّة وأدركوا الإسلام، فنزّلناهم منازلهم، واحتججنا لكلّ شاعر بما وجدنا له من حجّة»، ضمن معايير التفضيل وتنزيل المنازل والاحتجاج، ثم يمضي في شرح آليّات عمله بدقّة منهجيّة كبيرة «فاقتصرنا من الفحول المشهورين على أربعين شاعراً، فألّفنا من تشابه شعره منهم إلى نظرائه، فوجدناهم عشر طبقات. أربعة رهط كلّ طبقة، متكافئين معتدلين»، ضمن رؤية نقدية تقوم على تحديد العدد، ووضع كلّ مجموعة في طبقة ينتظمها التشابه بين النظراء، ليجد أنّ عدد الطبقات هو عشر، وأنّ ما يصلح لكلّ طبقة أربعة ينهض اختيارهم على حالة التكافؤ والتعادل.

تكون نظرية ابن سلام في كتابه هذا قائمة على مبدأ نقديّ صارم وضعه دليلَ عملٍ له والتزم به أيّما التزام، في سياق رؤية متكاملة لمرحلة شعريّة أساسيّة في تاريخ الشعريّة العربيّة على أكثر من مستوى فنيّ ومكانيّ وزمنيّ، انتقى فيها ابن سلام ما يمكن أن يمثّل التجربة الشعريّة كلّها داخل هذه المختارات والتصنيفات المقيّدة، ذات الطبيعة التفضيليّة القائمة على رؤية منهجيّة شرَحَها ووضعَ أسساً معيّنة لها في كتابه.

تطوّرت فكرة المختارات فيما بعد؛ وتعزّزت فيها الرؤية النقديّة، واتّسعت معاييرها النقديّة على نحو أعمق وأشمل وأوسع، وظلّت حاضرة ومتجوهرة في مختلف العصور والأزمنة على النحو الذي تحتاج فيه إلى دراسة شاملة تتقصّى أشكالها وأساليبها ومناهجها، حتّى أخذت في عصر الشعريّة العربيّة الحديثة مساقاً آخر أكثر وعياً

وذوقاً ونقداً، وتعدّدت أنواع هذه المختارات وأشكالها ومقاصدها بحسب هويّة صاحبها وزمنه ومكانه وطبيعته وهدفه، منها ما حاول الإحاطة بعصور شعريّة معيّنة، أو تجارب شعريّة تنضوي تحت تيار شعريّ واحد، أو تجربة شعريّة بعينها لشاعر واحد له من العمق والانتشار، ما يجعل تجربته الشعريّة قابلة لمثل هذه الممارسة، أو أنّ شعراء لأسباب مختلفة ينحون هذا النحو في اختيار نماذج من قصائدهم يضعونها في كتاب يضمّ مختارات من عموم تجاربهم، يسهّلون فيها على مجتمع القراءة والتلقّي الاطلاع على تجاربهم في سياق مُوجّه ومختَصَر.

جاء «ديوان الشعر العربيّ» لأدونيس بأجزائه المتعدّدة كي يمثّل رؤية جديدة حداثيّة في فلسفة المختارات، وحظيت بعناية واسعة لما تمثّله اختيارات أدونيس من رؤية نقديّة أصيلة حيال الشعريّة العربيّة القديمة، لا بل ذهب أدونيس أكثر من ذلك في كتاب سمّاه «ديوان البيت الواحد» انتخب فيه بيتاً شعريّاً واحداً لكلّ شاعر، انسجاماً مع فكرة «بيت القصيدة» التي ترى في البيت الشعريّ المنتخَب غزارة شعريّة فائقة يستحق فيها البيت المنتخَب هذه الاستقلاليّة، فانفرد الشاعر أدونيس بهذه الخاصيّة التي تكشف عن اطلاعه الكثيف والعميق على تجربة الشعريّة العربيّة في مختلف عصورها، وقدّم رؤيته لها في سياق هذه المختارات الثمينة التي وجدت لها في ميدان الثقافة الشعريّة العربيّة موقعاً مهماً.

تجلّى وعي أدونيس في أعلى درجاته حين اتجّه ذوقه المدرَّب والممرَّن والخصب في كتابه «ديوان البيت الواحد» نحو بيت شعريّ

مخصوص بعينه، بما يحيل إليه ذلك من رؤية نقديّة عميقة وفاحصة عبّر عنها أدونيس فيما بعد، وهي أنّ ما يبقى من أيّ شاعر في أيّ عصر ليس سوى قصائد قليلة تمثّل جوهر تجربته، وأنّ أغلب ما يكتبه هو تمارين شعريّة توصله إلى هذا المنتخب النادر من شعره، وغالباً ما يتلخّص الشاعر بمجموعة منتخَبَة من قصائده تمثّل الجوهر الإبداعيّ الحقيقيّ لفضاء هذه التجربة.

ومن ثم واصل أدونيس ذلك في مختاراته للشعريّة العربيّة الحديثة كي تطال اختياراته بعضَ الشعراء التقليديين مثل الرصافي والزهاوي وأحمد شوقي، وبعضاً من شعراء الحداثة الذين خَبِرَ تجاربهم جيّداً مثل السياب ويوسف الخال، فضلاً على مختارات أخرى غير شعريّة لمفكرين تنويريين مثل عبد الرحمن الكواكبي ومحمد رشيد رضا ومحمد بن عبد الوهاب، وكان لها تأثير بالغ في إشاعة ذوق شعريّ وثقافيّ وفكريّ ناضج حيال ما اختِيرَ من نصوص شعريّة على يد أدونيس، أو ما قدّمه من مختارات فكريّة ذات طبيعة تنويريّة وطليعيّة أيضاً، وهو الخبير التنويريّ الطليعيّ العارف بما يختار، وكيف يختار، ولماذا يختار باستخدام آليّات اختيار رصينة ذات طبيعة شعريّة ونقديّة في آن.

منهجيّة المختارات:

يؤدّي المنهج – وهو ينتج الفاعليّة المنهجيّة الإجرائيّة في رسم سياسات الكتابة – دوراً شديد الأهميّة والخطورة في بلوغ نتائج واضحة وعلميّة ومهمّة تحقّق الرؤية، إذ «حدّد أصحاب منطق بور

رويال المنهج تحديداً دقيقاً، وجعلوه القسم الرابع من علم المنطق. عرّفوه بأنّه: فنّ التنظيم الصحيح لسلسلة من الأفكار العديدة، من أجل الكشف عن الحقيقة حين نكون جاهلين بها، أو من أجل البرهنة عليها للآخرين عندما نكون عارفين بها. أصبح منهج الوسيلة المؤدية إلى الهدف المطلوب، التي يتبعها الباحث في دراسته للمشكلة كشفاً عن الحقيقة بوساطة طائفة من القواعد العامة، تهيمن على سير العقل وتحدد عملياته حتى يصل إلى نتيجة معلومة»[20]، بما يجعل العمل قادراً على الحركة والحريّة في أعلى درجات التفاهم والتكامل والإنتاج، ويجسّد النظريّة على أرض الواقع التطبيقيّ العمليّ.

لا بدّ لهذه المختارات إذاً – مهما كان شكلها وطبيعتها وظروفها ومناسبتها وفلسفتها – من منهجيّة نقديّة واضحة وعمليّة، تقوم على أساسها في ضوء المعطيات المتاحة لآليّة الاختيار والانتخاب والتصنيف، إذ لا يمكن أن تخضع العمليّة لمزاجٍ عابرٍ أو رغبة تأتي عفو الخاطر بلا حسابات ذات رؤية ومنهج، فقد تحتاج هذه العمليّة إلى مزيد من التخطيط والنظر والمعالجة والتدقيق والتمحيص والمقارنة والمضاهاة والصبر، وغيرها من الفعاليّات النقديّة ذات الصلة التي تمّهد للوصول إلى قناعة راسخة وأكيدة بوصول القصائد المختارَة إلى درجة الانتخاب القطعيّ في أعلى درجة ممكنة، بحيث تمثّل القصائد التي تُختارُ بناءً على هذه الرؤية النقديّة الحاوية المثال الأعلى والأجمل في التجربة الشعريّة، وتتحقّق الطمأنينة الذوقيّة الممنهجة لبلوغ أفضل النتائج وأرقاها.

يمكن تقسيم ظاهرة المختارات الشعريّة عموماً إلى قسمين رئيسين

يمثّلان فضاء هذه الظاهرة وقيمتها ورؤيتها وهويّتها ومنهجها، القسم الأوّل هو أن يقوم صاحب المختارات باختيار قصائد لغيره حتّى وإن كان شاعراً مثل أدونيس في مختاراته المتنوّعة، والقسم الثاني يتعلّق بالشاعر الذي يختار لنفسه من طبقات تجربته الشعريّة ومستوياتها في ظرف معيّن ومناسبة معيّنة، وفي القسمين يشحذ الشاعر إمكاناته الذوقيّة كلّها في هذه الممارسة النقديّة الانتخابيّة، على وفق رؤية شاملة تقوم على جملة من المعايير الذوقيّة والنقديّة المنهجيّة، تخضع دائماً لهويّة المختارات ومقاصدها ووظائفها.

يتقصّد الشاعر في القسم الثاني وهو يختار من تجربته الشعريّة صفوةَ شعره – كما تراه ذائقته الشخصيّة لحظة الاختيار – كي يضعه في كتاب خاصّ يوصف منهجياً بـ«المختارات»، أن يتشدّد كثيراً في تطبيق المعايير النقديّة التي يؤمن بها لانتخاب الأفضل في سياق مقاصد الاختيار الأساسيّة، وهو ما يقوده في الأغلب الأعمّ إلى اختيار الأقلّ، وتنحية الأكثر كي يصل إلى النتيجة المرجوّة، ضمن فعاليّة نقديّة شديدة التعقيد تجعل الأكثر المُنحّى أقلّ أهميّة من القليل المُنتقَى، ويشير هذا الأقلّ النادر إلى ما يمتلكه من خواص شعريّة أصيلة تعبّر عن جوهر التجربة في نماذجه العليا.

حين يستعرض الشاعر تجربته، ويسلّط عليها رؤيته وذوقه النقديّ الفاحص تمهيداً لممارسة الاختيار بإجراءاته المتنوّعة، فإنّه يستحضر ما يمتلك من حساسيّة لها علاقة بتاريخ التجربة العام والخاصّ للذهاب نحو الأفضل والأنقى والأصفى، في سياق حساسيّة نقد-شعريّة تتحكّم بها ظروف وعوامل زمنيّة ومكانيّة ومناسباتيّة

شديدة الخصوصيّة، تمثّل في النهاية فرصة حقيقيّة لمراجعة المنجز الشعريّ الخاصّ بتجربة الشاعر والنظر إليه بعين نقديّة فاحصة، وتثبيت رؤية نقديّة يمكن أن تفصل الأهم شعرياً عن الأقلّ أهمية.

يستند الشاعر في ذلك – وهو ينتخب من قصائده ما يحسب أنّه الأفضل والأسمى والأكثر فنيّة وجمالاً ودلالة – إلى معرفته الدقيقة التي لا يعرفها أحد غيره، في مستوى أهميّة كلّ قصيدة عنده بناءً على طبيعة التجربة ونتائجها الفنيّة والجماليّة والثقافيّة والتداوليّة، فيلتقط الجوهر الراقي الأصيل ويستثني الأقلّ جوهريّة بحسب زمن الاختيار ونوعيته ومقصده وفلسفته، وهو في ذلك يبلغ أعلى درجات الحيويّة والصدق والأمانة والحساسيّة والذوق؛ لأنّ الأمر يتعلّق بهويّته الشعريّة ونموذجها، إذ يدرك أنّ ما سيختاره من شعره سيكون ممثلاً حاسماً للمنطقة الثرية الخصبة في تجربته، وسيعوّل القارئ كثيراً على فلسفة الاختيار بوصفها شهادة ذاتيّة في تجربة الشاعر الشعريّة الخاصّة، ويعتمدها أساساً في تشكيل رؤيته ونظرته وموقفه من تجربة الشاعر عموماً حين يعاين هذه المختارات بوصفها الصفوة الشعريّة.

وإذا ما كانت المختارات الشعريّة تمثيلاً حقيقياً لتجربة الشاعر برمّتها فيمكن النظر إليها بوصفها النموذج المنتخَب القارّ لهذه التجربة، لأنّ مقاربة تجربة الشاعر نقدياً لا بدّ أن تأتي على التجربة الشعريّة الكاملة للشاعر، كي يتسنّى للممارسة النقديّة الإجابة المتكاملة على سؤال التجربة من حيث الكمّ الشعريّ والتاريخ الشعريّ والهويّة الشعريّة، غير أنّه في حالة وصول المختارات الشعريّة إلى درجة

تمثيل التجربة بأكملها على نحوٍ واضح وعميق، يمكن في هذه الحالة معاينة هذه المختارات على أنّها ملخّصٌ مُغْنٍ للتجربة بطمأنينة نقديّة جيّدة، على أساس أنّ الشاعر انتقى من مساحة تجربته ما رآه قادراً على التمثيل، وتحقيق الهويّة في سياق انتخاب أكثر القصائد قرباً إلى روح الشعر ووعيه ورؤيته.

وقد اعتمدنا ذلك في تجربة الشاعر علي العامري وهو يخوض تجربة المختارات الشعريّة، بما يمتلك من حساسيّة متميّزة وذوق شعريّ عالٍ أهّلَهُ لوضع مختاراته من تجربته الشعريّة في الموضع الصحيح المناسب، على النحو الذي يجعل من مقاربتها نقدياً صورة جوهريّة وأساسيّة من مقاربة تجربته الشعريّة كاملة، مما يوفّر قناعة نقديّة بوسعها أن تؤكّد نجاعة المحاولة وصدق توصّلاتها النقديّة، ضمن المحور القرائيّ الذي اعتمدته الدراسة النقديّة عموداً فقرياً لمقاربتها على وفق منهجيّة نقديّة، تأخذ بنظر الرصد والفحص والمعاينة شبكة الأدوات الملائمة داخل طبقات الحقل القرائيّ الخاصّ.

شعريّة «كتاب الحدوس» وتجربة المختارات:

يقدّم الشاعر علي العامري مختارات شعريّة له من تجربته الشعريّة ذات المجموعات الشعريّة الثلاث الصادرة بين عامَي 1993م و2012م، وقد وضع لها عنواناً خاصّاً هو «كتاب الحدوس – مختارات من ثلاث مجموعات شعريّة –»[21]، ووضع لذلك عتبة تقديم توضّح صورة هذا الإجراء الأدبيّ بعنوان «هذه المختارات» ونصّها: «تضمّ هذه المختارات قصائد للشاعر علي العامري من

مجموعاته الثلاث: الأولى «هذي حدوسي.. هذي يدي المبهمة» الصادرة عن دار آرام للدراسات والنشر والتوزيع، في عمّان، عام 1993م، والثانية «كسوف أبيض» الصادرة عن المؤسسة العربية للدراسات والنشر في بيروت، عام 1997م، والثالثة «خيط مسحور» التي صدرت طبعتها الأولى عن وزارة الثقافة الأردنية، عام 2012م، وصدرت طبعتها الثانية عن دار فضاءات للنشر والتوزيع في عمّان، عام 2014م، كما صدرت طبعتها الإسبانية بترجمة الدكتورة عبير عبد الحافظ، عن «بيت الشعر» في سان خوسيه عاصمة كوستاريكا، عام 2014م»[22].

ينحو عنوان المجموعة الأولى نحواً جُمَليّاً في تشكيله: «هذي حدوسي.. هذي يدي المبهمة» يبدأ باسم الإشارة المقترن بياء النسب، إذ ينقسم العنوان على قسمين/ «جملَتَين» متوازيتين ومتناظرَتين في تشكيلهما ودلالتهما، تشتغل الجملة الأولى «هذي حدوسي» على الفضاء العرفانيّ غير الحسيّ المرتبط بالحدس في صيغته الجمعيّة المُسنَدَة إلى ياء المتكلّم «حدوسي»، بكلّ ما ينطوي عليه التعبير من انتماء وتمركز وإشاريّة وعلاميّة يعرض فيها الشاعر ضمن عتبة العنوان طبقة غامضة وسريّة من طبقات شعريّته، وتشتغل الجملة الثانية الموازية «هذي يدي المبهمة» على الحسيّ الجسديّ في نموذجه البرهانيّ «يدي» في طبقة الموصوف، غير أنّ طبقة الصفة تنزاح عن معناها الحسيّ لتلتحق فوراً بالعرفانيّ المتجلّي في دالّ «المبهمة»، إذ ينتهي المعنى الصريح الواضح لـ«اليد» وتسهم الصفة «المبهمة» في إدخال الموصوف داخل فضاء غامض يتحطّم على

أعتابه احتمال الوضوح والإبانة والشيوع، على النحو الذي يجعل عتبة العنوان داخل قوس العرفان في جملَتيه المتوازيتين.

أمّا عنوان المجموعة الثانية «كسوف أبيض» فهو يقوم على بنية نعتيّة مكوّنة من جملة خبريّة يحيل فيها الموصوف «كسوف» إلى حالة طبيعيّة خاصّة تحدث للشمس نهاراً فتحجب نورها، في حين تتّجه الصفة نحو مفارقة عكسيّة تماماً تجعل الانزياح العنوانيّ انزياحاً مطلقاً ضمن فعاليّة تضادّ كامل للأصل، فالكسوف الشمسيّ حين يحدث يحيل الفضاء العام إلى كتلة سوداء بعد أن يحجب ضوء الشمس عنه، بينما يحلّ البياض على كسوف القصيدة كي يشحنها بأكبر طاقة من نور البياض.

تعمل عتبة عنوان المجموعة الثالثة للشاعر علي العامري على حساسيّة التشكيل النعتيّ العنوانيّ الموازي إفراداً وتنكيراً للعنوان السابق، فالعنونة «خيط مسحور» تقوم على جملة خبريّة نعتيّة تحيل إلى أضعف وأرفع أداة «خيط» تحتفل بمضمونها السحريّ، بحيث تنفتح على فضاء سيميائيّ لا حدود له، ولا يمكن التنبؤ به من دون التوغل في متاهات المتن النصيّ للقصيدة، حيث يتجلّى المعنى الشعريّ المتصادي مع عتبة العنوان.

تأتي المجموعة الشعريّة الأخيرة التي تضمّ مختارات منتخَبَة من المجموعات الثلاث السابقات بعنوان «كتاب الحدوس»، وهي تحاول أن تضمّ «عنوانيّاً» فضاءات العنوانات الثلاثة السابقات في عنوان جامع مانع يحشدها في فضاء عنوانيّ سيميائيّ واحد، وهو عنوان خبريّ أيضاً يقدّم الخبر المفرد المنكّر «كتاب» بكلّ ما يحويه من

خزين دلاليّ عميق وشاسع ومتعدّد وأصيل، سرعان ما يضاف إلى مفردة «الحدوس» بما تنطوي عليه من إلماحات وتجلّيات وإضاءات تتحدّر من عتبات العنوانات الثلاثة السابقات، وتحقّق العتبة العنوانيّة الجديدة القدر المناسب من حيويّة الأمان العنوانيّ الذي يضمن لها فكرة الاحتواء والتمثيل والاكتساب، على النحو الذي يجعل ثُريّا العنوان قادرة على الإضاءة الكاملة في منطقة السابق واللاحق.

تضمّ مفردة «كتاب» ذات المرجعيّات الثريّة الخصبة كثيراً من المعاني والدلالات المستقطَبَة من جملة المعارف المتداولة والمعروفة، فضلاً على المرجعيّة الدينيّة القارّة حين تنتقل من عتبة التنكير إلى منصّة التعريف، وهي دالّ جامع لا تتبدّى محتوياته إلا بوساطة ما يضاف إليه كي تتحدّد هويّته وتبين مضامينه «الحدوس»، ولا شكّ في أنّ دالّ «الحدوس» بصيغته الجمعيّة المعرّفة ينفتح على طاقات دلاليّة لامحدودة، ويستعير من جوهر عنوانات المجموعات الشعريّة الثلاث للشاعر ما يخدم فكرة المختارات ويخصّبها، ولعلّ اختيار العنونة الجامعة «كتاب الحدوس» على هذا النحو إنّما يعكس طبيعة الحساسيّة الشعريّة التي جاءت عليها المختارات.

يتميّز شعر علي العامري بمجموعة من الخواص الفنيّة التشكيليّة التي تجعل منه شاعراً ذا فرادة نوعيّة خاصّة، فهو لا يشبه أيّ شاعر آخر في قدرته على التعامل مع اللغة واستبطان طبقاتها وطيّاتها وخفاياها وأسرارها وتموّجاتها، يأتي إليها بحذرٍ جماليّ مرهف ومحسوب ليأخذ منها ما يريد من دون أن تحتجّ عليه أو تتمنّع أو ترفض، فاللغة بطبيعتها كائن غرّ ينطوي على قدرٍ كبيرٍ من المراهقة

والغرور والغموض والتمويه، والانكفاء على الذات والتمركز حولها، بحيث لا يمكن التفاعل معها بسهولة كما قد يتصوّر بعضهم ممّن يتوقّف عند طبقة اللغة القشريّة ويحسب أنّه قد حصل على ما يريد منها.

يدرك الشاعر علي العامري هذه الحقيقة كما نرى؛ فيتعامل مع اللغة على أساسٍ من التفاعل الحرّ القائم على احترام الدالّ واحتوائه وفهمه في أبسط حالاته، ومن ثمّ توسيع دائرة الدخول إلى ميدان اللغة شيئاً فشيئاً حتّى يستقرّ الحال له داخل وهج الجوهر، ليبدأ عمليّة النهل من المَعين الصافي والماء العذب والانعكاس الحيّ، فيشحن تجربته الشعريّة بما يأخذ؛ لذا فهو لا يُفرّط بكنزِ اللغةِ إلا فيما يفيد ويثري ويغني ويؤسّس وينتِج، وتتوجّه فاعليّته على هذا النحو باقتصادٍ شديدٍ في استخدامه اللغويّ المناسب والضروريّ، بالقدر الذي يُشبع الحالة الشعريّة المطلوبة ويخصّبها ويملأ فراغاتها، إذ لم نجد زيادات واستطالات كثيرة تترهّل فيها صوره الشعريّة فتجعل حركتها صعبة بلا انسياب.

يلخّص «كتاب الحدوس» تجربة علي العامري الشعريّة على نحو أصيل ومتكامل، في قدرته على تمثيل الرؤية الشعريّة التي يطلّ فيها العامري من شرفةٍ باهرةٍ على الأشياء والطبيعة والإنسان بكلّ ما تختزنه من حراك وجدل وإبداع، وبمجرّد الدخول في عوالم قصائده يشعر المتلقّي أنّه يأنسُ لتفاصيل هذه التجربة وحيثياتها وفضاءاتها ابتداءً من حيويّة المفردة الواحدة، ثمّ طبيعة التركيب في تشكيلاته اللغويّة المتنوّعة؛ وهي تأخذ داخل الكيان الشعريّ مساحات بِكراً

كأنّها تستعمل أوّل مرّة بأناقة ومعرفة، وحتّى البناء الجُمَليّ الشعريّ الآخذ في التبلور والتنوّع والتعدّد والإدهاش والاتّساع، وصولاً إلى الفضاء النصيّ العام لكلّ مقطع شعريّ أو قصيدة مكتملة تناظر أخرى وتتضاهى معها على نحو من الأنحاء، فيما يمكن أن نصطلح عليه هنا «التكاثف الشعريّ» أو «التعاضد الشعريّ» الذي يعرض مجمل القصائد على شاشة شعريّة واحدة اسمها «كتاب الحدوس»، هذه الشاشة التي لعبتْ فيها شبكةٌ ملوّنةٌ من الومضات الشعريّة المرسومة بعناية شاعر محترف يعرف ماذا يفعل بدقّة ووعي وحساسيّة مرهفة.

القصيدةُ الومضةُ

يشتغل البحث السيميائيّ في الشعر على إنتاج المعنى الشعريّ في درجة عالية وفاعلة وأثيرة من درجاته الكثيفة الخصبة، غير أنّ هذا «المعنى لا يُعطى للكلمات؛ لا بواسطة الأوليّة، أي بواسطة اللغة نفسها، ولا بواسطة الثانوية، أي بواسطة الأشياء نفسها، بل يُعطى بواسطة الفكرة التي هي الموضوع الخاص للتداوليّة. وإذن فلا وجود لعلم الدلالة من دون التداوليّة»[23]، بما يؤسّس لعلاقة وثيقة لا يمكن فصمها بين السيميائيّة والتداوليّة في السبيل نحو إنتاج المعنى الشعريّ، ونحسب أنّ مقاربة «القصيدة الومضة» في هذا الفضاء النقديّ المخصوص تخضع على نحو ما لهذه المعادلة المنهجيّة في رصد الظاهرة الشعريّة.

يبقى البحث في تشكيليّة «القصيدة الومضة» بحثاً عن نوع خاصّ من المعنى الشعريّ الكامن بين طيّات بريق الدوال وتموّجاتها وتحوّلاتها، إذ «في كلّ الحالات يبقى همّ الناقد واحداً، إنّه رصد انتظام المعنى، وتنظيم الاختلافات بشكل متّسق لتوصيف القانون الذي يتحكّم في بناء المعنى»[24]، على النحو الذي يعكس طبيعة الحراك السيميائيّ للمعنى الشعريّ داخل منظومة الدوال وشبكاتها، وهو حراك مستمرّ لا يتوقّف ولا يهدأ طالما أنّ القصيدة بتشكيلها

اللسانيّ والشعريّ خاضعة للتداول القرائيّ، بما يسهم في إنتاج دلاليّ للمعنى الشعريّ يتّسق ويتلاءم ويتوافق مع كلّ قراءة.

ينتمي ما نصطلح عليه «القصيدةُ الومضةُ» هنا لشكل القصيدة القصيرة أو اللقطة الشعريّة المضيئة في فضاء قصيدة معيّنة، وهي تسعى إلى استثمار كنز الشعريّة الكامن في جوف الكلام وطبقاته على مستوى التعبير والصورة والإيقاع والتدليل، إذ إنّ الشعر في هذا السياق «هو طاقة الكلام الثانية، هو سلطة من السحر والافتتان، سلطة يضطلع علم الشعر بالكشف عن أسرارها»[25] وفضاءاتها الخفيّة، فصفة السحر والافتتان بسلطتها الشعريّة الطاغية هي ما يبحث عنها القارئ في مرايا القصيدة، وغالباً ما يتجلّى في «القصيدة الومضة» حين يتحقّق فيها أعلى درجات الإشراق الشعريّ.

يمكن معاينة مصطلح «الومضة الشعريّة» نصيّاً في سياق التشكيل النصيّ المختلف لجوهر هذه القصيدة، فمثل هذا النصّ بطبيعته «يتحرّك حركة عضويّة بين أنساقه التي يبنيها بناءً نصوصياً متماسكاً ومتداخلاً، وهو تداخلٌ يقوم على علاقات حيّة تربط أجزاء النصّ ربطاً حياً»[26]، في أعلى درجات التماسك النصيّ بما يجعل من كتلة كلاميّة شعريّة شديدة الثراء والعمق، تشعّ من جوانبها كلّها طاقةً إبداعيّةً خلاقةً لا تهدأ ولا تنطفئ، من هنا تبدأ مسيرة «قصيدة الومضة» بالبروز والحضور والتأثير في مسيرة الشعر بوصفها النموذج الشعريّ التشكيليّ النوعيّ الخاصّ، الذي يحتاج إلى حساسيّة استقبال مرهفة وعارفة وحيويّة تُدرِك طبيعته وخصوصيّته ومستوى تأثيره في حقل التلقّي الجماليّ.

تقوم فلسفة التأويل الشعريّ في طبقة جوهريّة ومركزيّة من طبقاتها على اللغة بوصفها «الوجود الجدير بالفهم»[27] كما يرى غادامير، إذ إنّ «حركة الفهم وإنتاج المعنى وإدراك الدلالات واستدراك الحقائق مسألة لا يعتريها التوقّف أو التعطيل، ما دام أيضاً اللفظ الجوّاني أو التعبير الباطنيّ يسمع همسه كأصداء لا تنتهي ذبذبتها ولا تستنفد طاقاتها»[28]، وعلى القارئ تشديد الانتباه وتركيزه إلى أعلى درجة يمكنه فيها التقاط هذه الذبذبة واستيعاب حركتها الدلاليّة المُنتِجة للمعنى الشعريّ، وهو في أبلغ درجات وجوده الفهميّ العميق.

يمكن وصف النشاط القرائيّ في هذا السياق بما يُصطلح عليه «القراءة المضمرة İMPLİCATİON» الذي يستخدمه الناقد «للدلالة على إبراز جانب غامض في الشعر، فالنصّ يتضمّن عناصر لم يستطع أحد أن يراها؛ نظراً لأنّه يعتمد في بنائه على الزمن، ويحدّث القارئ عن الاجتماعيّ والتاريخيّ من خلال ما قد يبدو جمالياً أو روحياً أو أخلاقياً في لحظة تاريخية محددة»[29]، على النحو الذي يجعل من النصّ الشعريّ كتلة كلاميّة لا بدّ من الإحاطة بمجمل خطابه للوصول إلى طبقات ما يحتويه.

تتجلّى «الومضة الشعريّة» في طيّات كثيرة من قصائد «كتاب الحدوس» لعلي العامري، وهي تأخذ أشكالاً مختلفة على صعيد التشكيل والصياغة وسلطة السحر والافتتان، كما يصف جان كوهن طاقة الكلام الثانية، ففي قصيدة عنوانها «ظلّ» تنبثق ومضتان شعريّتان تتفاعلان وتتناظران وتتوازيان داخل منظومة شعريّة واحدة، تتحرّك الأولى من مثابة عتبة العنوان باتجاه التشكيل الومضيّ على هذا النحو:

«في ظلّها شجرٌ

وموسيقى

تسيلُ

على المياهْ»[30].

يستقرّ عنوان القصيدة «ظلّ» على معطى مفرد منكّر يعوم دلالياً في أوسع فضاء ممكن، وهو يخضع لعددٍ لامتناهٍ من احتمالات التأويل بحكم طبيعة الإفراد والتنكير، غير أنّ الومضة الشعريّة تبدأ من عتبة التكوّن الأنثويّ للظلّ «في ظلّها» بدلالة الضمير «الهاء» العائد على مؤنّث، فتتّجه الدلالة هنا نحو الفضاء الأنثويّ كي تتهيّأ أداةُ التأويل على هذا الأساس للدخول في هذا النسق، فتلتحق مباشرة مفردة «شجرٌ» لتحيل إلى الطبيعة في مركز أساس من مراكزها التقليديّة المعروفة، وتفتح أفق الدلالة على مضمار ينطوي على قدرٍ عالٍ من الحرية والحياة والعطاء والديمومة والاستمرار.

سرعان ما تلتحق بها مفردة «موسيقى» في حالة عطف اندماجيّة تعطي لمفردة «شجر» روحاً أعلى في استقطاب المعاني واستيلاد الـدلالات، ولا سيّما حين تنفتح دلالـة الحراك الشعريّ لمفردة «موسيقى» على حراك شعريّ سائل «تسيلُ على المياهْ»، يغذّي شجر الومضة الشعريّة بطاقة مزدوجة توفّر الحياة المائيّة المطلوبة في سياق، وتدعم الحضور الإيقاعيّ المكتظّ بالفرح والبهجة في سياق آخر، داخل منطقة إيقاعيّة ثرّة يوفّرها عادةً البحر الكامل بتحوّلاته الموسيقيّة العريضة والمنفتحة على أوسع طاقة وزنيّة ممكنة.

إنّ تأخير الفعل المضارع «تسيلُ» بعد شبه الجملة «في ظلّها شجرٌ وموسيقى» يمنح الصورة التشكيليّة فرصتها في تكريس أركانها بعيداً عن حركيّة الفعل، إذ إنّ شبه الجملة على هذا النحو الصوريّ بدت وكأنّها مكتملة تشكيلياً، وحين يدخل بعدها الفعل ميدان الفضاء الشعريّ فإنّه يستثمر حساسيّة هذا التكوين الصوريّ استثماراً حياً، يستعير من مفرداته ما يناسب معناه المائيّ المرتبط بالشجر في معنى حسيّ، بالموسيقى في معنى سيميائيّ يتّصل بقدرة الموسيقى على مباشرة الاستقبال السمعيّ بسيولة صوتيّة منعِشة، لتأتي إثر ذلك المفردة المائيّة بصيغتها الجمعيّة «المياه» فاعلة في هذا المسار، ومحقّقة أبلغ درجة ممكنة من طاقة التماسك النصيّ.

تنفتح هذه الومضة الشعريّة على ومضة أخرى متعالقة معها تحت فضاء القصيدة نفسها، حيث يشتغل الظلّ بأقصى امتداداته اللونيّة المبهمة، إذ يحتشد دالّ الظلّ في هذه اللقطة في سياق متوازٍ بين الانتماء لضمير المخاطبة الأنثى متداخلاً مع ضمير الأنا الراوي الشعريّ:

«في ظلّها

ظلّي ينامْ»[31].

إذ يتقدّم «ظلّها» ليكون الأرضيّة المكانيّة الأصل في الومضة الشعريّة، ويفسح المجال واسعاً لطبقة الظلّ الأخرى «ظلّي» وهي تعود على أنا الراوي الشعريّ، بحيث يأتي الفعل المضارع «ينام» كي يرسم صورة الالتحام الظلّيّ بين ظلّين، أحدهما مخاطَب مؤنّث، والآخر راوٍ ذاتيّ، ليلتحما في ظلّ واحد مشترك ومتداخل ومتعاشق،

بكلّ ما ينطوي عليه الفعل «ينام» من دلالات متشظّية في اتجاهات دلاليّة وسيميائيّة ورمزيّة مختلفة.

يتحقّق في هذه الومضة نوع من الالتفات في الانتقال من الغائب «ظلّها» إلى المتكلّم «ظلّي»، بوصفه أسلوباً تضليلياً تلجأ فيه الومضة لمداورة المتلقّي وتطرية نشاط السامع، إذ يعدّ الالتفات هنا من صميم الانزياح لشموليّته على بنية التباسيّة انزياحيّة يشترك في تكريسها كلّ من المعمار والأسلوب والدلالة، ويتمّ ذلك كلّه بلغة شعريّة عميقة وعارفة وثريّة.

يتمركز جوهر الذبذبة الشعريّة في لفظ الظلّ «ظلّها/ ظلّي»، حيث يتنازع الضميران المتّصلان هذا الوجود الظليّ بين فضاء الغائب، وفضاء المتكلّم الراوي، في الدرجة التي يتوافق فيها إيقاع الظلّ مع حراك فعل النوم في الفعل المضارع «ينام»، ضمن صورة ضامّة حاوية تحتشد فيها أدوات التعبير اللغويّ كي تتحوّل إلى كتلة صوريّة واحدة.

تمثّل الومضة الشعريّة نصاً مفرداً دينامياً داخل نصّ أكبر في التشكيل الخطيّ الكلاميّ للقصيدة، والنصّ المفرد على هذا النحو «ليس إلا متغيّراً صغيراً له علاقة بالنصّ – الأصل، فهو متشابه لكنّه متفرّد»[32]، وهذا التفرّد هو الذي يمنحه شعريّته وومضيّته في هذا السياق، ففي نصّ شعريّ مفرد عنوانه «صورة» يحكي حكاية «المرآة» الشعريّة بإشكاليّتها التي يطرحها النصّ هنا بأوسع درجة سيميائيّة:

«هلْ إذا لم أشاهدْ، ومنذ الطفولةِ،

لي صورةً في المرايا

ولا في المياهِ النقيّةِ،

ثمّ أتى من جبالِ الشهيقِ رعاةٌ

وفي يدِ أكبرِهم صورتي،

هل سأعرفني

أمْ

سأبكي؟!»[(33)].

تتجسّد العلاقة الشعريّة التوالديّة في هذه الومضة بين عناصر تشكيليّة رئيسة هي «الأنا الراوي الشعريّ /الصورة/ المرآة/ رعاة»، وتنفتح خطوط هذه العلاقة على هيمنة عنصر الأنا الراوي الشعريّ على المشهد في سياق استفهاميّ لا يبحث ضرورة عن جواب، إذ يشرع السؤال في استنهاض عدم مشاهدة الصورة منذ الطفولة «هلْ إذا لم أشاهدْ، ومنذ الطفولةِ/ لي صورةً في المرايا/ ولا في المياهِ النقيّةِ»، بحيث يمكن أن تكون عائقاً فيما بعد أمام حتميّة معرفة الذات في صورة ممكنة تحقّق ثبات الهويّة وشعريّتها.

يأتي فيما بعد الخطّ الثاني من خطوط الومضة الشعريّة حين يدخل عنصر الـ«رعاة» على الجانب الثاني من مشهد الومضة، في حراك شعريّ تمثيليّ يتبنّى المكان والزمن والفعل على نحو مثير ومكتظّ

بالأسئلة «ثمّ أتى من جبالِ الشهيقِ رعاةٌ/ وفي يدِ أكبرِهم صورتي»، وهو يتألّف من شبكة مكوّنات شعريّة تؤلّف الرصيد السرديّ للومضة «جبال الشهيق/ رعاة/ أكبرهم/ صورتي»، كي تصل الصورة الاستفهاميّة بوساطة تكرار أداة الاستفهام «هل» إلى أقصى حساسيّة شعريّة احتماليّة «هل سأعرفني/ أمْ/ سأبكي؟!»، تضع أنا الراوي الشعريّ في قلب التشكيل الصوريّ المؤلّف للومضة الشعريّة بين احتمال المعرفة «سأعرفني» واحتمال عدم المعرفة «سأبكي»، بحيث تبقى الصورة حاضرة وقائمة في مرآة الومضة مثلما يبقى السؤال الشعريّ مُشرَعاً بين احتمالين غير محسومين، بدلالة انتشار رائحة الحيرة وانعدام اليقين بين حركة أداتَي الاستفهام «هل» وما يتعلّق بها من تجلّيات وضفاف وحواشٍ وظلال.

تظلّ «المرآة» في القصيدة الموسومة «حافّة» بعنوانها الإفرادي التنكيريّ المثير – على صعيد التدليل والتصوير – حاضرة وفاعلة في إطار تحقيق الومضة الشعريّة المطلوبة، وتستغرق هذه الومضة الشعريّة استغراقاً كثيفاً في فضاء سرد-دراميّ يلخّص سيميائياً ورمزياً تجربة الحياة، بلغة شفّافة مشحونة بطاقة المعنى الممتدّة في الاتجاهات كافّة:

«أمسِ ذهبتُ بعيداً

ورأيتُ الأسماءَ على حافّةِ سدٍّ يبكي

كانَ مزاجُ الأشكالِ يُعسْكرُ حول الماءِ، ويُطلقُ من

جُبّتِهِ خفّاشاً لحراسةِ أيلولْ.

أمسِ رأيتُ جبالاً تنزلُ تحت السّهوِ بلا أقمارْ.

أمسِ ذهبتُ إلى تلٍّ

ورأيتُ القروياتِ بجانبِ قبرٍ مأهولٍ بالضّوءْ.

أمسِ فقطْ

وأنا أقفُ أمامَ المرآةِ

تذكّرْتُ النّسيان»[34].

تبدأ الومضة الشعريّة بداية زمنيّة ذاكراتيّة تفتح حركيّة الفعل الشعريّ الأنويّ على شعريّة المسافة غير المحدودة «أمسِ ذهبتُ بعيداً»، وهي تُفضي سردياً إلى إجابة حول سؤال العنونة في السبيل نحو تعريف العنوان بالتضايف «ورأيتُ الأسماءَ على حافّةِ سدٍّ يبكي»، بكلّ ما تنفتح عليه رؤية الأسماء من مرجعيّات خصبة في ميادين الثقافة والفلسفة والاجتماع والمعرفة، فضلاً على فعاليّة تشخيص الجامد «سدّ» وأنسنته ورفع حافته إلى أعلى استجابة متاحة في الفعل «يبكي» لأسطرتها، ومن ثمّ تهيئة الفضاء الشعريّ الومضيّ لاستقبال القادم من الحكاية الشعريّة.

تتقدّم العين الراوية/ الرائية هنا لتفسّر المرئيّات تفسيراً شعرياً صوفياً «كانَ مزاجُ الأشكالِ يُعسْكرُ حول الماءِ، ويُطلقُ من/ جُبّتِهِ خفّاشاً لحراسةِ أيلولْ»، وهذه الرؤية لها مرجعيّات تاريخيّة ودينيّة وأسطوريّة تشتبك فيها أكثر من حكاية، وتحتشد داخل ومضة شعريّة غائرة في باطنيّة المعنى وسيميائيّته ورمزيّته، ففي كلّ مفردة من

مفردات هذه الصورة ذات التشكيل الاستعاريّ المشتبك تكمن رؤية وقيمة وحساسيّة وموقف.

تنفتح الومضة الشعريّة على موجة ثانية تسعى إلى تكثيف رؤية الموجة الأولى ومضاعفة طاقتها الاستعاريّة «أمسِ رأيتُ جبالاً تنزلُ تحت السّهوِ بلا أقمارْ»، وذلك لتوسيع أفق الحكاية الشعريّة الغاطسة في جوف هذه الومضة وتعميق سطوتها على الذات والطبيعة والأشياء، تعقبها موجة ثالثة ذات طبيعة سرديّة أخفّ رمزاً وأكثر دراميّة «أمسِ ذهبتُ إلى تلٍّ/ ورأيتُ القروياتِ بجانبِ قبرٍ مأهولٍ بالضّوءْ»، حيث تلعب الرؤية البصريّة في نسختها الطريفة البسيطة دوراً في استعادة الموروث والفولكلور إلى ميدان المحكي الشعريّ.

ثمّ ما تلبث موجات الومضة الشعريّة أن تستقرّ على خاتمة المحكي الشعريّ وجوهره كي تظهر «المرآة» من جديد وتواجه النسيان «أمسِ فقطْ/ وأنا أقفُ أمامَ المرآةِ/ تذكّرْتُ النّسيانْ»، لتكون عتبة العنوان «حافة» بين «المرآة» و«النسيان» بما يجعل الومضة الشعريّة في أبلغ درجات تماسكها واحتشادها وصيرورتها الفضائيّة.

تفيد حساسيّة الومضة الشعريّة عند علي العامري من الفضاء الشعريّ المكانيّ لأجل بلوغ مرحلة التشكيل السيميائيّ المطلوب، ففي قصيدة «نقش» تنهض عتبة العنونة بروح تشكيليّة مكانيّة ذات طبيعة جماليّة خاصّة، ولدالّ «نقش» في الذاكرة اللسانيّة الشعبيّة تاريخ طويل يحفر في أعماق المعنى، ويشغل المكان على نحوٍ جماليّ أثير وطاغٍ؛ لذا تأتي ومضة العامري الشعريّة هنا مضمّخة بعطر المكان وصورته وتفاصيله:

«عتْبةُ البيتِ مُشمسةٌ

بينما

البابُ

يبكي

وحيداً

وقدْ نهشتْهُ خفافيشُ

منقوشةٌ في الخشب»[35].

وتبدأ كما تبدأ الأمكنة دائماً من حافّة العتبة بوصفها الفاصل المكانيّ الحيّ بين ما هو خارج بيتيّ وداخل بيتيّ «عتْبةُ البيتِ مُشمسةٌ»، وحين يضيف لهذه العتبة صفة الإشراق «مشمسة» فإنّ طاقة الومض الشعريّ تتضاعف وتنتشر، لكنّ الومضة بعد ذلك تتدخّل في صُلب تفاصيل السكان كي تُظهِرَ شكلَ النقش وهويّتَه فتطال «الباب» القائم فوق العتبة كي تصفه «بينما/ البابُ/ يبكي/ وحيداً»، ويأتي الوصف الشعريّ فعلياً أولاً «يبكي»؛ وحالياً ثانياً «وحيداً»، لأجل أن تأخذ الومضة الشعريّة مساحتها السرد-دراميّة في الأداء والتصوير والتدليل.

لا يكتفي الراوي الشعريّ بما حصلت عليه الومضة الشعريّة من مكاسب صوريّة فاعلة في حدود المشهد، بل يمضي في استنهاض علامة العنونة «نقش» لتظهر على تفصيل معيّن من تفاصيل الباب

بوصفه هويّة المكان، وليقدّم صورة موازية تعمّق دلالة العنوان في لوحة المتن «وقدْ نهشتْهُ خفافيشُ/ منقوشةٌ في الخشب»، حيث تبرز طرافة الصورة فيما تخلّفه عملية النهش التي قامت بها الخفافيش تاركة أثرَ نقشها على الخشب، بما ينطوي عليه ذلك من انزياحات رمزيّة تذهب في اتجاهات تأويليّة كثيرة ترتبط بحركيّة سيمياء التأويل لدى القارئ، كي تظلّ فاعليّة النقش وأثره ومغزاه الذاتيّ والموضوعيّ في أعلى الدرجات.

تتجسّد حالة الومضة الشعريّة في أبلغ درجات تجلّيها وأشدّها حساسيّة وعمقاً في ثلاثة مقاطع شعريّة مرقّمة ترقيماً أبجدياً، تبدأ بالمقطع (أ) وتتوسط بالمقطع (ب) وتنتهي بالمقطع (ج) داخل فضاء شعريّ ومضيّ مشترك:

«(أ)

الأبدْ

يرتجف.

(ب)

الغامقْ

هل يستيقظْ؟!

(ج)

أينَ تنامُ العتمةُ

حين نُضيءُ البيت؟!»[36].

في المقطع الشعريّ الأوّل (أ) «الأبدْ/ يرتجف» تنفتح الومضة الشعريّة على أفق لامتناهٍ قادم من دالّ «الأبد»، وهو يسير في خطّ فضائيّ زمكانيّ بليغ في تصوّره وتخيّله والسعي غير المجدي لإيجاد حدود له، فهو يستعمل لغوياً للدلالة على الدهر، وقد جاء في اللسان «أبد: الْأَبَدُ: الدَّهْرُ وَالْجَمْعُ آبَادٌ وَأُبُودُ، وَفِي حَدِيثِ الْحَجِّ قَالَ سُرَاقَةُ بْنُ مَالِكٍ: أَرَأَيْتَ مُتْعَتَنَا هَذِهِ أَلِعَامِنَا أَمْ لِلْأَبَدِ؟ فَقَالَ: بَلْ هِيَ لِلْأَبَدِ، وَفِي رِوَايَةٍ: أَلِعَامِنَا هَذَا أَمْ لِأَبَدٍ؟ فَقَالَ: بَلْ لِأَبَدِ أَبَدٍ، وَفِي أُخْرَى: بَلْ لِأَبَدِ الْأَبَدِ؛ أَيْ: هِيَ لِآخِرِ الدَّهْرِ»[37]، لكنّ الومضة الشعريّة هنا تؤنسنه في لقطة استعاريّة بارعة بوساطة الفعل المضارع «يرتجف»، فيتخلّى تماماً عن دهريّته وأبديّته، ويتحوّل شعرياً إلى طفل خائف لا يظهر منه سوى وضع الارتجاف المثير واللافت.

وإذا حصل فعل الارتجاف للأبد فإنّ الحياة بأكملها تصبح في خطر الحركة غير الطبيعيّة، وتتحوّل الومضة الشعريّة هذه إلى نبوءة كارثيّة مشحونة بعلامة القيامة في تشكيل شعريّ ومضيّ ذي بلاغة شديدة التكثيف، ولعلّها أبرز سمات هذه الومضة شعرياً حين تحتشد اللغة الشعريّة في مركز لسانيّ لا يتكوّن سوى من مفردتين اثنتين فقط.

يناظر المقطع الثاني (ب) من هذه الومضة الفضاء الومضيّ الشعريّ للمقطع الأوّل من حيث التركيز والتكثيف والتصوير والتدليل

«الغامقْ/ هل يستيقظْ؟!»، فالبدء الكلاميّ الشعريّ بـ«الغامق» يحيل الفضاء الشعريّ على درجة عالية من الغموض اللونيّ الثقيل، وحين يعقبه السؤال الشعريّ «هل يستيقظ؟!» ملحقاً بعلامَتي الاستفهام والتعجّب المتعاقبتَين، فإنّ دالّة النوم العميق هي التي تظهر في ساحة المعنى الشعريّ القريب وتتجلّى، فيكون «الغامق» موازياً لـ«الأبد» في قدرة كلّ منهما على احتواء طبقة المعنى المتكوّن تدريجياً في إشعاع الومضة، ويغوص دالّ «الغامق» في فضاء التشكيل اللونيّ مُوحياً بالاستغراق العميق في الحَجْب والغياب، على النحو الذي يأتي فيه السؤال حول إمكانيّة الاستيقاظ مُجدية في السبيل إلى انتقال «الغامق» نحو درجة لونيّة أخفّ، تجعل اليقظة ممكنة والظهور إلى العلن من باطن الخفاء محتمَلَة.

يتشارك المقطع الثالث (ج) في صوغ هذا الفضاء الشعريّ الومضيّ الذي كرّسه المقطع الأوّل وعمّقه المقطع الثاني، حيث يدلف الاستفهام الواسع ميدان الحراك الشعريّ الومضيّ ويقوم بدوره في استكمال حساسيّة الفضاء «أينَ تنامُ العتمةُ/ حين نُضيءُ البيت؟!»، إذ تتكشّف جدليّة العلاقة الطبيعيّة بين العتمة والضوء في الميدان المكانيّ الأليف «البيت»، فهو المكان الحاوي للضوء في طبقة؛ والعتمة في طبقة أخرى، ومن جدل التناوب بين غياب العتمة وحضور الضوء في طبقة؛ وغياب الضوء وحضور العتمة في طبقة أخرى، تتجسّد الرؤية المكانيّة للبيت على النحو الذي يبدو السؤال الشعريّ فيه استفزازياً باحثاً عن اللاوجود في الوجود.

تتحدّد الصورة الشعريّة الومضيّة في هذه الثلاثيّة المقطعيّة داخل

ثنائيّة الحضور والغياب المشتبكة إنسانياً ومعرفياً في شاشة المكان، فدوال «الأبد/ الغامق/ العتمة» تتحرّك على بساط شعريّ مناسب لإثارة جدل الكائنات، وتحفيز الما حول والظلال والحواشي والزوايا والتخوم كي تتحرّك شعرياً، وتلتئم مع مركزيّة هذه الدوال لصوغ الومضة الشعريّة المطلوبة.

يبقى المكان الشعريّ شاهداً حياً على ولادة الومضة الشعريّة الفارقة في شعريّة علي العامري، ففي قصيدة عنوانها «هي» تتفاعل طاقة الضمير العنوانيّ الغائب مع طاقة الضمير الأنويّ الشعريّ الراوي لبناء جوهر الومضة الشعريّة:

«في المطارِ

وراءَ الزّجاجِ المُرقّطِ باللمساتِ،

يدي ارتعشتْ كجناحٍ

وكانت سمائي تسيرُ

إلى سُلّم الطائرة»[38]**.**

يظهر المكان الشعريّ مباشرة وبلا وسائط «في المطارِ» وهو يحيل إلى فضاء طيرانيّ متحرّك وغير ثابت، حيث تبدأ الحكاية الشعريّة في سياق تشكيل العلاقة بين ضَميرَي القصيدة، ضمير الغائب «هي» في عتبة العنوان، وضمير الأنا الراوي الشعريّ في متن القصيدة، حيث يتسلّم ضمير الأنا الحاضر في المتن زمام السرد الشعريّ ليروي الحكاية من وجهة نظره المتحرّكة، في سياق صوغ

فضاء الومضة الشعريّة، وهي تتردّد بين لحظة التواصل ولحظة الحَجْب في إطار طبيعة الوضع المكانيّ للحدث الشعريّ.

تبدأ وصف المكان الحاجز والحاجب بين ضمير الـ«أنا» الراوي وضمير الآخر الغائب «وراءَ الزّجاجِ المُرقّطِ باللمساتِ»، وهو مكان شعريّ يشتغل على الأثر «المرقّط باللمسات» لدعم سكونيّته وشفافيّته ونقله للصور المتبادلة بين محيطّين منفصلَين، إذ يتحرّك جسد الأنا الشعريّة الراوية لتعبّر عن جلال الموقف ورهبته الوجدانيّة «يدي ارتعشتْ كجناحٍ»، في حين تزحف ظلال المكان المتبقّي نحو أفق آخر فاصل وعابر للمدى «وكانت سمائي تسيرُ/ إلى سُلّم الطائرة»، وعندما ترحل السماء على هذا النحو ترحل الأرض معها ويرحل صحبتهما كلّ شيء، فيمكث الضمير العنوانيّ الغائب «الآخر» في أقصى فضاء الغياب، بينما يفتح ضمير الأنا الراوي الشعريّ أفقاً جديداً في سماء راحلة بلا ذاكرة، بحيث تتشكّل الومضة الشعريّة الخاصة استجابة لهذا المعطى السيميائيّ في الرؤية والتشكيل.

تعيد حالة الومضة الشعريّة إنتاج تجلّيها وحساسيّتها وعمقها في ثلاثة مقاطع شعريّة أخرى مرقّمة ترقيماً أبجدياً، تبدأ بالمقطع (أ) وتتوسط بالمقطع (ب) وتنتهي بالمقطع (ج) داخل فضاء شعريّ ومضيّ مشترك أكثر اختزالاً من الومضة المقطعيّة السابقة على هذا النحو:

«(أ)

النّعومةُ تَجرح.

(ب)

النّشيدُ يُكهرِب.

(ج)

الصّمتْ

يَرمِش»[39].

تتركّب الومضة الشعريّة من ثلاث التقاطات تبدأ بداية اسميّة «مبتدَئيّة» تعقبها أفعال مضارعة تُكمل المعنى الشعريّ فيها، ويمكن عرضها متجاورة على النحو الآتي: «النّعومةُ تَجرح». «النّشيدُ يُكهرِب». «الصّمتْ/ يَرمِش»، فتؤلّف المبتدآت الثلاثة «النعومة/ النشيد/ الصمت» شبكة من العلاقات السيميائيّة انطلاقاً من فاعليّة حاسّة اللمس بانفتاحها على فضاء دلاليّ عاطفيّ رومانسيّ «النعومة»، تعقبها فاعليّة حاسّة السمع بحساسيّتها الإيقاعيّة الشعبيّة «النشيد»، وأخيراً فاعليّة الحَجْب والانقطاع والفصل الحواسيّ الذاهب باتجاه العزل الصوتيّ التامّ «الصمت»، في مثلّث غير متجانس في أركانه الثلاثة ومتضادّ في ركنَيه الثاني والثالث.

أمّا الطبقة الفعليّة من هذا التكوين الشعريّ الومضيّ فقد تشكّلت من ثلاثة أفعال مضارعة تعقب المبتدآت هي: «تجرح/ يكهرب/ يرمش»، وهي أفعال حركيّة ذات طاقة كبيرة على الإثارة الجسديّة في مناحٍ مختلفة، فالفعل «تجرح» يزيح الفاعل المقدَّر «النعومة»

بعيداً عن معناها اللمسيّ اللطيف الباعث على البهجة والفرح، بحيث يأتي الفعل «تجرح» على حالة تضادّ مطلق من النعومة التي تفترض السحر والجمال والرشاقة في الأداء.

في حين يأتي الفعل المضارع «يكهرب» وهو يفترض أنّ الفاعل المقدّر هو «النشيد» بطبيعة الحال ذا دلالة حماسيّة منقطعة النظير، ففعل الكهربة الذي يقوم به النشيد في إلهاب حماس المستمعين وإشعال جذوة الحراك الجَمعيّ فيهم، يجعل الفعل يحقّق أعلى درجة من درجات الإنجاز في رفع سقف الاستجابة النوعيّة إلى أعلى مدى ممكن.

يختتم الفعل «يرمش» حفل الومضة الشعريّة الثلاثيّة في حركة انزياحيّة تحوّل الفعل البصريّ إلى فعل لا صوتيّ بدلالة الفاعل المقدّر «الصمت»، وإذا ما افترضنا قرائياً أنّ «النشيد» هو جوهر الومضة الشعريّة في هذا المثلّث السيميائيّ، فإنّ «النعومة» قد تكون صفة من صفاته حين يشفّ إيقاعياً ويحاول مخاطبة الوجدان العميق للمتلقّين، أمّا «الصمت» فهو حالة النشيد في عدم قدرته على تحقيق مقاصده، إذ يموت عندها الصوت كي يخلّف الصمت، حيث يصبح النشيد بلا جدوى ولا تأثير ولا أثر، وإذا ما قاربنا «النشيد» بوصفه – كما اقترحنا – المحور الرئيس للومضة الشعريّة في هذا المثلّث، فإنّ الأفعال الثلاثة «تجرح/ يكهرب/ يرمش» تُظِهرُ حالات النشيد في وضع القسوة الجسديّة «تجرح» والإلهاب الحماسيّ الهائل «يكهرب» والأداء المرتبك «يرمش»، ضمن سياق تشكيليّ سيميائيّ يجعل الومضة الشعريّة ذات طبيعة جماليّة متعدّدة الأطراف.

تتّجه الومضة الشعريّة في نصّ «حالة زرقاء» نحو الفضاء

الشعريّ الحكائيّ لتقدّم لنا قصّة شعريّة مكتملة الأركان زمناً ومكاناً وحدثاً وشخصيّات:

«في التاسعِ والعشرينَ من الشّهرِ الثالثِ، كنتُ وحيداً

في الفقدانِ. جلستُ على حجرٍ بازلتيٍّ، حيث الظّلُّ يخيطُ قميصَ الأرضِ، ويحكي قصّةَ عاشقةٍ كانت تفتحُ شُرفتَها للأقمارِ، وتفتحُ كُرّاستَها الزّرقاءَ بمنتصف الليلِ، ومن بين الأوراقِ يفرُّ النّورسُ، إذ يُلقي

فوق

مخدّتِها

نجماً،

ويعودُ إلى الكُرّاسةِ، منتظراً لمستَها في الليلِ الثاني»[40].

تبدأ حكاية الومضة الشعرية من تحديد الزمن الشعريّ السرديّ للحكاية «في التاسعِ والعشرينَ من الشّهرِ الثالثِ، كنتُ وحيداً»، إذ تظهر معه الشخصيّة الرئيسة وهي شخصيّة الأنا الراوي الشعريّ، حيث يصف ذاته بالوحدة «وحيداً»، ثم ما تلبث صورة هذه الوحدة أن تؤكّد حالتها النوعيّة أكثر في توصيف طريقة الوحدة ونهجها «في الفقدانِ»، ثم تبدأ رواية الحال السرد-شعريّة للراوي الذاتيّ الشعريّ من تعيين المحتوى المكانيّ «جلستُ على حجرٍ بازلتيٍّ»، وهو المكان الاستعاريّ السيميائيّ الذي يكتسب رمزيّته من الأحداث التي تجري على مسرحه، ولا سيّما في أوّل صورة بالغة الانزياح «حيث الظّلُّ

يخيطُ قميصَ الأرضِ»»، وهي صورة طريفة تعيد إنتاج العلاقة بين الظلّ والأرض على نحوٍ شعريّ يتوفّر على أقصى بلاغة في التدليل.

يستمرّ الأداء المكانيّ في رواية حكاياته كي يقدّم جوهر حساسيّته الومضيّة في قصّة العاشقة، بوصفها القصة الأصل في هذه الومضة الشعريّة، عندها يغيب الراوي الذاتيّ الشعريّ، ويتحوّل إلى راوٍ موضوعيّ يروي «قصّة العاشقة» التي تهيمن على مقدّرات السرد الشعريّ «ويحكي قصّةَ عاشقةٍ كانت تفتحُ شُرفتَها للأقمارِ، وتفتحُ كُرّاستَها الزّرقاءَ بمنتصف الليلِ»، وتتشكّل وحدات القصة من شبكة أفعال سرديّة تشرع بـ«تفتحُ شُرفتَها للأقمارِ»، وبموازاة ذلك «تفتحُ كُرّاستَها الزّرقاءَ بمنتصف الليلِ»، لتسمح للوحدات الأخرى بالدخول إلى فضاء السرد الشعريّ واستكمال شروط الحكاية بمضمونها الدراميّ «ومن بين الأوراقِ يفرُّ النّورسُ»، وهو منعطف حكائيّ يسهم في منح الومضة الشعريّة طاقة دراميّة تساعد في تحريك طبقات الحكاية ووحداتها اللاحقة، فتحقّق شخصيّة «النورس» حضورها اللافت في قيادة دفّة الحكاية والتحكّم بمفاتيحها الرئيسة مباشرة في الفعل «يلقي» المكوّن للصورة السماويّة «إذ يُلقي فوق مخدّتِها نجماً»، وحين يجد أنّه أكمل مهمّته في التوصيل يرتدّ إلى أوّل الحكاية كي يعيد إنتاجها في ليلٍ ثانٍ «ويعودُ إلى الكُرّاسةِ، منتظراً لمستَها في الليلِ الثاني»، فتكون الومضة الشعريّة على هذا النحو ومضة سرديّة شعريّة دراميّة في آن، تتفاعل هذه الممكنات فيما بينها وصولاً إلى بلاغة التشكيل السيميائيّ في النصّ، فتكون الحالة الزرقاء كما ورد في عتبة العنوان حالةً لشكل اللون وقيمته ومعناه شعرياً.

تتجّدد حالة الومضة الشعريّة في السعي نحو إنتاج تجلّيها وحساسيّتها وعمقها في أربعة مقاطع شعريّة أخرى هذه المرّة، مرقّمة ترقيماً أبجدياً أيضاً، تبدأ بالمقطع (أ)، وتتوسط بالمقطع (ب)، يجاوره المقطع (ج)، وتنتهي بالمقطع (د)، ضمن أفق شعريّ ومضيّ رباعيّ يؤلّف ومضته الشعريّة داخل هذا المربّع المقطعيّ المتجاوز والمنقطع شعرياً في آن:

«(أ)

الغيابْ

يتلعثمُ بي دائماً.

(ب)

الماءْ

هل ينسى الجريان؟!

(ج)

الرّسائلْ

تتنفّس.

(د)

قبل أن يهبطَ النّومُ فوق السّريرِ

انظري:

فالأنينُ يُرفرفُ فوق الجدار»[41].

يقرّر المقطع الأوّل صورته بتقديم الفاعل الشعريّ «الغيابْ» بوصفه الدالّ الأعمق تأثيراً في صعيد إنتاج المعنى الشعريّ، ومن ثمّ تأتي الجملة الفعليّة وهي تصوّر قوّة تأثير الفاعل الشعريّ في منطقة الأنا الشعريّة الساردة للحدث «يتلعثمُ بي دائماً»، إذ يؤدي الفعل المضارع «يتلعثمُ» دوره المرتبك في منح «الغياب» سطوته الدائمة على الأنا الراوية في مضمارها الخاصّ، بينما يصوغ المقطع الثاني فضاءه الشعريّ الومضيّ صوغاً استفهامياً يتوجّه نحو الفاعل المتقدّم أيضاً «الماءْ»، ويتحرّك السؤال الشعريّ على سكّة الهويّة «هل ينسى الجريان؟!»، في إطار الفكرة الطبيعيّة التي تجعل من الماء بلا هويّة حين ينسى الجريان، أو أنّه يفقد طيبته حين يكفّ عن الجريان تناصاً مع البيت الشعريّ للإمام الشافعيّ القائل:

إني رأيتُ وقــوفَ المـاءِ يفسـدُهُ

إنْ ســالَ طابَ وإنْ لم يجرِ لم يطبِ[42]

تشجيعاً على انتخاب فاعليّة الحراك وسيلة للدفاع عن الحريّة والابتعاد عن كلّ ما يمكن أن يفسد الحياة بالوقوف في محطة واحدة لا غير.

تنتقل صورة المقطع الثالث الشعريّة نحو أقصى درجات الأنسنة والتشخيص ضمن حراك انزياحيّ استعاريّ بارع، تبلغ فيها الومضة الشعريّة مبلغاً عالياً في استنهاض قيمة المعنى الشعريّ من داخل أعماق الصورة، فالفاعل الجمعيّ المتقدّم «الرّسائلْ» يعتلي هَرَمَ الجملة الشعريّة كي يوجّه انتباه التلقّي نحو نشاط إنسانيّ خلاق يصل بين خيوط الغياب، وحين تأتي الجملة الفعليّة «تتنفّس» فإنّ الانزياح الدلاليّ السيميائيّ يصل أقصاه، لأنّ هذا الفعل يتّصل بسبب مركزيّ وأساس من أسباب الحياة فلا حياة بلا تنفّس، وحين تتنفّس الرسائل بفعل ما تحويه من حياة كاملة ومتحرّكة وموقّعة في دواخلها، فإنّها تعرّي المكبوت والمخفيّ، وتعلن عن جوهر الحال الوجدانيّة التي تكمن بين طيّاتها.

بوسعنا هنا استعادة مصطلح «مغالطة تأثيرية ومغالطة قصدية AFFECTİVEAND İNTENTİONAL FALLACİES»، الذي يعني في هذا المقام اهتمام الناقد بما حققه الشاعر في نصّه الشعريّ من طاقة إيهاميّة جماليّة في سياق الخلط بين القصيدة وأصولها، حيث إنّ المغالطة التأثيرية العاطفية الخاصة تتحدّد في سياق استجابة ردود فعل القارئ، فالقصيدة نفسها تتشكّل أصلاً من هذه الاستجابة بوصفها معياراً من معايير النقد، وإنّ انتشار نظرية نقد التلقّي والاستجابة وازدهارها هو ردّة فعل على النظرة الموضوعية التي ترفض أن تكون تأثيراتُ الأدب مقياسَ الناقد ومعاييره[43].

يُرسل المقطع الرابع إشاراته وعلاماته خارج نطاق المقاطع الثلاثة السابقة في حراك سرديّ ندائيّ يمجّد المكان ويؤنسنه، فيعرض الراوي الذاتيّ الشعريّ نسخته من الصورة «قبل أن يهبطَ النّومُ فوق

السّريرِ» متوجهاً نحو الآخر الأنثويّ «انظري»، وذلك لأجل القيامة بلفت نظرها نحو ما يحصل في الطرف الآخر من المكان «فالأنينُ يُرفرفُ فوق الجدار»، وفي سياق تشكيل المعادلة الشعريّة السيميائيّة بين هبوط النوم فوق السرير على نحو تقليديّ ومباشر، والأنين الذي تحوّل طيوراً ترفرف فوق الجدار كي تمنع هبوط النوم فوق السرير، بما يجعل الصراع حتمياً بين السرير والجدار للوصول إلى تفاهمٍ ما لترتيب العلاقة بين الأنين والنوم.

تشتبك هذه المقاطع الأربعة في منظومة شعريّة واحدة تتحرّك على الجهات الأربع لتؤلّف صورة الومضة الشعريّة داخل فضائها الكليّ، وهي تتنقّل بين الجهات الأربع لتأخذ من كلّ جهة ما يجعلها أكثر قوّة ورشاقة ودلالة وتشكيلاً في نهاية المطاف، حين تحتشد هذه القوى الومضيّة في كيان شعري شديد التماسك والصيرورة.

تنتشر – بخلاف هذا الأسلوب الومضيّ التركيبيّ في صوغ الومضة الشعريّة الجماليّة في «كتاب الحدوس» – مجموعةٌ من الومضات الشعريّة المستقلّة في حساسيّتها الومضيّة، وتتنوّع في استراتيجية تشكيلها استناداً إلى خصوصيتها في مقطع شعريّ مستقلّ يعبّر عن وجهة نظر شعريّة في الأشياء، ويمكن التقاط بعضٍ من هذه الومضات الشعريّة التي تبدأ جميعاً من قاعدة «شبه جملة» كي تكوّن فضاءها الجمليّ الشعريّة بسهولة وعمق وجمال، نلتقط الومضة الأولى في مقطع شعريّ يقوم على سرد حكاية شعريّة متكاملة الأركان السرديّة، من حيث الشخصيّة والفعل السرديّ والاستجابة والنتيجة في زمان ومكان مناسبَين:

«في الباحةِ رجلٌ مجهولٌ

سدّدَ صوبَ حمامٍ آلةَ تصويرٍ

وبكى

حين تَذكّرَ

أنَّ الصورةَ تبقى صورة»[(44)].

تبدأ شبه الجملة بتعيين المكان وتقديم الشخصيّة الشعريّة «في الباحةِ رجلٌ مجهولٌ»، ثمّ سرعان ما تشرع أفعال الحدث السرد-شعريّ بالتوارد نحو الميدان بادئة بالجملة الفعليّة الأولى «سدّدَ صوبَ حمامٍ آلةَ تصويرٍ»، غير أنّ الفعل «سدّد» سيخفق هنا في أداء ما يحمله من قوّة تدليل، خاصّة حين تكون الأداة المخصّصة له «آلة تصوير»، ليدرك الفاعل مباشرة أنّ هذه الأداة لا يمكنها أن تصطاد الحمام أو تُرديه قتيلاً؛ لأنّها تكتفي بالتقاط الصورة، لتقود هذه الحالةُ الفاعلَ الشعريّ نحو استجابة سلبيّة يصيبها النكوص والخذلان والخسران «وبكى»، في سياق نتيجة لا تتلاءم مع نوعيّة الفعل «سدّد» وما ينتظره الفاعل من محصول ممكن، لأنّه سرعان ما تذكّر هويّة الصورة وطبيعتها ومقدار ما يحصل عليه منها «حين تَذكّرَ/ أنَّ الصورةَ تبقى صورة»، على النحو الذي جعل الومضة الشعريّة تتشكّل في فضاء الفعل وردّ الفعل والنتيجة معاً.

تجري الومضة الأخرى المجرى نفسه في صياغة نموذج الومضة الشعريّة ابتداءً من عتبة التعيين المكانيّ لحركة الحكاية، وهذا الابتداء

بالغ الأهميّة ومن شأنه أن يفتح السبيل واسعاً لتجلّي وحدات الومضة وطبقاتها:

«في زاويةٍ ما

امرأةٌ

تنثرُ قمحاً لحمامٍ أبيضَ

ثم تغطّي عينيْها

بالشّالِ الأسودِ

حين تفرُّ طيورٌ

من عينيها الهادئتين»(45).

تنحسر المنطقة المكانيّة البادئة للحدث الشعريّ إلى أضيق مساحة ممكنة في نظام التعبير المكانيّ المعروف «في زاويةٍ ما»، بكلّ ما تحيل إليه هذه الزاوية المكانيّة من سيميائيّة تدفع أفق التوقّع نحو مجال تأويليّ معيّن، وسرعان ما تظهر الشخصيّة بوصفها الأنثويّ العام «امرأةٌ» كي تبدأ بممارسة أفعالها السرديّة داخل المحيط المكانيّ، وهي أفعال تنطلق من عتبة الشخصيّة باتجاه الآخر «حمام أبيض/ طيور» في مجال انفعاليّ تكون فيه الشخصيّة جزءاً لا يتجزأ من الحدث، في دورة شعريّة تحقّق ومضتها الشعريّة في سياق التفاعل الجدليّ بين المكوّنات يجعل الفعل وردّ الفعل ضمن حالة تفاعليّة واحدة، وينشئ منها كتلة شعريّة تتبلور على نفسها ومع نفسها في صيرورة جماليّة مدهشة.

تبدأ بالفعل الموجّه نحو الآخر «تنثرُ قمحاً لحمامٍ أبيضَ»، وسرعان ما تعود إلى ذاتها لتمارس نوعاً من الحَجْب الشفيف المانع للرؤية «ثم تغطّي عينيْها/ بالشّالِ الأسودِ»، وحين يتمّ هذا فإنّ عينَي الشخصيّة «المرأة» تتحولان إلى قفصين تتحرّر منهما الطيور المسجونة «حين تفرُّ طيورٌ/ من عينيها الهادئتين»، كناية عن سحرهما وقدرتهما على إنتاج الجمال وإشاعته وتحريره، على النحو الذي يجعل الومضة الشعريّة تأخذ كامل حريّتها في التكوّن والتبنين والإشعاع، لتتحوّل إلى قوّة شعريّة ضاغطة على الفضاء ومهيمنة عليه.

تتراجع المنطقة المكانيّة التي تبدأ بها الومضة الشعريّة اللاحقة إلى أكثر المحطّات انحساراً وغموضاً وغياباً والتباساً، حين ينعزل المرويّ المكانيّ في حيّزٍ بالغ الضيق شكلاً ودلالة كي يتلاءم مع حساسيّة المروي القائمة على فعاليّة الاكتظاظ الشعريّ، وهو يمنح حساسيّة الومضة الشعريّة قدرة أعلى على التأثير في المحيط الاستقباليّ الجماليّ:

«في ركنٍ أعمى

ثمّةَ أعمى

في يدِهِ عُكّازةُ برقٍ،

حين يغادرُ، يتركُها

في كتبِ العتمةِ

مثلَ علاماتِ التّرقيمِ،

ويمشي في الأسماءِ،

فتتبَعُهُ الأجراس»[46].

تنتمي هذه المنطقة المكانيّة – التي تبدأ هذه الومضة الشعريّة بالانطلاق الشعريّ منها – لفضاء الحَجْب والعزل والتهميش والمحو «في ركنٍ أعمى»، وهو مكان صغير جداً يكاد يتنازل عن مكانيّته ويتحوّل إلى اللامكان، لا يَرى ولا يُرى، ولا سيّما حين تظهر الشخصيّة الشعريّة الرئيسة فيه متوافقة تماماً مع طبيعته وهويّته «ثمّةَ أعمى»، حيث تتولّى كاميرا الراوي الشعريّ الموضوعيّ رصدها ووصفها على نحو دقيق بتركيز شديد على ما يحمل «في يدِهِ عُكّازةُ برقٍ»، ولعلّ «عُكّازةُ برقٍ» تمثّل العلامة السيميائيّة الأرجح في سياق التشكيل الومضيّ للحكاية الشعرية التي تتضمّنها الصورة.

غير أنّ هذه العكّازة تتحوّل بعد حضورها اللافت في جسد الومضة الشعريّة إلى بؤرة انتباه وتحفيز ونظر حين تؤسّس لمكانيتها الخاصّة بعيداً عن حاملها «حين يغادرُ، يتركُها»، فتنفصل عنه وتبدأ بالعمل وحدها داخل رؤية خاصة حين تمكث بعد مغادرته «في كتبِ العتمةِ»، ويشبّهها الراوي تشبيهاً خطياً «مثلَ علاماتِ التّرقيمِ»، في حين تمارس شخصيّة الأعمى خارج الركن الأعمى دورها في التكوين والتأليف والفعل السرديّ «ويمشي في الأسماءِ/ فتتبَعُهُ الأجراس»، وهو دور بلاغيّ انزياحيّ يتفوّق على ما حوله من ممكنات سرديّة محكيّة ليؤّلف نمطاً إيقاعياً خاصاً لا ينقصه السحر، ولا يبتعد كثيراً عن الأسطورة.

الومضةُ الشعريّةُ العنقوديّةُ

تقوم الومضة العنقوديّة على بنية شعريّة مقطعيّة ترتكز مقاطعها على أرضيّة راسخة تنطلق منها هي أرضيّة العنوان، إذ ينهض العنوان بمَهمّة الأساس الشعريّ الأيقونيّ الذي تنطلق منه الومضات الشعريّة على شكل عنقود، عن طريق تشكيل العلاقة الصوريّة بين كلّ ومضة شعريّة والدلالة الأيقونيّة التي ينطوي عليها سيمياءُ العنونة، إذ «إنّ العلامات الأيقونيّة تعيد إنتاج بعض شروط إدراك الشيء المصوّر، بعد إخضاعها للانتقاء اعتماداً على سنن للتعرّف، وبعد تدوينها وفقاً لمواضعات خطيّة»[47]، على النحو الذي يجعل الصورة في تشكيلها اللغويّ الخطيّ ومضة شعريّة تحقّق وَمْضيّتها أيقونياً.

لا بدّ من الانتباه هنا إلى «أنّ القصيدة بنية تتكوّن من عناصر تؤلّف بينها علاقات، وأنّ لكلّ عنصر من تلك العناصر خصوصيّة أو خصوصيّات تميّزه عن غيره، فإنّه يجب فرز كلّ عنصر على حِدة وتخصيصه بالوصف؛ والعناصر هي: 1) المواد الصوتيّة 2) المعجم الخاصّ 3) التركيب 4) المقصديّة»[48]، وكلّما احتشدت هذه العناصر تشكيلياً في كتلة جدليّة فاعلة فإنّ القصيدة تقترب في أدائها الجماليّ من حساسيّة الومضة، وهي تؤدي وظيفتها الشعريّة المضيئة على أكمل وجه وفي أكثر من طبقة وأكثر من أسلوب.

تعرض القصيدة الموسومة «تكوينات البرق»[49] ست عشرة ومضة شعريّة مرقّمة ترقيماً عدديّاً من الرقم (1) إلى الرقم (16) بالتسلسل والتعاقب، وكلّ ومضة من هذه الومضات هي حبّة في عنقود الومضات التي تؤلّفها هيكل القصيدة بالتعاقب والتلاحم والتعاضد والاشتباك معاً، وسنأتي على كلّ حبّة ومضيّة ونقاربها جمالياً للوصول إلى الفضاء الشعريّ الومضيّ العنقوديّ في نهاية المطاف، ولا سيّما أنّها تتنوّع تنوعاً مدهشاً في عناصرها المختلفة، ابتداءً من مادتها الصوتيّة، ومروراً بمعجمها الخاصّ وطبيعة تركيبها، حتّى تبلغ منتهى مقصديتها.

عتبة عنوان القصيدة «تكوينات البرق» تحيل إلى الفضاء الومضيّ إحالة كاملة من حيث الدالّ الخبريّ «تكوينات» وهو جمع «تكوين»، إذ إنّ «الومضة» هي تكوين خاصّ لا يشبه غيره من التكوينات الطبيعيّة وتأخذ التكوينات معناها وصيرورتها الومضيّة من دلالة المضاف إليه «البرق»، ولا شكّ في أنّ العلاقة بين دالّي «البرق» و«الومضة» ممّا لا يحتاج إلى إثبات من حيث طبيعة اللمعان وسرعة الظهور والاختفاء، على النحو الذي يجعل عتبة عنوان القصيدة داخلة في صميم الفعاليّة الومضيّة المطلوبة.

ففي الحبّة الشعريّة الومضيّة الأولى تنفتح الصورة الشعريّة على تشبيه مُفارِق في سيميائيّة عالية تعكس حالة لغويّة ودلاليّة وصوريّة مدهشة:

(1)

«المرايا حقائبُ لا تمتلئ».

حيث يجري التشبيه بين عنصر «المرايا» في امتدادها الصوتيّ و«حقائب» في انحسارها الصوتيّ بدلالة الاحتواء والخزن، ففي حين تمتلئ الحقائب عادة بما تحتويه؛ لأنّ سعتها الاستيعابيّة محدودة بحجمها المعروف بصرياً، فإنّ المرايا لا حجم لها محدوداً؛ لذا فهي لا تمتلئ مهما وضعت فيها ما هو قابل للولوج والتوغل في مجاهيلها، فالمرايا حاويات لامتناهية للأشياء تتّسع لأعلى درجات الوهم بعكس الحقائب التي تحقّق الوجود الماديّ بقوّة، فالحقائب تمتلئ والمرايا لا تمتلئ بمعنى أنّ المرايا حقائب من نوع آخر يتحدّى النهاية.

تنحو حبّات العنقود الشعريّ الومضيّ نحواً تعريفياً بالأشياء كي تنزاح في تعريفها الشعريّ عن دلالتها التقليديّة، وتخرج إلى دلالة جديدة ذات حاضنة سيميائيّة، ففي الحبّة الثانية يجري تعريف الدالّ الشعريّ الجمعيّ «زلازل» على هذا النحو:

(2)

«الزلازلُ فعلُ احتجاجٍ

على الهندسة».

فقوّة الفعل الزلزاليّ في الطبيعة وقسوته وتأثيره المدمّر في الأشياء، وقَلبها رأساً على عَقِب، إنّما هو فعل طبيعيّ تفسّره نظريات الطبيعة، غير أنّ التفسير الشعريّ له يدخل في معارضة مطلقة مع هذا التفسير الطبيعيّ؛ ليقدّم تفسيره الشعريّ الخاصّ، وهو تفسير جماليّ يقوم على استيعاب حساسيّة الومضة الشعريّة في التركيب كي يمنحها صورة أندر، إذ يأتي تعريف «الزلازل» بأنها «فعل احتجاج/ على

الهندسة»، حيث يتجلّى معنى الاحتجاج في عنف السلوك الزلزاليّ وفداحته، لكنّ حصر هذا الاحتجاج بنظريات الهندسة التي يأتي فيها الزلزال بعكس ما تشتهي هذه النظريات، وكأنّ المقصديّة الأساسيّة من الفعل الزلزاليّ هو الإشارة إلى خطأ الهندسة وعدم قدرتها على تمثّل أخلاقيات الزلازل.

تتدرّج الحبّة الومضيّة الشعريّة الثالثة داخل عنقود القصيدة الومضيّ في منطق التملّك على ثلاث طبقات، تبدأ بالكلّ وتنتهي بالأنا:

(3)

«الكلّ لهُ بيتٌ

حتى درجُ البيتِ لهُ بيتٌ

إلّاي».

تشرع الحبّة العنقوديّة الومضيّة بعرض الطبقة الأولى «الكلّ لهُ بيتٌ» في سياق خبريّ طبيعيّ ومعروف ضمن الدائرة الثقافيّة والاجتماعيّة العامّة، لكنّ الانتقال إلى الطبقة الثانيّة يحوّل السياق الخبريّ التقليديّ إلى فعاليّة مجازيّة متصاديّة إيقاعياً «حتى درجُ البيتِ لهُ بيتٌ»، وهي طبقة تحتاج إلى تأمل بلاغيّ لاستيعاب حراكها الشعريّ القائم على الانتقال من الكلّ إلى جزء الجزء، ومن ثمّ يجري الانتقال الحاسم نحو الطبقة الثالثة، حيث تغلق الصورة الخارجيّة بعد أن أدّت مهامها على الوجه الأكمل، وتنفتح صورة داخليّة ينفرد فيها الراوي الذاتيّ الشعريّ بأناه كي يحقّق أبلغ درجات ومضيّته الشعريّة

«إلّاي»، إذ هو الوحيد الذي لا يمتلك بيتاً، في حين الكل والجزء وجزء الجزء حظيت بهذا الملك دونه.

تعبر الحبّة الومضيّة الرابعة حدود التعريف والإشارة حتّى تصل إلى منصّة الحكاية الشعريّة الكثيفة الموجزة، ضمن حراك شعريّ ذي طبيعة دراميّة تبلغ بالحكاية أعلى مراتبها في حساسيّة تعتمد على قدرٍ ما من المفارقة الشعريّة:

(4)

«المساءاتُ يابسةٌ

وعلى قبّة الرّوحِ..

اسمُ حبيبي

يضيءُ الذي لا يُضاء».

تعرض الحبّة الومضيّة أولاً خلفيّة المشهد الحكائيّ «المساءاتُ يابسةٌ» لتثبيت الحالة الشعريّة على حافة اليباس والخفوت والغياب، غير أنّ الانزياح الشعريّ يحصل مباشرة بعد هذا التقرير المباشر للخلفيّة المشهديّة حين يظهر الطرف الآخر من المعادلة الشعريّة «وعلى قبّة الروح»، فحين تدخل الروح ميدان الفعل الشعريّ تنتقل الرؤية نحو مجال شعريّ وسيميائيّ آخر، وما يدعم هذا الحضور ويرفعه إلى مرتبة سيميائيّة أبلغ صورة «اسم حبيبي» بما تنطوي عليه من حمولات دلاليّة بالغة الإشراق؛ لذا تأتي الجملة الشعريّة الأخيرة في هذه الومضة الشعريّة في أعلى كفاءة وقدرة على

الإنجاز والتشكيل «يضيء الذي لا يُضاء»، على النحو الذي يجعل صورة الحبّة الومضيّة تتكامل وتفارق خلفيّة المشهد، بل تتمرّد عليه سيميائياً ورمزياً.

تقارب الحبّة الومضيّة الخامسة صورة الجسد في إضاءتين اثنتين تنطويان فيما بينهما على جدل صوريّ مزدوج، تبدأ طبقة الجدل الأولى في إنتاج نوع من التعارض بين الإضاءتين، في حين تجري طبقة الجدل الثانية مجرى التعاضد والتفاعل والتماهي:

(5)

«جسدٌ لا تُزلزلُهُ فتنةٌ

جسدٌ لا يرى».

تنطلق الطبقة الأولى نحو تصوير الجسد بوصفه جبلاً صامداً بوجه أيّ فتنة تسعى إلى إغرائه وتوريطه «جسدٌ لا تُزلزلُهُ فتنةٌ» في الإضاءة الصوريّة الأولى، بمعنى الظهور والبروز والثبات العينيّ الدامغ أمام شهوة الفتنة التي تبتغي الإيقاع به، في حين تتجلّى الإضاءة الثانية تجلياً غيابياً يتمثّل سحره في خفائه وحجبه أمام حركة البصر المتلهّفة لرؤيته «جسدٌ لا يرى».

أمّا الطبقة الثانية فتشتغل في سياق دلاليّ مضادّ للطبقة الأولى متمثلاً بدلالة القدرة على الثبات بوجه الفتنة «جسدٌ لا تُزلزلُهُ فتنةٌ» بوساطة الحضور الطيفيّ غير القابل للبروز، على النحو الذي يتوافق تماماً مع الإضاءة الثانية الحاجِبة للجسد «جسدٌ لا يرى»، في معادلة

شعريّة علاميّة تعمّق فعاليّة الحبّة الومضيّة الشعريّة وتمنحها طاقة سيميائيّة أعلى وأجمل.

تقدّم الحبّة الشعريّة الومضيّة السادسة شخصيّة القصيدة متمثّلة بـ«عود ثقاب» تتوجّه حوله أسئلة الراوي كاشفة عمّا تفعله في المحيط الحكائيّ:

(6)

«ماذا يفعلُ عودُ ثقابٍ

في العتمةْ؟

يعزفُ معزوفاتٍ حرةْ.

يثقبُ روزنةً

وينو.... سُ

بأقصى شهوته المنفجرةْ».

يشرع السؤال الشعريّ أولاً في محاولة معرفة الفعل داخل المكان المخصوص الذي تختبئ فيه هذه الشخصيّة الشعريّة «ماذا يفعلُ عودُ ثقابٍ/ في العتمةْ؟»، وسرعان ما يأتي الجواب السرد-دراميّ كي يكشف عن الفعل الاستثنائيّ النوعيّ الذي يقوم به، وهو يبدأ بإنتاج الإيقاع الحرّ بكفاءة مضمرة «يعزفُ معزوفاتٍ حرةْ» تشيع في الجوّ الشعريّ ومضات موسيقيّة لافتة، ثم ينتقل فعل الشخصيّة الشعريّة إلى منطقة عمل مختلفة ذات طبيعة اختراقيّة «يثقبُ روزنةً»، وينتهي في

الفعل الثالث إلى فضاء ممتدّ على مساحة إيقاعيّة مفتوحة «وينو.... سُ» حاملاً أقصى ما يضمره من إمكانات خفيّة «بأقصى شهوته المنفجرةْ»، لتشتبك الأفعال الثلاثة في منظومة عمل ومضيّة شعريّة خصبة ضمن مديات غير محدودة «يعزفُ/ يثقبُ/ ينو.... سُ»، مع طبيعة المسافات الموضوعيّة بين فعل وآخر على مستوى المعنى والقيمة والأداء الومضيّ الشعريّ.

تنطلق الحبّة الشعريّة الومضيّة السابعة من عتبة الشخصيّة الشعريّة المرسومة شعرياً بطريقة تقوم في سياق المفارقة المفتوحة على شهوة التأويل:

(7)

«عجوزٌ تحبُّ الخمورَ كثيراً

وتبكي كثيراً،

لماذا؟!».

تهيمن شخصية «عجوزٌ» بصيغتها التنكيريّة الخبريّة على فضاء الحبّة الومضيّة، وتبني فضاءها الومضيّ الشعريّ في إشارتين متناقضتين متوافقتين، تبدأ الأولى بداية لا تنسجم مع وضعها الموصوف ضمناً «تحبُّ الخمورَ كثيراً»، بما تنطوي عليه الجملة الشعريّة من احتمال البهجة من طرف وكثرة الماء من طرف آخر، في حين تذهب الجملة الشعريّة الثانية «وتبكي كثيراً» مذهباً آخر يوحي بالحزن من طرف، ويحيل إلى الماء من طرف آخر أيضاً،

وتختتم الحبّة الشعريّة ومضيتها بالسؤال التعجّبي «لماذا؟!»، حيث تتركّز القيمة الشعريّة الومضيّة في هذا السؤال الذي يسدل الستار على المشهد الشعريّ الومضيّ، مع الإشارة إلى القيمة البصريّة والإيقاعية لتكرار الصفة النائبة عن المفعول المطلق «كثيراً»، وما تحققه من مفارقة مع الصفة الضاغطة على شخصيّة «عجوز» التي لا تحتمل أيّ كثرة من أيّ نوع.

هنا يمكن أن نلمح ظلال فلسفة بارت النقدية في تقانة توظيف مصطلح «الوحدة التأويلية» HERMENTEUME أو «وحدة الشفرة التأويلية»، وهذه الوحدة هي عنصر يتحدّد وفقاً له المسار من الأحجية أو اللغز إلى الحلّ، وقد حدّد بارت الوحدات التأويلية على النحو الآتي: «الموضعة وهو الأساس لموضوع الأحجية، والاقتراح أي ما يشير إلى الأحجية، والتأليف: إيجاد الأحجية، والتماس أو طلب الجواب، والفخ: وهو التضليل أو الخداع أو تعمّد إخفاء الحقيقة، والالتباس: مزيج من الصدق والتضليل، والتشويش أو العرقلة: الاعتراف باستحالة حلّ الأحجية، الجواب المعلّق، وأخيراً: الكشف أو حلّ الشفرة»[50].

لعلّ الشاعر وظّف هذه الرؤية النقدية الفلسفية لبارت في جوهر الومضة الشعرية المحصورة بالمسافة المكانية المنضوية في اسم الاستفهام «لماذا؟!»، وما يتعاور في فلكها من تساؤلات وتأويلات ومحاولات استقراء الأجوبة التي قد تخمد نار الفضول القرائيّ للمتلقّي.

تقوم الحبّة الشعريّة الومضيّة الثامنة على المفارقة أيضاً في تشييد

تشكيلها الشعريّ الإشاريّ حين تتسلّط عدسة الكاميرا الشعريّة على شخصيّة «الإنسان» العامة:

(8)

«ما أقسى الإنسانْ.

في أوقات البردْ.

يتدفأ في البيتِ،

ولا يأبه للأشجارْ».

تبرز الشخصيّة الشعريّة في هذه الحبّة الومضيّة «الإنسان» مشوبة بالقسوة دفاعاً عن الوجود حين تتعرّض لهجوم الطبيعة، فالمفتتح الشعريّ الموجّه لمعاينة شخصيّة القصيدة العامّة «ما أقسى الإنسانْ» تُخصِّص الموقف الشعريّ ضمن حالة معيّنة تخضع الشخصيّة فيها لهجوم الطبيعة في فصل الشتاء «في أوقات البردْ»، إذ عليه التصرّف دفاعاً عن وجوده في عزل جسده عن البرد الذي قد يؤدّي به إلى الهلاك، ولعلّ الوسيلة الوحيدة التي يطرد فيها شبح البرد للحفاظ على نفسه هي: «يتدفأ في البيتِ»، غير أنّ هذه الممارسة التي تحقّق الدفء وتحميه من الموت تجري على حساب ردّ الهجوم على الطبيعة وقطع أشجارها «ولا يأبه للأشجارْ».

بمعنى أنّ شعريّة الحبّة الومضيّة هنا تتحقّق في السجال الدفاعيّ الهجوميّ الذي يقوم به «الإنسان» مع الطبيعة، فهي تهاجمه بسلاح البرد وهو يقاومها بسلاح الأشجار، في مفارقة تداوليّة تُظْهِر قسوة الإنسان تصريحاً، وقسوة الطبيعة تلميحاً.

تلتقط الحبّة الشعريّة الومضيّة التاسعة مشهداً لا يخلو من مفارقة مكانيّة ترسم حساسيّة شعريّة علاميّة بين داخل النافذة وخارجها:

(9)

«كان ينحتُ عصفورتينْ

بينما

خارج النافذةْ

كانت الرفرفةْ».

يقوم الفاعل الشعريّ بعمل فنيّ جماليّ داخل النافذة «كان ينحتُ عصفورتينْ»، حيث يحيل فعل النحت «ينحت» إلى ثبات المنحوت واستقراره في حالة واحدة لا تتغيّر، فالنحت ليس سوى إبداع حالة شبيه بحالة متحرّكة في الخارج، وما نحت العصفورتين سوى محاولة للقبض على هذين الطائرَين وأسرهما داخل قفص الشكل، لكنّ الظرف الزمانيّ «بينما» يأتي ليقيم فصلاً كاملاً بين المنحوت «داخل النافذة» والأصل «خارج النافذةْ»، لأنّ فرق الخارج عن الداخل يكمن في جملة «كانت الرفرفةْ» التي يفتقدها المنحوت في الداخل، فجماليّة الومضة الشعريّة تتركّز هنا في الرفرفة المشحونة بالحياة الطبيعيّة التي لا يستطيع أكبر نحّات في العالم إضافتها إلى منحوتته، فحالة الرفرفة لا يمكن الإمساك بها نحتياً.

تنفتح الحبّة الشعريّة الومضيّة العاشرة على فضاء شعريّ يبدأ بإقرار حالة سرديّة معيّنة، ومن ثمّ يمضي باتجاه إطلاق السؤال الكبير حول المصير:

(10)

«كما نضا الغبارَ عن أوراقِهِ،

كما نضا ثيابَهُ،

هل سوف ينضو

رأسَه عن جسمه؟!

هل سوف يصحو؟!».

تتوجّه رواية الراوي الشعريّ باتجاه آخر قام بممارستين اثنتين تندرجان في سياق واحد على مستوى وحدة الفعل والنتيجة، تصوّر الممارسة الفعليّة الأولى تنظيف المكان الكتابيّ تمهيداً لعملٍ ما «كما نضا الغبارَ عن أوراقِهِ»، وتصوّر الممارسة الفعليّة الثانيّة تنظيف الجسد أو استبدال الثياب بأنظف منها «كما نضا ثيابَهُ»، وفي المقابل ينتقل الراوي الشعريّ إلى طبقة شعريّة أخرى من طبقات التشكيل الومضيّ الشعريّ للحالة، فيوجّه سؤاله الكاشف عن وجه آخر مختلف لهذه الشخصيّة لا يبرز إلا في جوف السؤال «هل سوف ينضو/ رأسَه عن جسمه؟!»، ملحقاً بسؤال ثانٍ يبحث في إمكانيّة الصحو من مغبّة السُكر «هل سوف يصحو؟!»، في معادلة شعريّة تعكس فيها الومضة الشعريّة جدل الحال الشعريّة بين الصحو والسكر، بين الحضور والغياب، بين المكان والزمن، بين الحياة والموت.

أمّا الحبّة الشعريّة الومضيّة الحادية عشرة فتجعل من شخصيّة «الأنثى» محوراً شعرياً لها لتصوير لقطة إنسانيّة وجدانيّة من حالاتها الخاصّة:

(11)

«الأنثى ارتبكتْ

حين انتبهَ الدرجُ الغافي.

فاحمرَّ الوردُ وعاتبَها الرّمّان».

تتمركز الحالة الشعرية التي شاء الراوي الشعريّ تصويرها في الجملة الأولى «الأنثى ارتبكتْ»، وهذه الحالة يمكن أن تضفي على شخصيّة المرأة قيمة أنثويّة أكبر، إذ قد يضاعف جماليّتها وإثارتها في الميدان، والحالة هذه مرتبطة بموقف يتأنسن فيه المكان لشدّة حضور المرأة فيه «حين انتبهَ الدرجُ الغافي»، فتحوّلَ الدرجُ الغافي إلى صحوة مطلقة في دائرة الانتباه، وأظهرَ حساسيّته الإيروسيّة الكامنة، بحيث أحرج المرأة «فاحمرَّ الوردُ وعاتبَها الرّمّان»، فترتفع الصورة الشعريّة الومضيّة إلى أعلى درجات الإثارة الجسديّة كي تحرّك سيمياء المشهد بطاقته الشعريّة الكاملة.

تترصّد الحبّة الومضيّة الشعريّة الثانية عشرة خطوات الفنّان الشاعر/ الرسّام حتى تلتقط حيلته التشكيليّة، وتكشف عن وجهه الجماليّ بين الكتلة والخطّ واللون وضربة الريشة، حين يتحوّل إلى بؤرة فضائيّة تشعّ حركة ومفارقة وحيويّة ونشاطاً:

(12)

«يا للفنانْ

يرسمُ نهراً بالألوان المائيةْ.

فتدورُ حواليه الأشجارُ

وتقفزُ في اللوحةِ

قطعانُ الماعز».

ينطلق خطاب الحبّة الومضيّة نحو الفنّان مباشرة «يا للفنانْ» على سبيل التعجّب والانبهار، ومن ثمّ يستهدف عمله التشكيليّ الإجرائيّ في مراحله الأولـى «يرسمُ نهراً بالألوان المائيةْ»، وبمجرّد أن يستوي النهر على سطح اللوحة تنطلق حياته خارج اللوحة بين أحضان الطبيعة، حيث يجد ذاته، فتبدأ مفردات الطبيعة التقليديّة بالدوران حول هذا النهر وهي تحقّق لهذه المفردات وَعْدَ الحياة والأمل «فتدورُ حواليه الأشجارُ»، لأنّ الأشجار هي أكثر مكونات الطبيعة حاجة لخطاب الماء ومن دونه لا حياة لها، ولا مستقبل، ولا مصير.

تتّسع اللوحة كي تكون جزءاً لا يجزّأ من الطبيعة فتتلّون بألوانها، وتتخلّق بأخلاقها، وتسير على وفق نظامها «وتقفزُ في اللوحةِ/ قطعانُ الماعز»، لتدخل الصورة الشعريّة المشبعة بقطعان الماعز في كيان الطبيعة العام، وتحقّق انتماءها النوعيّ للمكان والزمن والحدث، فتأخذ الومضة الشعريّة في هذه الحبّة وضعها وترتوي من نهر الألوان والتشكيلات، وصولاً إلى لوحة متكاملة لا ينقصها شيء على أيّ صعيد.

تتضمّن الحبّة الومضيّة الثالثة عشرة وصيّة شعريّة بالغة الأهميّة والخطورة للمرأة التي لا تعين الزمن على نحو صحيح وواضح:

(13)

«هل تنسى المرأةُ

أنّ المعدنَ سوف يشيخُ

وأنّ الصورةَ

زبدُ المرآة؟!».

فتقع في وهم المعدن ووهم الصورة ووهم المرآة بوصفها الأوهام الأكثر خطورة على جنس الأنثى حين تنساها، لذا تأتي هذه الحبّة الشعريّة الومضيّة كي تسأل سؤالاً كبيراً ومفتوحاً على أفق واسع لا ينتهي «هل تنسى المرأةُ/ أنّ المعدنَ سوف يشيخُ»، على الرغم من أنّ دالّ «المعدن» في ظاهر السؤال جاء عاماً قد لا يشمل «المعادن الثمينة» التي ربّما لا تشيخ، إذ تبقى هذه الطبقة من السؤال مخفيّة في دائرة الشكّ والترجيح والتأويل.

يتقدّم الجزء الثاني من السؤال كي يتوجّه نحو علاقة الصورة بالمرآة بوصفها علاقة تنتظم في أولويّات عناية المرأة بنفسها وزينتها وجمالها، وهو يكشف عن هذه العلاقة المزيّفة؛ لأنّ الصورة التي هي نتاج المرآة ليست سوى «زبد» لا قيمة له، «وأنّ الصورةَ/ زبدُ المرآة؟!»، بمعنى أنّ القيمة الحقيقيّة تتمثّل في الجوهر الإنسانيّ الأنثويّ الذي ينبغي للمرأة أن تكون عليه دائماً بعيداً عن وهم المرآة وصورتها، وتنجح الحبّة الشعريّة الومضيّة في أداء رسالتها الإنسانيّة الحيّة ضمن الفضاء العام للعنقود الومضيّ.

تطرح الحبّة الشعريّة الومضيّة الرابعة عشرة فكرة صيد الكلام حين يكون له ماء، بحيث يصلح أن يكون شعراً، إذ كان النقّاد العرب القدامى لا يحبّذون الشعر الذي يبدو لهم قليل الماء، في صورة شعريّة تشبيهيّة يكون طرف المشبّه به فيها «السمكة» الذي يقابل «الصنّارة» بوصفها آلة صيد السمك المعروفة والمتداولة:

(14)

«يا للصّنّارةِ

تخفقُ في ماءِ كلامي

كالسّمكة».

تتكشّف الحبّة الومضيّة عن ثلاث وحدات شعريّة اسميّة هي «الصّنّارةِ/ ماءِ كلامي/ السّمكة» داخل شبكة من العلاقات الطبيعيّة والشعريّة والعاطفيّة، إذ العلاقة واضحة بين «الصنارة» و«السمكة» التي تحتاج إلى صيّاد ماهر يجعل فعاليّة الصيد ناجحة، لكنّ المطابقة الشعريّة الذاهبة باتجاه صنّارة صيد الومضة الشعريّة في ماء الكلام تجعل من مهمة النجاح أصعب؛ لذا يصف الراوي الشعريّ الذاتيّ محاولته هنا بالخفقان «تخفقُ» على النحو الذي يُصعّبُ كثيراً من المهمة انفعالياً، ويضع عقبات كثيرة أمام المحاولة، بحيث تحرّض على مزيد من الحراك الشعريّ العاطفيّ باتجاه الحصول على نتيجة مُرضية في نهاية المطاف.

تتمخّض الحبّة الشعريّة الومضيّة الخامسة عشرة عن خطين

شعريّين متوازيين يكوّنان الصورة الكليّة للومضة الشعريّة، يمتدّ الخطّ الأوّل في مسار مُعلّق يعاني أزمة معيّنة، في حين يتمدّد الخطّ الثاني في مسار أرضيّ شبه مهجور يعاني أزمة أكبر:

(15)

«النافذةُ العطشى نائمةٌ

في النورْ.

والبابُ المخلوعُ سيبقى

تحت صليل الريحِ

يجوحُ بلا أجراس».

يأخذ الخطّ الشعريّ الأوّل صورة ثابتة خالية تماماً من حيويّة الحراك الفعليّ في الجملة «النافذةُ العطشى نائمةٌ/ في النورْ»، وهو يتألّف من الجوهر المكانيّ للصورة «النافذة» ملحقة به صفتها الاستعاريّة «العطشى»، ثمّ الخبر الذي يوضّح حالها في هذا المقام «نائمة» زائداً شبه الجملة «في النور»، وهو يكمل حدود اللوحة الحاوية للصورة.

أمّا الخطّ الشعريّ الثاني فينطوي على صورة شعريّة حركيّة تتموّج داخل فضاء فعليّ مهدّد بمزيد من الخراب والدمار «والبابُ المخلوعُ سيبقى/ تحت صليل الريحِ/ يجوحُ بلا أجراس»، إذ يتمثّل الجوهر المكانيّ بـ«الباب» المنعوت بـ«المخلوع» وهو يكفّ عن

العمل تماماً تحت ضغط صفة العزل لأداء الوظيفة التقليديّة الممكنة للباب، فحين يُخلع الباب يتحوّل إلى شيء مهمل بلا وظيفة، وحين تأتي الصورة الفعليّة الجارفة بعد الوصف مباشرة «سيبقى/ تحت صليل الريحِ/ يجوحُ بلا أجراس» بفعلين قاصمَين «سيبقى/ يجوح»، فإنّ فعاليّة التوازي الشعريّ مع صورة الخطّ الأوّل تتحقّق على الرغم من فارق الأداء الحركيّ المتباين للخطَّين، بما يجعل الومضة الشعريّة تتشكّل على هذه المعادلة القائمة بينهما بكامل حساسيّتها الشعريّة السالبة.

تتدخّل الحبّة الشعريّة الومضيّة السادسة عشرة والأخيرة في سياق نموذج عابر من نماذج الطبيعة هو «الريح»، ويقدّم هذا التدخّل الشعريّ صورة فعليّة متعاقبة هذه المرّة وليست متوازية، كما هي الحال في الحبّة الومضيّة السابقة:

(16)

«يا للريحِ تعضُّ التّينَ

وتنسى

شفةَ الغائب».

تتلاحم الجملتان الشعريّتان المتعاطفتان «تعضُّ التّينَ/ وتنسى شفةَ الغائب» في حراك شعريّ متضادّ في هويّته الأدائيّة، فالفعل المضارع «يعضّ» ينطوي على أداء حسيّ انتقاميّ يكون الجسد مجاله الحيويّ فاعلاً ومفعولاً، في حين يعكس الفعل المعطوف على الفعل

الأوّل «ينسى» أداءً ذهنياً يتعلّق بضعف الذاكرة، وحين يتوجّه الفعل «يعضّ» نحو «التين» بمحموله الواقعيّ الطبيعيّ المقصود بثمرة التين لأجل التلذّذ، فقد يحمل علامة سيميائيّة مخالفة يذهب بها موجّه التأويل نحو منطقة معيّنة ذات طبيعة إيروسيّة من مناطق الجسد، فإنّ الفعل «ينسى» يتوجّه نحو «شفة الغائب» بحضور جسديّ آخر ذي طابع سوسيوثقافيّ خارج إيروسيّ، وتبقى جملة «يا للريحِ» البدئيّة هي مركز الحراك الشعريّ من بداية الحبّة الومضيّة حتى نهايتها.

يتكوّن العنقود الشعريّ الومضيّ في قصيدة عنوانها «عين الباب»[51] من سبع حبّات تتعانق تعانقاً سيميائياً منطلقاً من عتبة هذه «العين»، ولا شكّ في أنّ «عين الباب» أو تسمّى «العين السحريّة» تتيح لمن هو داخل البيت معرفة هويّة القادم إلى البيت عن طريق رصده منها، ويمكن حصد هذه المعرفة بوساطة العين السحريّة من غير أن يعرف هذا القادم أنّه مرصود رصداً بصرياً، فهو يُرى ولا يَرى.

وهي في شكلها وتكوينها المكانيّ عين صغيرة جداً تقوم بوظيفة أمنيّة لصالح من هو داخل البيت، ما يجعل من وضعها عنواناً لقصيدة ميداناً شعرياً لإدراك حساسيّة الومضة الشعريّة التي يمكن أن تنبثق من وحيها، ولا سيّما إذا كانت هذه القصيدة مؤلّفة من سبع حبّات تكوّن بمجموعها صورة ومضيّة عنقوديّة متكاملة.

تنفتح الحبّة الومضيّة الأولى من عنقود «عين الباب» الشعريّ الومضيّ على لقطة عينيّة ترصد عيناً ناظرة من ثقب العين السحريّة لترى ما خلف الباب:

(1)

«عينٌ ساحرةٌ

تنظرُ من عينٍ سحريّةْ،

فترى

دَرَجاً يتلوّى ألَمَاً

من وَخْزِ الخطوات».

يبرز التدافع اللفظيّ الإيقاعيّ أولاً بين العين الفاعلة القادرة على الرؤية «عينٌ ساحرةٌ»، والعين الآليّة الثابتة التي تمثل جسراً لعبور رؤية العين الأولى «عين سحريّة»، إذ تتمّ العمليّة الفعليّة بنجاح تامّ «تنظرُ/ فترى»، حيث تكتمل فعاليّة الرؤية بتكامل عمل الفعلين المتعاضدَين، ومن ثمّ تأتي الصورة المرئيّة فتتحقّق بها الومضة الشعريّة الشيئيّة «دَرَجاً يتلوّى ألَمَاً/ من وَخْزِ الخطوات»، وهنا ينكسر أفق التوقّع خارج الوظيفة التقليديّة للعين السحريّة التي عادة ما تسعى لرؤية من يطرق الباب لمعرفته، غير أنّ مجال الرؤية هنا ينصرف إلى الأشياء التي تمكث في هذه المساحة وهي «الدرج»، غير أنّ هذا الدرج الثابت رصدته العين الساحرة وهو يتلوّى لفرط ما تحمّل من وخز الخطوات السائرة عليه، فقد رصدت هذه العين بصفتها «الساحرة» ما لا يمكن أن يُرى بالعين العاديّة المجرّدة، حين شعر الدرج بوخز الخطوات التي لا ترحم فتلوّى من شدّة الألم، واستطاعت العين بما تمتلك من طاقة سحرية قادرة على رصد هذه

الحركة السريّة الومضيّة التي لا يمكن أن تنجح في رصدها سوى عين ساحرة تنظر من عين سحريّة.

ترتفع الحبّة الثانية من العنقود الشعريّ الومضيّ إلى مرتبة دراميّة أعلى حين لا يكتفي الدرج المرصود بالتلوّي ألماً من وخز الخطوات عليه، بل يتجاوز هذا الألم نحو طبقة تنويريّة أعلى وأكثر إسهاماً في إضاءة المخفي وكشف المستور، إذ على الرغم من عماه فهو قادر على تنوير طريق الناس في سبيل ما يجهلون:

(2)

«عينٌ ساحرةٌ

تنظرُ من عينٍ سحريّةْ،

فترى دَرَجاً أعمى

ويدلُّ الناسَ

على الأبوابِ العُلْويّة».

تتّسع النظرة الأولى وتنفرش على رقعة شعريّة أوسع وأعلى وأعمق لترى «عينٌ ساحرةٌ» تعاين باستطلاع وقصديّة عالية «تنظرُ من عينٍ سحريّةْ»، لتتعمّق الرؤية وتشمل ما عجزتْ عنه النظرة الأولى حين تتمعّن في الهويّة الجسديّة للدرج كي تكشف عن عماه «فترى دَرَجاً أعمى»، لكنّ هذا العمى لا يمنع الدرج من القيام بمهمّة تنويريّة تقود الحبّة الومضيّة إلى أبلغ درجة من درجات الكفاءة

العمَليّة «ويدلُّ الناسَ/ على الأبوابِ العُلْويّة»، في مفارقة مدهشة تحقّق مستوى بلاغياً عالي الرهافة في الأداء «الطباقيّ» الحاصل بين حالة العماء وحالة الدليل، وما ينتج عنه من فعاليّة عابرة للمتداول والمعروف والمعقول والطبيعيّ بما يكسر أيضاً أفق التوقّع على نحو أشدّ وأكثر عمقاً وتحدّياً.

تنتقل الحبّة الومضيّة الثالثة في فعاليّة سرديّة مختلفة إلى منطقة أخرى تعرض فيها حركيّة «عين أخرى» تمارس شهوة النظر «من عين أخرى»، إذ تغيب صفة «ساحرة» من العين الناظرة مثلما تغيب صفة «سحريّة» من عين الباب كي يُستبدَل بهما صفة واحدة مشتركة هي «أخرى»، بكلّ ما تنطوي عليه هذه الصفة الغامضة من قوّة احتماليّة تحتفظ بكثير من خصائص الغياب والتحصّن السيميائيّ في منطقة «الآخر»:

(3)

«عينٌ واحدةٌ

تنظرُ من عينٍ أُخرى

فترى

عاشقةً تعزفُ بالقدمينِ

على

أوتارِ الدّرجِ المختلفة».

تظلّ الصورة المرئيّة في دائرة البطل المرئيّ «الـدّرج» غير أنّها ترى عناصر جديدة تدخل إلى ميدان الحراك الشعريّ الصوريّ الومضيّ في هذه الحبّة العنقوديّة، ويتمثّل جوهر هذه العناصر الجديدة الداخلة إلى الحدث الشعريّ الومضيّ بالشخصيّة الأنثويّة «عاشقةً»، بصفتها العشقيّة المنكّرة المؤسطرة «تعزفُ بالقدمينِ» لأنّ اليدين – كما يبدو – عاجزتان عن القيام بهذه المهمّة لسبب غير معلوم، فتقوم القدمان بالعزف في مفارقة أدائيّة جسدانيّة تحوّل عتبات الدّرج إلى أوتار مختلفة صالحة للعزف «على أوتارِ الدّرجِ المختلفة»، بما يجعل من هذه الرؤية لعينٍ أخرى من عين باب أخرى إطلالة على فعّاليّة شعريّة ومضيّة مدهشة، تستثمر أدواتها الصوريّة استثماراً كاملاً متكاملاً لبلوغ أعلى مرحلة تنويريّة ممكنة تسهم في إنتاج إيقاع موسيقيّ لا يمكن أن يتكرّر، على نحو يمنحه قوّة أسطوريّة خفيّة تتلاءم مع ومضيّة الحبّة العنقوديّة، ويشيع في الوسط الشعريّ الصوريّ لحناً مختلفاً آخر.

تتخلّى العين الرائية الباصرة في الحبّة الومضيّة الشعريّة الرابعة عن صفةِ «أخرى» التي كانت قد تخلّت قبل ذلك عن صفة «ساحرة»، كي تتسلّح بصفة جديدة بادئة هي «أولى» لتعيد النشاط البصريّ داخل هذا الأفق من البداية:

(4)

«عينٌ أولى

تنظرُ من عينٍ أخرى

فترى الناسَ

رنيناً أخضر».

تباشر «عينٌ أولى» النظر من عتبة عينٍ مستعارة من الحبّة الومضيّة الشعريّة السابقة «تنظرُ من عينٍ أخرى»، إذ لم تتنازل عن صفتها «أخرى» وبقيت محتفظة بها على الرغم من أنّ العين الرائية استُبدلتْ بصفةِ عينها «أخرى» في الحبّة السابقة صفةً جديدةً هي «أولى»، على نحو يتيح لها بحكم البدء الرؤيويّ الأوّل أن ترى أبعد من طاقتها الرؤيويّة السابقة «فترى الناسَ/ رنيناً أخضر»، لتحقّق منجزاً رؤيوياً جمعياً في حضور الشخصيّة الجمعيّة المعرّفة «الناس» وهي تنفتح بلا حدود على أكبر حجم ممكن متوقّع من البشر، لكنّ الحال الموصوف «رنيناً أخضر» يحقّق نوعاً من التراسل الحسيّ بين السمعيّ «رنيناً» والبَصَريّ «أخضر»، في اشتباك حواسّيّ يجعل العين الرائية قادرة على رؤية ما لا يُرى.

تتبدّل صفات العين، وتنتقل من منطقة إلى أخرى في الحبّة الومضيّة الخامسة كي تؤدّي وظائف جديدة على مستوى الأداء البَصَريّ اللاقط:

(5)

«عينٌ واحدةٌ

تنظرُ من عينٍ ثانيةٍ،

فترى

عيناً ثالثةً

تنظرُ للداخل».

تشتغل هذه الحبّة الومضيّة داخل مرجل رؤيويّ شديد الدراميّة والاشتباك والتوالد، يخلق حالة من التواصل المستمرّ بين عينٍ وعينٍ أخرى، وتبدأ العين الناظرة باكتساب صفة جديدة هي «عينٌ واحدةٌ» ذات صورة عدديّة تؤكّد وحدتها وانفرادها بالعمل الرؤيويّ الخاصّ، فتأخذ العين السحريّة انسجاماً مع الفضاء العدديّ صفة ثانية «تنظرُ من عينٍ ثانيةٍ»، وهنا تغيب الصفات السابقات كي يتحقّق نوع من التساوي النعتيّ بين العين الرائية الإنسانيّة والعين الوسيطة الماديّة «عين الباب»، لتكون النتيجة صادمة حين تكون هذه العين أمام عين ثالثة تنظر إليها من الخارج «فترى عيناً ثالثةً تنظرُ للداخل».

وهنا تتقاطع مسارات الرؤية البصريّة بين عينَين تنظر الأولى من الداخل إلى الخارج، وتنظر الثالثة من الخارج إلى الداخل، لتكون العين الوسيطة الساديّة «عين الباب» هي العين الثانية الفاصلة بين الأولى والثالثة، بكلّ ما تعكسه هذه الصورة من تداخل «عينيّ» بين ثلاث عيون يتصادى فيها النظر وتمرّ الموجات البصريّة في حركة دائبة، بين ذهاب وإياب داخل حاضنة مرآويّة شفافة ترسل ومضاتها الرؤيوية من الداخل إلى الخارج مرّةً، ومن الخارج إلى الداخل مرّة أخرى، بعدالةٍ حاسمة.

تتدخّل عين أخرى في الحبّة العنقوديّة الومضيّة السادسة لأجل حشد عينَين في خطّ رؤيويّ واحد لمضاعفة الرؤية وتحسين أدائها:

(6)

«ثمة عينٌ خلفَ العينِ،

إذنْ

ثمة عينان

على خطٍ واحد».

تقف عين ثانية خلف العين الرائية الأولى لدعم مشروعها في الإبصار العابر للحدود الرؤيويّة الدنيا، وهنا تتنازل العينان عن صفتيهما وتتحركان في دائرة العام مجرّدتين من أيّ صفة يمكن أن تلحقهما في تصنيف معيّن «عين/ العين/ عينان»، إذ تأتي «عين» نكرة، وأخرى «العين» معرفة، والثالثة مثنّى نكرة «عينان»، يجمعهما «خطّ واحد» يسير بهما/ بها نحو المقصد المعلوم/ المجهول داخل صورة ومضيّة ثابتة، تحقّق قدراً من التماسك النصيّ للعنقود الومضيّ.

تنتهي الحبّة العنقوديّة الومضيّة السابعة والأخيرة عن عتبة عين الباب/ العين السحريّة، حين تغيب العين الرائية الإنسيّة بصفاتها كلّها، وتترك الكائن وعينه وحيدَين إلا من سؤال الإنجاب الوجوديّ والتسمية اللافتة:

(7)

«هذا الكائنُ

ذو عينٍ واحدةٍ،

مَنْ أنجبَهُ؟

مَنْ سمّاهُ الباب؟!».

يعكس وصفه بـ«الكائن» سمة وجوديّة أصليّة لا يمكن تفاديها أو إهمالها أو تجاهلها، وعندما يكون وحيداً تتجلّى عيوبه في حيازته لعينٍ واحدةٍ خلافاً للكائنات الكبرى في الوجود ذوات العينَين، وهما يحققان العدالة والتوازن الفعليّ العمليّ والجماليّ، وهنا لا بدّ من حضور هذا الاستفهام الصارخ «مَنْ أنجبَهُ؟» ملحقاً بالاستفهام التعجبّي الأكثر حَيرة «مَنْ سمّاهُ الباب؟!»، في السبيل نحو تحييده وعزله عن دائرة التفعيل الشعريّ الومضيّ وتركه صورة جامدة على هامش المشهد.

يتجلّى عنقود ومضيّ آخر أكثر اشتباكاً وومضيّة وهو يجيء تحت عنوان دالّ على هذا الفضاء الشعريّ الومضيّ هو «ومضات»[52]، بما يزخر به من طاقة ومضيّة جامعة ومجموعة في تعبير مفرد جمعيّ منكّر ينفتح على حبّات ومضيّة ذات طبيعة فعليّة إشراقيّة، وتكمن في كلّ حبّة ومضيّة من حبّات العنقود الشعريّ صورة أو رؤية أو موقف أو حالة أو لقطة، ترسم فضاء التشكيل الشعريّ الومضيّ على أبلغ ما يكون.

تبدأ الحبّة الومضيّة الأولى بوصف الراوي الشعريّ لقلبه الذي يشعّ نوراً في ظلال الأبجديّة والهبوب، على نحوٍ يفتح الصورة على حراك شعريّ ومضيّ لا حدود له:

«قلبي يضيءُ الأبجديةَ والهبوب».

تتشكّل صورة الومضة الشعريّة هنا من المركز «قلبي» والما حول «الأبجديّة والهبوب»، فقلب الراوي الشعريّ هي البؤرة الخلاقة القادرة على بعث الضوء في المحيط، وما هذا المحيط سوى «الأبجديّة» التي تعلّم الناس الكتابة، وتقودهم نحو نور الحضارة، حيث يقوم «الهبوب» بدور الناشر الضوئيّ الذي ينقل النور إلى كلّ مكان بلا استثناء ولا اختيار ولا توجيه، بهذا الحشد الدلاليّ السيميائيّ التصويريّ الكثيف.

تبعث الحبّة الومضيّة الثانية نورها عمودياً من الأعلى إلى الأسفل على شكل هطول يناسب إحساس الراوي الشعريّ، ويستجيب لرغبته الدفينة:

«دائماً

يهطلُ

البرقُ

في منزلِكِ».

تتحرّك ديمومة الهطول «دائماً» باستخدام الفعل المضارع «يهطلُ» وهو يدلّ على السقوط الكثيف، إذ إنّ «الهَطَلُ والهَطَلانُ هو المطر المتفرق العظيم، وهو مطر دائم مع سكون وضعف»[53]، ولعلّ هذا التفاوت بين الضعف والسكون مع ديمومة البرق «بديل المطر في الصورة» يمنح الرائي الراوي الشعريّ فرصة التأمل في التماع البرق الومضيّ على منزلها.

تتكثّف الحبّة الثالثة في العنقود الشعريّ الومضيّ لتقرّب المسافة بين طرفي الصورة، وتجعل أمنية الراوي الذاتيّ الشعريّ في قلب الحادثة الشعريّة، فالوحدات الصوريّة المكوّنة للصورة الشعريّة الومضيّة المكثّفة تتألّف من شخصيّة الـراوي، وشخصية الآخر الأنثويّ المُشار إليه في صورته المنعكسة على الماء، فضلاً على عنصر الماء بوصفه الوسيط الناقل للصورة ومثار التمنّي الذي يريده الراوي الذاتيّ تقرّباً للصورة:

«ليتني الماءُ

في صورتِك».

إذ تتموّج الصورة الومضيّة تموجاً شفيفاً يتردّد بين شفافيّة الماء وحضور صورة الآخر الأنثويّ «المُخاطَب»، وتتمركز اللحظة الشعريّة الخاطفة في «ليتني»، حيث تشرق الومضة الشعريّة من باطن الإحساس الدفين بالتماهي مع الماء، ذلك الوسيط الحيّ الحاضن لصورتها وهي تتموّج على سطحه بألفة ونشاط ورقّـة يستحيل الإحاطة بها مطلقاً.

تنقل الحبّة الومضيّة الرابعة قولاً يخاطب العاشقُ فيه المعنى، وهو في أرقى حالة من الأنسنة والتشخيص، لأجل أن يفسح له مجالاً إيروسياً في فضائه الدلاليّ السيميائيّ، خلافاً لما يستقبله من الآخرين، والإيروسية في علاقتها مع روحية الحبّ من وجهة نظر أوكتافيو باث تعني الجنس المرتبط بالنار الأصلية البدائية التي ترفع اللهب الأحمر إلى مرتبة الإيروسية، وهذه (أي الإيروسية) ترفع لهباً

آخر، أزرق مرتعشاً، هو لهب الحب. الإيروسية والحبّ هما اللهب المزدوج للحياة[54].

لقد أقام الشاعر هنا علاقة بين الإيروسية والشعر في طبقَتَين: الأولى شعر جسديّ، والثانية إيروسيّة لفظية، كلتاهما تتألّف من تعارض تكامليّ؛ حيث اللغة قادرة على تسمية أكثر الأشياء انفلاتاً وتلاشياً، أي الأحاسيس، بوساطة تقانات الأنسنة والشخصنة والقلب والتعارض والتحوّل إلى الآخر كما في «ليتني الماء»، والإيروسية هي الجنس مُحولاً إلى استعارة، إلى طقس وتمثيل، والمخيلة هي الوسيط الذي يحرك الفعل الإيروسيّ والشعريّ معاً؛ لأنّ المخيلة هي القوة التي تحول الجنس إلى طقس وشعيرة، واللغة إلى إيقاع واستعارة، وهذا هو ديدن الشاعر هنا على وفق التعاور الإسقاطيّ للدّال في شعره، فتمضي هذه الومضة داخل هذا الفضاء الإيروسيّ المشتبك والمتحفّز والمثير:

«قال العاشقُ للمعنى:

جسدي يكتبْ».

إنّ جملة «جسدي يكتبْ» تنفي حدثاً تقليدياً في الكتابة المتداولة، حين تقوم اليد بهذه المهمّة لتثبت حدثاً مغايراً يقوم الجسد فيه بالكتابة، ولا شكّ في أنّ كتابة الجسد هي أقصى أشكال الكتابة الحسيّة التي تمارس أفعالها الكتابيّة بشغف وإيروسيّة واندفاع، ولا بدّ للمعنى أن يستجيب لحركيّة هذه الأفعال الكتابيّة الجسديّة وديناميتها ونوعيّتها، وقد تدخل الكتابة الجسديّة في ميدان الفعل الإجرائيّ الذي يتجاوز

مساحة الكتابة إلى طبقة الحفر، على النحو الذي يتحرّك سحر التشكيل مع بلاغة الجوهر في أفق علاميّ شديد التوهّج والتدليل والتصوير، بحيث يبرق شعاع الومضة الشعريّة في أدقّ التفاصيل وأكثرها سريّة.

يتقدّم فعل القول الماضي «قال» بحساسيّته السرديّة المعروفة كي يرفع العلاقة بين القائل والمقول والسامع إلى درجة أعلى من صورة التلقّي، بين القائل العاقل «العاشق»، والسامع المؤنسن المعنويّ «المعنى» نحو الانفتاح على «المقول» الذي ينتقل إلى منطقة الفعل الحسيّ «جسدي يكتب»، وقد أخّر الفعل وقدّم الفاعل كي يبتدئ به الجملة الثانية التي هي جملة مقول القول، وذلك كي يمنح الجسد القوّة الدلاليّة الأكبر في ميدان الفعل الكتابيّ الخاص بتدوين التجربة تدويناً إيروسياً، على النحو الذي يجعل الومضة ذات بريق مزدوج يتحصّل من تناسل الفعلَين سيميائياً، بحيث يقود أحدهما إلى الآخر.

تُبرِزُ الحبّة الومضيّة الخامسة في هذا العنقود الشعريّ المتراكم صورةَ الأنا الشاعرة وهي تصوغ جسراً وجدانيّاً بين قلبها وقلب الكون في عملية إنتاج الحبّ:

«لولا الحبُّ المتدفقُ من قلبِ الكونِ إلى قلبي

لتجمّدَ ظلّي مثلَ قتيل».

يعمل حرف الشرط غير الجازم هنا «لولا» بوصفه حرف امتناع لوجود على الربط بين قلبَين حاضرَين في محرق الومضة الشعريّة

وبؤرتها، ليأتيَ المبتدأ الموصوف «الحبُّ المتدفقُ» في مسارٍ وَصْليٍّ من قلب شاسع مترامي الأطراف «من قلبِ الكونِ» قاصداً قلباً عاشقاً أقرب ما يكون إلى حرارة الصوت «إلى قلبي»، ولهذا السبب بالذات تنجو الذات الشاعرة من مغبّة تجمّد الظلّ «لتجمّدَ ظلّي مثلَ قتيل»، وهي ومضة شعريّة تشكيليّة تتعامل ما بين الجسد والظلّ تعاملاً شيئياً، إذ حين يتجمّد الظلّ ويمتنع عن الحركة تماماً فإنّ الجسد المتعامد بين الظلّ ونور الشمس يصير شبيهاً بقتيل في حالة تجمّد وصيرورة كاملة.

وهي صورة تشبيهيّة مركّبة تتحرك تفاصيلها العلاميّة بين الجسد والظلّ في منطقة المشبّه، والقتيل في منطقة المشبّه به، بحيث يحيل فعل التجمّد على حالة من الركود الضاجّ بالبرودة والخروج التامّ من دائرة الضوء الشعريّ.

تكشف الحبّة الومضيّة السادسة عن صورة شعريّة التحاميّة في منصّة الروح تخلط بين روحَينِ في حالة اكتظاظ واحدة يستحيل فصلهما عن بعضهما:

«روحي تكتظُّ بروحِك».

تهيمن الرُّوحان على طرَفَي المعادلة الشعريّة الومضيّة في الصورة «روحي/ بروحِك»، إذ يعمل فعل الجر «الباء» عملاً تصاهرياً شديد العمق والتعاشق والتداخل والتفاعل، ويؤدي الفعل المضارع «تكتظُّ» وظيفته الفعليّة الدلاليّة والرمزيّة والمرجعيّة بأعلى درجات البلاغة والصيرورة الشعريّة المدهشة، إذ يستحيل

قيام أيّ فعلٍ بديلٍ بهذا الدور التشكيليّ والسيميائيّ الذي يقوم به هذا الفعل بحيث تتبدّى الصورة الشعريّة الومضيّة على درجة عالية من التماسك والتجوهر.

تتشكّل صورة الومضة الشعريّة من كيان لغويّ بالغ التوازن بين «روحي» في انتمائها إلى الراوي الذاتيّ، و«روحك» في انتمائها إلى الآخر الأنثويّ المُخاطَب، ويتوسطهما الفعل المضارع «تكتظّ» بما يحمله من احتشاد والتصاق واندماج وتماهٍ لا يمكن فصمه، وكأنّ الروحَين قد تحوّلتا إلى روح واحدة يرفعها فعل الاكتظاظ إلى أبلغ درجة من التماسك العشقيّ.

تنتهي الحبّة الومضيّة السابعة والأخيرة إلى نتيجة أو محصّلة تصبّ فيها غنائم الحبّات الومضيّة السابقات، وكأنّ كلّ حبّات العنقود الشعريّ الومضيّ في هذه القصيدة بعنوانها الدالّ بعمق «ومضات» تضع نهاية حراكها الشعريّ في الحبّة الومضيّة الأخيرة:

«قلبُ العاشقِ خزنةُ أقمار».

تتكوّن الحبّة الومضيّة من جناحَين تشبيهيين متعادلَين في ختام العمليّة التشبيهيّة، الجناح الأوّل المشبّه هو «قلبُ العاشقِ» وقد انبنى على صورة تضايفيّة من مضاف ومضاف إليه، والحال نفسه ينطبق على المشبّه به وهو «خزنةُ أقمار»، وإذا ما أجرينا تناظراً دلالياً بين وحدَتَي المشبّه ووحدَتَي المشبّه به، سنلحظ مباشرة التعادل الصوريّ والدلاليّ بين «قلب/ خزنة» و«العاشق/أقمار»، وثمّة دلالات عميقة مشتركة بين دالَّي المشبّه ودالَّي المشبّه به من حيث عمق ما يخزنه

القلب من مشاعر وعواطف وانفعالات، وعمق ما تتجلّى فيه شخصيّة العاشق من أقمار بهيجة لا تعدّ ولا تحصى استناداً إلى ما ينطوي عليه من خزين عاطفيّ يوفّره له قلبه، وبهذه المعادلة الومضيّة البلاغيّة الجماليّة تكتمل حبّات العنقود الومضيّ على نحوٍ تتجلّى فيه «ومضات» العنونة بقوّة تشكيليّة فائقة التدليل والتصوير والإبهار.

التشظّي الشعريُّ الومضيُّ

تحظى القراءة السيميائيّة للشعر بنصيبٍ وافرٍ من العناية المنهجيّة المطلوبة في الدراسات النقديّة الحديثة، على الرغم من أنّ تجربة النقديّة العربيّة في مجال مقاربة الشعر مرّتْ بالمناهج السياقيّة مروراً تاريخياً واسعاً وعميقاً، وظلّت مدة طويلة أسيرة لهذه المناهج حتّى ظهرت البنيويّة واستقطبت العناية النقديّة المنهجيّة على نحو سافر، وصار النصّ ولا شيء غير النصّ هو محور الفعاليّة النقديّة للبحث في الكيفيّة التي يُنشئ بها خطابه، وانفتح أفق جديد هائل في قدرته على تمجيد الفعل القرائيّ والوصول به إلى نتائج مهمة للغاية.

تقدّمت السيميائيّة بعد ذلك كي تحتلّ موقعاً شديد الأهميّة في هذا السياق البنيوي، وحين تستعمل السيميائيّة «في تحليل نصّ شعريّ فإنّما يجب أن يكون للكشف عن نظام العلامات في هذا النصّ على أساس أنّها قائمة بذاتها فيه؛ لا مجرّد وسيط عبثي؛ وذلك بتعرية البنية الفنية له بصهرها في بوتقات التشاكل والتباين، والتناص والتقاين (أو التماثل)، والانزياح الذي يزيح الدلالة عن موضعها الذي وضعت فيه، أو له في أصل المعاجم، ويمنحها خصوصيّة دلاليّة جديدة هي التي يحمّلها المبدع في لغته؛ وذلك بتوتير الأسلوب، وتفجير معاني اللغة، وتخصيب نسوجها»[55]، وما تجربتنا النقديّة هنا في تحليل

فعاليّات الومضة الشعريّة سيميائياً إلا وسيلة للتحقّق من شعريّة النماذج المنتخَبَة في هذا السياق.

يمكن تفكيك هذا المصطلح «التشظّي الومضيّ» ميدانياً بما يخدم الفكرة النقديّة هنا على أساس حضور لازمة شعريّة مركزيّة، تتكرّر في مجموعة كبيرة من الومضات، وتنفتح في كلّ ومضة على مسار سيميائيّ مختلف، ضمن تشكيل صوريّ ودلاليّ ورمزيّ ينهض على حالة التشظّي داخل المحور العام للقصيدة، بحيث تؤدّي الومضة الشعريّة وظيفتها داخل كيانها الخطيّ المستقلّ، وتضيء في الوقت نفسه مسار الومضة اللاحقة، وتنتهي الومضات على شاشة القصيدة وكأنّها شبكة من الشظايا الومضيّة تؤلّف الهيكل البنائيّ العام لها.

ولا بدّ من الانتباه هنا إلى الدور الذي يمكن أن تقوم به الذات الشاعرة بوصفها أداة التشكيل الومضيّ الشعريّ، إذ لا يمكن الاعتماد على غيرها من الضمائر الشعريّة المجاوِرة لإنجاز هذه المَهمّة على النحو المطلوب، لأنّ هذا الضمير يقوم بدورِ الراوي الذاتيّ الشعريّ القادر على استلهام اللحظة الشعريّة والغوص في تفاصيلها الباطنيّة، ويلتقط حساسيّة الومضة الشعريّة وهي بكامل هيبتها وقدرتها على التدليل والعلاميّة والتشكيل.

ولا شكّ في أنّ مصطلح «الومضة الشعريّة» يتراوح بين الصورة الشعريّة واللقطة الشعريّة والمشهد الشعريّ واللحظة الشعريّة والضربة الشعريّة، لكنّه يقوم على تحليل مقصديّة خاصّة لدى الشاعر تتحدّى المصطلحات المجاورة السابقة فتعمل في تخومها، وقد تكون

على تماسٍّ معها في مناسبات كثيرة، لكنّها لن تكونها تماماً، فهي صورة تضاءُ أركانُها على عجل لتكون أشبه باللقطة السريعة في لحظة شعريّة طريفة قد تخلّف مشهداً في نهاية الأمر.

وعلى الرغم ممّا في هذا الكلام الاصطلاحيّ من تداخلٍ واشتباكٍ وشيءٍ من الإبهام، غير أنّ «الومضة الشعريّة» على هذا النحو تستجيب لهذه الرؤية الاصطلاحيّة، في قدرتها على أن تأخذ من هذه المصطلحات الشعريّة المجاورة من دون أن تذعن لها إذعاناً كاملاً؛ لذا فإنّ القراءة السيميائيّة لتجلّياتها الشعريّة هنا يمكن أن تكون أنسب طريقة منهجيّة لمقاربتها، بما يصل إلى جوهر الفاعليّة الشعريّة فيها على صعيدَي التعبير والتشكيل معاً.

تقرّ سيميائيّة التحليل عملياً على هذا النحو بحضور فضاءين للذات داخل المنطق النصيّ هما: «الذات-الحالة: وهي في علاقة وصلة أو فصلة مع الموضوع. والذات الفاعلة: وهي في علاقة مع الإنجاز الذي تحقّقه»[56]، وباشتباك الفضاءين الذاتيّين يمكن الوصول إلى مستوى التحليل السيميائيّ المطلوب للنصّ الأدبيّ، ولعلّه في عمليّة تحليل النصّ الشعريّ الومضيّ يتجلّى على نحو أدقّ وأكثر سيميائيّة.

يضع الشاعر علي العامري لقصيدته الموسومة «خيط مسحور»[57] عنواناً خبَريّاً وصفيّاً مُنكّراً، يتألّف من الخبر النكرة «خيط» بدلالته المتناهية في الدقّة على مستوى الكيانيّة التشكيليّة الصوريّة، ووظيفته المشحونة بوعدِ الرتقِ أو الستر أو الحجب أو الفصل، فهو المادة التي تشتغل على صناعة الملبس بالدرجة الأولى

بما يحفظ الجسد من العُري، وقد يستخدم لحفظ أشياء أخرى وحجبها عن العام حين تنتهي إلى صناعة كيان بصريّ قادر على ذلك.

تتحدّد اللازمة الشعريّة هنا في أوّل سطر شعريّ من كلّ شظيّة ومضيّة بتشكيل لغويّ يوصف بأنّه شبه جملة مكوّن من جار ومجرور «في الحبّ»، إذ تمثّل شبه الجملة/ اللازمة نقاط انبعاث شعريّة ترتكز على عنوان القصيدة «خيط مسحور» بوصفها قاعدة التشظّي الومضيّ الشعريّ، فمنها دائماً تنطلق الشظايا الومضيّة الشعريّة.

تبدأ الشظيّة الشعريّة الأولى من عتبة اللازمة الشعريّة البدئيّة «في الحب» لتؤلّف كينونتها الشعريّة الومضيّة على هذا الأساس، وهذه اللازمة التي تمثّل شبه جملة من الجار والمجرور توجّه نظر التلقّي نحو مساحة الجوهر، حيث تجري الأحداث وتشتبك وتتفاعل «في الحبّ» وليس خارجه بما يجعل النتائج المحتمَلة أو المتوقَّعَة ملائمة لفضائه، على النحو الذي يحجب أيّ احتمالٍ لنتيجة لا صلة لها بموضوع الحبّ وتجلّياته وقضاياه وتمثّلاته:

«في الحبِّ

يشعُّ الغامضُ

حتّى حجر الصّوّانِ يسيل».

فطالما أنّ «الحبّ» هو الموضوع المركزيّ في شظايا الومضة الشعريّة كلّها، فهذا يعني أنّ حركيّة التشظّي الومضيّ لا يمكن إيقاف مدياتها الشعريّة المُشعّة، وهذه الشظيّة تصوّر الحبّ في طبقته

الصوفيّة العالية التي لا تبحث عن تفسير الغامض وتحويله إلى واضح، بل تستفزّ هذا الغامض لتجعله يشعّ ويضيء طبقات الغامض وما حوله من دوائر قد توصف بالوضوح، ببريق سحريّ معجِز لا يحتاج إلى فهم أو تفسير أو منطق، بحيث يصل إلى أقسى أنواع الحجر «حجر الصوّان» كي يجعله في حالة سيلانٍ وميوعةٍ وتخلٍّ عن القسوة والصلادة، بمعنى أنّ الشظيّة الأولى من ومضة الحبّ الشعريّة تنتظم في حفل الإشعاع والصهر والقدرة على تحويل الحالة من فضاء إلى آخر مختلف.

إنّ قراءة الرسالة المشفّرة في المفردة اللغوية «حتّى» بنيوياً وما فيها من سعي مُشفّر من الشاعر صوب فتح أفق تأثيريّ تأثريّ للحبّ في آنٍ، هي رسالة مشفّرة، ولكنّها حسب فلسفة ليفي شتراوس ليست مُعطىً فوريّاً للقراءة، فهي بناء غير مصمّم لقصديّة الفهم بقدر ما هو مصمّم بقصد فكّ شفراته، ولا يتعلّق الأمر بفكّ الرسالة انطلاقاً من شفرة معروفة لأجل استخلاص المعنى، بل الانطلاق من رسالة مُعيّنة غير دالّة في حدّ ذاتها أو عبثية، لإيجاد الشفرة السريّة التي تقوم على أساسها والتي تتحكم في إرسالها[(58)]، فالدال «حتّى» اجتمعت فيه الغائية والقصدية بعد فكّ شفرتها.

تتّجه شظيّة الحبّ الثانية نحو فضاء الغناء، حيث يفتح الحبّ طاقة البهجة الروحيّة على مصراعيها، بعد أن يوفّر لها أرحب مجال ممكن لتحفيز القدرات الخاصّة الكامنة في هذا الحبّ كي تبرز إلى الوجود وتعمل بأعلى كفاءتها:

«في الحبِّ

يغنّي الكهفُ

ويَخضرُّ المعنى والصلصال».

تنفتح دائرة الحبّ على هذا النشاط الإنسانيّ الخلاق الباعث على البهجة والفرح، فيتأنسن «الكهف» وهو يكمن في أبعد صورة محتملَة للفرح ويشرع بالغناء، ويمتدّ هذا الغناء الكهفيّ إلى المحيط الفوقيّ «المعنى» كي يهبه نعمة الاخضرار، مثلما يمتدّ إلى المعنى السفليّ «الصلصال» بمعناه القاسي الموازي لحجر الصوان في الشظيّة الأولى ليسهم في خُضرته، وجاء ظهور اللون الأخضر بواقعه الفعليّ «يخضرّ» إيذاناً بحضور فعاليّات التشكيل اللونيّ، وهي تمنح صورة الحبّ بهاءً أعلى وبهجة أكبر.

تنتقل فعاليات التشكيل اللونيّ في الشظيّة الومضيّة الثالثة إلى اللون الأزرق كي تهب الموصوف طاقة أكبر على الحبّ والشموخ والماء:

«في الحبِّ

يزورُ النهرُ جبالاً تعتمرُ الزّرقة».

فالجملة ذات التشكيل الاستعاريّ الحركيّ «يزورُ النهرُ جبالاً تعتمرُ الزّرقة» تصوّر طبيعة الحراك الشعريّ البهيّ، حيث تتجلّى عناصر تشكيليّة أساسيّة هي «النهر/ جبالاً/ الزّرقة» كي تؤدّي وظيفة شعريّة مشتركة تؤسّس سرديّاً لمشهد الشظيّة الشعريّة الومضيّة، وتحقّق أعلى قدر من المفارقة في جملة «يزور النهرُ جبالاً»، حيث يصعد الماء إلى الأعلى، وبهذا الصعود نحو الجبال تتحوّل الزرقة إلى اعتمار من شدّة فاعليّة الصعود وصعوبته ومحنته.

تستوي مكوّنات السماء مع الأرض في الشظيّة الشعريّة الرابعة كي تقوم بدور المبشّر انطلاقاً من عتبة الحبّ اللازمة، وهي تعمل بمكوّن أساس منها لتشحن المكان بطاقات ضوئية أصيلة بوسعها اكتشاف المخفيّات وفتح المغلقات:

«في الحبِّ

كواكبُ تمشي

بين الحاراتِ

وتُوقظُ ظلَّ الميت».

تتنكّب الدالّة السيمائيّة «كواكب» صورتين حركيتين اثنتين في خضمّ هذا التشكيل المفارِق، في سياق جملتَين فعليتَين، تتحرّك الجملة الأولى أفقياً «تمشي بين الحارات» لتعطي المكان أكثف طاقة ضوئيّة ممكنة لها علاقة بالكشف والاكتشاف، في حين تتحرّك الجملة الشعريّة الثانية عمودياً «توقظُ ظلّ الميت» لتوجّه المعاني الشعريّة باتجاهات غير مألوفة، لأجل استعادة القيم الضائعة واستنهاض ميكانيزماتها الداخليّة للوصول إلى أعماق الشظيّة الومضيّة، في قدرتها على تمثيل فكرة الحب في وجه آخر من وجوهها، وليس من سبيل أمامها في هذا التشكيل الشعريّ الومضيّ سوى الحفر في الظلّ المنسي.

تذهب الشظيّة الومضيّة الخامسة باتجاه رواية محنة الحبّ في قابليّاته على التحدّي والمقاومة والصمود بوجه المضادّات الزمنيّة والمكانيّة:

«في الحبِّ

يطيرُ النومُ

وتدمعُ عينُ الباب».

تنطلق هذه الشظيّة كالعادة من عتبة الحب الداخليّة «في الحبّ» كي تصوّر حاله في لقطتَين متعانقَتين، تشرع اللقطة الأولى بتثبيت اليقظة المطلقة للعاشق «يطيرُ النومُ»، إذ لا نوم مع الحبّ كما تشير إلى ذلك مدوّنات الحبّ السرديّة كلّها، وتدعمها اللقطة الثانية «تدمعُ عينُ الباب» في تحفيز طاقة الانتظار على مزيد من البكاء داخل حيّز اليقظة، ضمن حركة تعاشق ومضيّة متموّجة بين اللقطتين.

تتأسطر الشظيّة الومضيّة السادسة في قدرتها على الارتفاع بمفردات الطبيعة بحساسياتها المكانية إلى مصاف الأسطورة، حيث يسهم الفعل الشعريّ في نقل فاعله من طبقة طبيعيّة إلى طبقة ما ورائيّة إمعاناً في توكيد صورة الأسطرة:

«في الحبِّ

تطيرُ الأنـهارُ

ويعشوشبُ ضوءٌ

فوق بيوتِ الطين».

ينطلق فعل الطيران «تطير» من عتبة اللازمة الومضيّة الشعريّة «في الحبّ» ليرفع فاعله الجمعيّ «الأنهار» إلى مرتبة الخارق، وحين تطير الأنهار في فضاء الحبّ ترتوي الآفاق كلّها، ويترطّب كلّ شيء في سيولة ومضيّة بارعة، وعلى النسق نفسه تتحرّك جملة

«يعشوشب ضوءُ/ فوق بيوت الطين» كي يصبح الفقراء أغنياء بثروة الحبّ، ومن هنا تتدفّق الحساسيّة الومضيّة الشعريّة لتؤدّي أكثر الأدوار حراكاً وتجلّياً وعمقاً.

لا تكتفي شظايا الومضة الشعريّة بالتعريف والتصوير والاستدلال الشعريّ على الأشياء والمكوّنات والقضايا، بل تلتقط في خضمّ ذلك مزيداً من الحالات الطبيعيّة والإنسانيّة كي تخلّدها في فضاءات شعريّة تليق بها، ففي الشظيّة الشعريّة السابعة – انطلاقاً من قاعدة «في الحبّ» بوصفها لازمة شعريّة مستقرّة – تومض حالتان شعريّتان باهرتان:

«في الحبِّ

هبوبٌ

يتدلّى

فوق الأشجارِ

وعاشقةٌ تنقشُ سيرتَها بعروقِ الفضّةِ والأنهار».

تتجلّى الحالة الأولى في سياق رياضيّ يحوّل المسار الأفقيّ إلى مسار عموديّ هابط نحو الأسفل «هبوبٌ/ يتدلّى/ فوق الأشجارِ»، وتتجلّى الحالة الثانية في سياق حَفريّ تاريخيّ ينشد ترك الأثر المناسب بحساسيّة البريق والسيولة «وعاشقةٌ تنقشُ سيرتَها بعروقِ الفضّةِ والأنهار»، بحيث يظهر دالّ «الهبوب» ودالّ «عاشقة» بوصفهما شخصيَّتين شعريتَين تتنكبان مسيرة الفعل الشعريّة، تلك

التي تبرز منسابة في الأولى، وغائرة في عمق الوجود في الثانية.

تنحاز الشطيّة الثامنة إلى فضاء فلسفيّ يتجاوز المجاز الشعريّ فيه حدود التمثيل البلاغيّ الطبيعيّ، وتنطلق الصورة في تجلّياتها من مثابة «في الحبّ» كي تقود المتلقّي نحو مديات شعريّة تشكيليّة سرياليّة، تنعمُ بأعلى قدر من التخصيب الشعريّ ضمن حالة تشكيليّة تقارب الجوهر السيميائيّ الأصيل للحب، وهي تتشكّل في صور مجاوِرة أو محايثة تنعكس على مفهوم الحبّ فيأخذ منها معناه في كلّ صورة من صوره:

«في الحبِّ

يضيعُ الليلُ على الطرقاتِ

ويعلو خطُّ السّهوِ قريباً من عينِ الماء».

إذ إنّ جملة «يضيعُ الليلُ على الطرقاتِ» تعلن طفولة الليل وسذاجته وخبرته القليلة في السير وحيداً على الطرقات، ضمن حراك شعريّ تشخيصيّ يجعل من العلاقة بين المكان المخصوص «الطرقات» والفاعل الشعريّ القابل للضياع «الليل» علاقة تضادّية ذات جدل عكسيّ، في حين تتجلّى الجملة الشعريّة الثانية «ويعلو خطُّ السّهوِ قريباً من عينِ الماء» لتخلط الأوراق الشعريّة القادمة من منطقة الحبّ على نحو سريّ غامض، فعندما يعلو خطّ السهو قريباً من عين الماء فإنّ المعادلة المائيّة تتعرّض للخطر؛ لأنّ عين الماء هنا هي عين الحبّ التي تقع في أعلى ارتفاع ممكن داخل المدى المنظور للأشياء.

تحاذي الشظيّة التاسعة زميلتها السابقة في التركيز على أعماق الأشياء والدخول في طبقاتها وزواياها وطيّاتها، والتعامل مع روح الطبيعة لأجل تحقيق أفضل إجابة ممكنة ومتاحة على أسئلة الحبّ التي تتجدّد في كلّ شظيّة ومضيّة من شظايا القصيدة:

«في الحبِّ

تشعشعُ روحُ البازلتِ

وتمشي الأشجارُ صباحاً

نحو مرايا الماء».

يتدخّل الفعل المضارع «تشعشعُ» وهو يستطلع أعماق الصخر الناريّ «روحُ البازلتِ» لتحويل النار المكتنزة في جوف الصخر إلى نور باهر، كي يسهل عندها إفساح المجال الشعريّ لأنسنة الأشجار والانتقال من الكلام إلى الصورة «وتمشي الأشجارُ صباحاً/ نحو مرايا الماء»، حتّى تكون هذه الشظيّة الشعريّة نوعاً من العودة إلى الأصول الأولى للأشياء.

تتلبّث الشظيّة الشعريّة العاشرة بين أحضان الوصف الشعريّ كي تنعم بمزيدٍ من التصوّر الجماليّ لمفردات الطبيعة العاملة بقوّة في الخطاب الشعريّ:

«في الحبِّ

طيورٌ آيلةٌ للضوءِ

وأزهارٌ تتفتحُ في الموسيقى».

تنطلق من نقطة صفر الحبّ «في الحبِّ» صورتان وصفيتان تنزعان نحو حساسيّة الانبثاق الشعريّ الجماليّ في أبلغ درجاته، فالصورة الأولى «طيورٌ آيلةٌ للضوءِ» تتحرّك حركة مزدوجة بين الهبوط والصعود في احتمال إنتاج الضوء، في حين تنبعث من عمق الصورة الثانية «وأزهارٌ تتفتحُ في الموسيقى» إيقاعات مزهرة تزاوج بين الصورة والصوت، لتبقى الوحدات اللغويّة الثلاث في الصورتين «طيور/ الضوء/ أزهار/ الموسيقى» تتراوح بين التنكير والتعريف داخل حاضنة الطبيعة، لأجل أن تتحوّل شعرياً إلى كائنات متحرّكة في الاتجاهات كلّها كي تمنح الومضة الشعريّة جماليّات مبتكرة.

تكشف هذه الشظيّة عن سرّ دفين من أسرار الحبّ يثوي في أعماق الأعماق، وهو سرّ التكوّن المستمرّ على حافّة الأشياء، فهو هنا «طيورٌ آيلةٌ للضوءِ» بمعنى أنّها في لحظة تشكّل وتكوّن خاطفة واستثنائيّة، مثلها مثل «أزهارٌ تتفتحُ في الموسيقى»، إذ هي في لحظة تفتّح داخل جوهر الموسيقى وشعريّتها، على النحو الذي يُبعِد فكرة الحبّ عن أيّ حالة استقرار حاسمة يمكن أن تكون عليها في أيّ وضع، فالحبّ هنا هو أقرب إلى الاحتمال منه إلى التبلور النهائي الحاسم على شكل استقرار ومثول واستمكان.

وتخطو الشظيّة الشعريّة الحادية عشرة في هذا الميدان عميقاً في دائرة الحبّ، وتروي حكاية شعريّة تخضع لوصف صوريّ متكامل:

«في الحبِّ

خفاءٌ يتبادلُ مخطوطَ كواكبَ

مع عاشقةٍ ترعى ضوءاً فوق جبال».

حيث تنطلق الحيوات الشعريّة للشظيّة الومضيّة من واحة خفيّة لا تمنح نفسها بسهولة لأدوات المعنى متمثلة في الدالّ المرجع «خفاء»، وهو يمارس أوّل أفعاله بما لا يرفع حساسيّة الخفية عنه، بل ربّما يعمّقها أكثر «يتبادلُ مخطوطَ كواكبَ»، وهنا لا بدّ من «آخر» يتلقّى نتائج هذا الفعل وتشظّياته في المحيط، إذ ما يلبث أن يتسمّى «مع عاشقةٍ»، تحقّق انسجاماً مع لازمة الانطلاقة الشعريّة في الشظيّة «في الحبّ»، ومن آيات النبوّة الشعريّة لهذه العاشقة أنّها «ترعى ضوءاً فوق جبال»، حتى تبدأ معالم الخفاء بالتكشّف والظهور لتتّسع الومضة الشعريّة في شظيّتها هذه ما هو مطلوب منها شعرياً.

تستقلّ الشظيّة الثانية عشرة بومضيّتها الخاصّة في تصوير الصباح الطالع من معطف الحبّ على نحو بَصَريّ غائر في ضمير الحدس والتوقّع:

«في الحبّ

صباحٌ

يتدلّى

مثلَ الخيطِ المسحور».

فدالّ «صباح» الذي هو محور صورة الشظيّة الومضيّة ينطلق من عتبة اللازمة الشعريّة «في الحبّ» ليقدّم صورته فوق مستوى النظر بدلالة الفعل المضارع «يتدلّى»، بكلّ ما ينطوي عليه فعل

التدلّي من حركيّة هابطة إلى الأسفل بطريقة وادعة وتلقائيّة، لكنّ الانتقال إلى طرف التشبيه باستعمال أداة التشبيه العالية الحضور «مثلَ» يُدخِل المشبّه في سياق تشكيليّ صوريّ خارج أفق التوقّع «الخيطِ المسحور»، إذ يختزل المشبّه به كثيراً من الصفات التقليديّة للمشبّه ويحصره في مسار دقيق جداً «الخيط»، ويضاعف هذا المسار ويزيحه نحو منطقة سيميائيّة غيابيّة بوساطة الصفة المعرّفة «المسحور»، بما يحيل إلى حساسيّة شعريّة ومضيّة ترفع هذه الشظيّة إلى مقام شعريّ مشغول برمزيّته وسرياليّته.

تقدّم الشظيّة الشعريّة الومضيّة الثالثة عشرة شخصيّة وهميّة مكوّنة من بنية لغويّة تضايفيّة تبدأ مشروعها الفعليّ من عتبة اللازمة «في الحبّ»، وتنطلق باتجاه صيرورة حكائيّة سرديّة تجعل من هذه الشخصيّة علامة سيميائيّة تتجاوز الأطر التقليديّة في حركة الأشياء:

«في الحبِّ

يرتِّلُ مجنونُ الظلِّ

كتابَ القلبِ

ويسكبُ في الوردةِ روحَ الأسماء».

تعكس هذه الشخصيّة نموذجها السرديّ من طبيعة تشكّلها اللغويّ «مجنونُ الظلِّ»، فإذا كان دالّ «مجنون» يعمل في الغياب أصلاً، فإنّ إضافته إلى «الظلّ» يعمّق صورة الغياب ويضاعف من قيمتها التعبيريّة؛ لذا فهذه الشخصية تعبّر عن ذاتها السرديّة داخل شظيّة

الومضة الشعريّة هنا بوساطة فعلَين إجرائيَين هما «يرتّل/ يسكب»، وإذا كان الفعل الأوّل يتّجه سردياً نحو إنتاج صورة صوتيّة ذات مرجعيّة دينيّة «يرتِّلُ/ كتابَ القلبِ»، حيث يطابق تعبير «كتاب القلب»، ما يجعل فعل الترتيل دينياً بالإشارة إلى «القرآن» مثلاً، وقد لا يطابق هذا وينزاح إلى علامة شعريّة سيميائيّة أخرى تخصّ تجربة الشاعر في مضمار وجدانيّ آخر، فإنّ الفعل الثاني ينتقي من كتاب الطبيعة أصغر صفحة يلتقي فيها الجمال والأناقة والسحر «ويسكبُ في الوردةِ روحَ الأسماء»، بحيث يمكن أن تتطابق مع حساسيّة الجملة الأولى في مختلف حالاتها المحتملَة، وبذلك تكون شخصيّة «مجنون الظلّ» قادرة في سياق هذين الفعلَين وتجلّياتهما في الميدان الشعريّ على أن تستجيب للتأويل على نحو مفتوح بلا حدود.

يتحرّك فِعلا الشظيّة الومضيّة الرابعة عشرة داخل فضاء الحريّة والبهجة والفرح؛ كي يقوم كلّ منهما بفعل انزياحيّ قادر على صوغ أسطورة خاصّة به، والانطلاق دائماً من عتبة اللازمة الشعريّة المعطاء «في الحبّ» وصولاً إلى أقصى درجات الأمل:

«في الحبِّ

تذوبُ الموسيقى في الماءِ

ويلهو فردوسٌ بتماثيلِ النار».

يغوص الفعل الأوّل في درجة عالية من درجات تجلّي الفاعل الشعريّ «تذوبُ الموسيقى في الماءِ»، ويعبّر الفعل «تذوب» عن طبيعة استشهاديّة في حرم الجمال الذي يتشكّل داخل فضاء الفاعل

الشعريّ «الموسيقى»، وبما أنّ «الماء» يمثّل وسطاً لا يصلح لإدامة الصوت فما يتبقّى من هذه الموسيقى حين تدلف إلى الماء هو الظلّ فقط، وظلّ الموسيقى بلا صوت يمنح الحسّ الشعريّ طاقة أكبر وأوسع وأعمق على التعبير والتشكيل.

أمّا الفعل الثاني فيشتغل على آليّة المفارقة الشعريّة الموازية في طبقة من الطبقات لصورة ذوبان الماء في الموسيقى «يلهو فردوسٌ بتماثيلِ النار»، فالفعل «يلهو» والفاعل «فردوس» يحيل إلى فضاء مكتظّ بالبهجة والفرح والانطلاق والحريّة، لكنّ أداة اللهو «تماثيل النار» تخلخل هذا الثبات الإحاليّ الدلاليّ وتنفتح على أفق سيميائيّ رمزيّ مغاير، ولا بدّ في مقاربة صورَتَي الفعلين «تذوب/ يلهو» وما تبعهما من مفردات صوريّة من وضع الفاعل المعرفة «الموسيقى» مقابل الفاعل النكرة «فردوس»، ووضع «الماء» مقابل «النار» للحصول على إشكاليّة المعنى الشعريّ وقد صاغته هذه الشظيّة الومضيّة على أندر ما يكون.

في حين تختصرُ الشظيّةُ الومضيّة الخامسة عشرة فضاءَها الشعريّ الواجب الاتساع والشمول إلى درجة الغياب، في بناء العلاقة التقليديّة بين الصورة والمرآة داخل ثنائيّة الحضور والغياب ضمن حركيّة شعريّة لافتة ومثيرة:

«في الحبِّ

تغيمُ الصورةُ في المرآةِ

ويخضرُّ العنوان».

تتقدّم اللوحة الشعريّة المركزيّة في هذه الشظيّة الومضيّة كي تهيمن على مقدّرات الصورة «تغيمُ الصورةُ في المرآةِ»، حيث تتحوّل «المرآة» إلى درجة الحياد التام، وتتعطّل أدواتها داخل مربّع الانعكاس الصوريّ المفترَض، غير أنّ اللقطة الصوريّة التي تسير على حافّة الصورة تعكس اقتراحاً مختلفاً في منطقة مناوِئة للمرآة «ويخضرُّ العنوان»، وهي جملة معطوفة على الجملة الأولى وينبغي أن تتلاءم معها دلالياً كما هو معروف، لكنّ اخضرار العنوان يتأتى من غياب الصورة في المرآة بافتراض أنّ هذا الغياب هو مصدر بعث جديد لا موت حاسم، ومن هنا تتجلّى حيويّة الشظيّة الشعريّة الومضيّة وحساسيّتها المُخيّبة لأفق التوقّع.

يتحوّل العاشق إلى بطل أسطوريّ في الشظيّة السادسة عشرة، وهو يستعيد من التراث العشقيّ العربيّ في المتخيّل الشعبيّ حكايةَ ليلى والمجنون على نحو إلماحيّ:

«في الحبِّ

يهبُّ المجنونُ إلى ليلٍ

يتفقّدُ حجرَ البحرِ

ويدعكُ خاتمَهُ بالنار».

تشتغل الأفعال الشعريّة في هذه الشظيّة الومضيّة في سياق دراميّ، تتطوّر الأفعال فيه تطوراً سردياً ذا طاقة دراميّة فاعلة «يهبّ/ يتفقّدُ/ يدعكُ»، إذ يشير الفعل الأوّل «يهبُّ» إلى الفاعل العشقيّ الأسطوريّ

«المجنون»، وحين يتمّ إطلاق هذا اللفظ معرّفاً داخل فضاء الحبّ فسرعان ما تذهب الإحالة إلى «مجنون ليلى»، ولعلّ اللفظ المنكّر المجرور هنا «ليل» ينطوي على إشارة أخرى داعمة لهذا التأويل، أما مساحة الفعل الثاني «يتفقّد» فتنفتح على مكانيّة ذات طبيعة سحريّة «حجر البحر»، تتفاعل بقوّة تواتريّة عطفيّة مع جملة الفعل الثالث الشعريّة «ويدعكُ خاتمَهُ بالنار» حين تنفتح على فعاليّة أسطوريّة تحيل إلى الحصول على حِرز الحبّ.

تنتشر الشظيّة السابعة عشرة من الومضة الشعريّة على الأشياء وتدمغها بحالات استثنائيّة تتلاءم وسجايا أفعال الحبّ بتموّجاتها الملّونة:

«في الحبِّ

تُغنّي العتمةُ تحت الأشجارِ

ويرقصُ برقٌ فوق الماءِ

وترتبكُ القمصان».

تشتبك الأفعال في هذه الشظيّة اشتباكاً ومضياً متوالَدَاً يجعل الأشياء المتعلّقة بهذه الأفعال تتحرّك على نحو بهيج ومضطرب في آن، فالفعل الأوّل يمنح العتمة حقّ الغناء الحرّ تحت الأشجار «تُغنّي العتمةُ تحت الأشجارِ» ضمن فعاليّة شعريّة تقارب ظلّ الصورة، في حين يذهب الفعل الثاني نحو تشكيل صورة توازي الصورة الأولى، لكنّها تعرض لمحة صوريّة واقعيّة تحدث كلّما التقى البرق سطح الماء «ويرقصُ برقٌ فوق الماءِ»، بينما تأتي الصورة الثالثة كي تنتِج

فعاليّة شعريّة رمزيّة ذات طبيعة ومضيّة «وترتبكُ القمصان»، ولعل ارتباك القمصان يحيل جسدياً إلى ارتباك القلوب خلفها بما يعني أنّها تغنّي وترقص انسجاماً مع الصورتين السابقتين، في ومضةٍ شعريّة سيميائيّة ترتقي إلى أعلى سُلّم التشكيل.

يمكننا أن نلمح إحالة تناصيّة خفيّة هنا مع سورة يوسف في جملة «ترتبكُ القمصان» وهي تنتج حمولة سيميائيّة حركيّة، فارتباك القمصان في القصيدة يناظر على نحوٍ ما، الارتباك المنسوب إلى عملية المحاكمة التي أقرّها عزيز مصر في مسألة القميص المقدود طولاً، وقد يكون من النوع التناصيّ غير المقصود الذي يتسلّل إلى فضاء الصورة من ذخيرة الشاعر الثقافيّة والرؤيويّة بلا قصديّة أكيدة.

تتعلّق الشظيّة الثامنة عشرة بلغة الفضاء الصوفيّ في تشكيل لحظتها الشعريّة الومضيّة، ليكون «القلب» هو الحاضنة الحكائيّة لانطلاقة الشظيّة الشعريّة الومضيّة بوصفه الدالّ الأكثر عُرضة للاستخدام والتركيز وجدانياً:

«في الحبِّ

يضيءُ القلبُ

ولو لم تمسسْهُ النّار».

يستجيب الدالّ المحوريّ في هذه الشظيّة «القلب» لضغط الصورة الشعريّة فيحمل دلالة الفعل المتشظيّة «يضيء»، لكنّه ضوء آخر مغاير ليس نتيجة لحضور النار الباعثة على الضوء، إنّه ضوء لا

يمتّ إلى النار بصلة على نحو يكسر أفق التوقّع في معرفة مصدر الضوء، غير أنّ القاعدة الوجدانيّة التي تنطلق منها الصورة «في الحبّ» هي من يعوّض غياب النار وحضور الضوء، داخل معادلة تُعلي من شأن ضوء القلب على مسّ النار مع كلّ ما يمكن أن تحيله الصورة إلى مرجعيّات ذات طبيعة دينيّة، أو أسطوريّة، أو حكائيّة.

تحتفي الشطيّة التاسعة عشرة في خضمّ تجربة الحبّ المهيمنة على هذه الومضة الشعريّة المتشظّية بالمعنى، حين يتحوّل المعنى إلى جسد يستجيب للموسيقى في فيض لحنيّ لا يتوقّف ولا يغيب في المخيال الإنسانيّ الخالد:

«في الحبِّ

يفيضُ المعنى

وتفيضُ الجنةُ

في جسديْن وناي».

تتعانق جملتا فعل الفيض «يفيضُ المعنى/ وتفيضُ الجنةُ» في مقاربة نسقيّة يتقصّد فيها الفعل «يفيض» منح فرصة مشتركة للفاعل في إنتاج دلالة واحدة، مع أنّ المعنى والجنّة يكمنان «في جسديْن» يصل بينهما إيقاعياً «ناي»، إذ لا المعنى يتخلّى عن دلالته كي يصبّ في جسد الجنّة، ولا الجنّة تفعل ذلك أيضاً، في حين يبقى الناي بصورته المنكّرة حاضراً أبدياً وشاهداً على هذا الانفصال من جهة، وتمنّي الاتحاد بينهما من جهة أخرى.

تحكي الشظيّة العشرون قصّة الهيام انطلاقاً من عتبة الحبّ التي تضع سطرها الأوّل عنواناً للشظايا الومضيّة كلّها من البداية حتّى النهاية:

«في الحبِّ

تهيمُ امرأةُ النعناعِ

بنجمٍ

يحرسُ لهجتَها

ويضيءُ القبلات».

تتلخّص الحكاية بصورة الشخصيّة العاشقة الهائمة «امرأة النعناع» وهي تهيم بالمعشوق «نجم» في انفتاح سيميائيّ على الأشياء «تهيمُ امرأةُ النعناعِ/ بنجمٍ»، إذ تتحدّد وظيفة المعشوق بمَهمّتين، تقوم الأولى على الدفاع عن الهويّة «يحرسُ لهجتَها»، في حين تقوم الثانية على التصريح بالحبّ والاعتراف به «ويضيءُ القبلات»، ضمن حساسيّة شعريّة ومضيّة تضع «امرأة النعناع» في سجن بهيج يعيد إنتاج تعريف الحبّ من جديد.

تروي الشظيّة الواحدة والعشرون حكاية قادمة من الومضة الشعريّة المقدّسة التي يسمّونها «الحبّ»، وهي حكاية الطبيعة التي تبدأ أفقية أرضيّة، وتنتهي سماويّة هابطة من الأعلى إلى الأسفل في ديناميّة شعريّة سيميائيّة تشكيليّة:

«في الحبِّ

يهيمُ البحرُ بزهرِ الرّمّانِ

وتهوي

شهبٌ

من

سقفِ

العالم».

تنطلق أفقيّة الحكاية الشعريّة من عتبة الهيام الإيروسيّ حين يتحوّل البحر إلى عاشق برائحة إيروسيّة تعمّ المكان «يهيمُ البحرُ بزهرِ الرّمّانِ»، ويمتدّ هذا النسق الأفقيّ على هذا النحو كي يعكس الحالة البحريّة العشقيّة في قلب الومضة الشعريّة، في حين تهبط الحكاية العموديّة من الأعلى إلى الأسفل على هذا النحو الخطيّ:

«وتهوي

شهبٌ

من

سقفِ

العالم».

حتّى لا تجد لها أثراً عندما تتشظّى على سطح البحر، أو على سطح الأرض، أو في أيّ مكان آخر بلا جامع، وقد تتناثر رائحة

زهر الرمّان معها بحُكمِ وجود الواو العاطفة «و/ تهوي» وهي تربط الجملتين في ومضة شعريّة واحدة، تحكي حكاية واحدة، على الرغم من اختلاف النسق الإجرائيّ الفعليّ بينهما.

ترسم الشطيّة الثانية والعشرون صورة العاشق مشبّهاً بالنائم السائر في نومه لبلوغ نافذة المحبوبة، وهي صورة رومانسيّة تقليديّة رَوَتها لنا المدوّنة الشعريّة العربيّة الغنائيّة في صيغ متعدّدة طوال هذه التجربة الثريّة، غير أنّ الراوي الشعريّ هنا لا يكتفي بهذه الحدود الرومانسيّة، بل يمضي أبعد من ذلك في سبيل إنجاز الومضة الشعريّة المفارِقة:

«في الحبِّ

يسيرُ النائمُ

حتى نافذةِ المحبوبةِ

يلقي قطرةَ برقٍ عند قرنفلةٍ، وينام».

يحصل الانزياح الشعريّ المطلوب شعرياً في الجملة الشعريّة السرد-دراميّة الأخيرة «يلقي قطرةَ برقٍ عند قرنفلةٍ، وينام»، وهي جملة محكومة لغوياً بحدود فعليّة من الجانبين، من البداية حيث يعمل الفعل «يلقي» على إنتاج حركة يقوم بها العاشق النائم تؤدي وظيفتها بتجلّي المفعول به المضاف «قطرةَ برقٍ»، وهذه قطرة البرق هي نموذج التشظيّ الصوريّ العميق لإشارة الحبّ، ويضفي المكان اللاحق لفضاء المفعول «عند قرنفلةٍ» رائحة سيميائيّة أعمق لجدوى

الفعل، أمّا الفعل الثاني الذي يختتم الصورة فهو «وينام» يحدّها من الغرب، ويُنهي بها حفل الحبّ في طبقة شعريّة لافتة من طبقاته.

تتألّق الشظيّة الثالثة والعشرون في فضاء الومضة الشعريّة لترسم صورة سيرياليّة مشبعة بطاقة رمزيّة هائلة، تستثمر الرؤية الومضيّة الراكسة في أعماق الصورة حتّى توقظ الكلام الشعريّ على نظام تشكيليّ فيه تثمير سيميائيّ عالٍ:

«في الحبِّ

غيومٌ ترمشُ

حين يذوبُ السُّكّرُ في غيبٍ

وتزورُ الأبديةُ ياءَ البيتْ».

إذ تنطلق هذه الرؤية الشعريّة الومضيّة من عتبة جوهر الحبّ «في الحبّ» بوصفها لازمة ابتدائيّة لا تغيب، وتبدأ بتكوين مشروعها التشكيليّ ذي الطبيعة السرياليّة «غيومٌ ترمشُ» بلقطة صوريّة مفتوحة على أفق غير محدود، لكنّ الظرف الزمانيّ «حين» ما يلبث أن ينحرف بسرياليّة الشظيّة الشعريّة الومضيّة نحو عالم الغياب والتغييب «يذوبُ السُّكّرُ في غيبٍ»، على النحو الذي يسمح باستقرار الأشياء في قلب المكان «وتزورُ الأبديةُ ياءَ البيتْ»، حيث يكون الوسط المكانيّ الرابط بين طرَفَي المكان «بيت» هو الضمانة الحقيقيّة للوجود والاستمرار والخلود.

تقترب الشظيّة الرابعة والعشرون من أبلغ درجات الإيماض

الشعريّ، وذلك حين يحتشد الزخم اللفظيّ في أعلى تجليّات الاقتصاد والتبئير والاختزال:

«في الحبِّ

بيوتٌ آهلةٌ بمرايا سكرى».

إذ تنفتح الجملة الشعريّة الخبريّة الموصوفة «بيوتٌ آهلةٌ» على طاقة مكانيّة مكتظّة بالنفوس والحركة المتوقّعة المتشظّية من الصفة «آهلةٌ»، بما يعكسه هذا التشظّي الومضيّ من معاني الحياة والتدفّق والفعل والإنتاج والصخب والثرثرة، لكنّ شبه الجملة التي تعقبها «بمرايا سكرى» وقد جاءت موصوفة أيضاً في نوع من التوازي السيميائيّ البارع، حيث تتوازى «بيوتٌ» مع «مرايا» في طبقة الحساسيّة المكانيّة والتوافق التركيبيّ البنائيّ على صعيد التشكيل والتدليل، مثلما تتناظر «آهلة» مع «سكرى» في فعاليّة الحضور والانطلاق واللذّة، أو يمكن أن تتضاد في انحياز الصفة «آهلة» لليقظة واستغراق «سكرى» في الخدَر، على النحو الذي يجعل الشظيّة الشعريّة الصوريّة تتعالى كلامياً نحو قمّة الأداء الضاج بالشعريّة.

تعبّر الشظيّة الخامسة والعشرون عن فاعليّتها الأسطوريّة في قدرتها على حشدِ كمٍّ هائلٍ من الحكايات المختزَنة في جوف الومضة الشعريّة القادمة من بؤرة الحبّ:

«في الحبِّ

سماءٌ تنفخُ في الناي على درجٍ

وتُظلّلها ريشةُ أسطورة».

تتكوّن الشظيّة على مستوى التشكيل الصوريّ من ثلاثة تشكيلات متوالدة ومتضامنة ومتعاضدة، تبدأ بالتشكيل الأوّل «سماءٌ تنفخُ في الناي» الذي يؤنسن السماء، ويمنحها قدرة بريّة على إنتاج الموسيقى داخل فضاء مفتوح، والتشكيل الثاني «على درجٍ»، حيث يجري فعل أنسنة السماء وموسقتها في حيّز مكانيّ قابل للصعود والهبوط، أمّا التشكيل الثالث «تُظلّلها ريشةُ أسطورة» فينقلها مباشرة إلى فضاء الأساطير، إذ تتخلّى الدوال عن مرجعياتها الدلاليّة التقليديّة، وتتحوّل «سماء» إلى أنثى تعزف لحن الناي على درج تحت ظلال خرافة «ريشة أسطورة» تهيمن على فضاء السرد وفواعله وأجوائه.

تنحو الشظيّة السادسة والعشرون نحواً غامضاً في تشكيل رؤيتها الشعريّة الومضيّة، ضمن تكوين شعريّ صوريّ يقوم على فكرة المزاحمة اللونيّة في بناء اللقطة وتفعيل كيانها الاسميّ، انطلاقاً من مثابة الحبّ الباعثة على إحاطة كلّ شيء حولها بما تيسّر من الجمال:

«في الحبِّ

إشاراتٌ زرقاءُ مرقطةٌ بهبوب».

تتألف صورة الشظيّة الومضيّة من أربع دوال اسميّة مشتبكة لونيّاً «إشـاراتٌ/ زرقـاءُ/ مرقطةٌ/ بهبوب»، فالعلامة اللونيّة

«زرقاء» تجعل دال «إشارات» الجمعيّ المنكّر يتراوح مكانياً بين السماء والبحر، لكنّ العلامة اللونيّة الداخلة على «زرقاء» تفسِد هذه الإحالة وتخلخل بنيتها، إذ إنّ دالّ «مرقّطة» بوصفه دالاً لونياً ينهض على إلغاء هيمنة التأويل الخاصّ باللون الأزرق في «إشارات» بوساطة مادة الترقيط «هبوب»، ذات الصفة العامّة غير اللونيّة، بل الحاجة للون في قدرتها على تغليف الصورة وحجب طاقتها اللونيّة الأصليّة، فتختصر الشظيّة الومضيّة هذه أفعالاً محجوبة تختفي وراء الفضاء الاسميّ المهيمن على الصورة الشعريّة.

تهبط الشظيّة السابعة والعشرون إلى أصغر وحدة حروفية في عالم الحروف أو أصغر كتلة سوداء في صفحة البياض وهي «النقطة»، كي تجعلها منطلقاً شعرياً ومضياً يطال الأقواس المحيطة كلّها بلا استثناء:

«في الحبِّ

تُضيءُ النقطةُ كلَّ الأقواس».

فالنقطة هي المرتكز الباعث على إشاعة الضوء في الأرجاء بِحُكْمِ صيرورتها المكتظّة بذاتها على نحوٍ مصيريّ حاسم، إذ تنفتح عتبة «النقطة» على آليّة البعث الضوئيّ لتمنحها طاقة ضوء لا حدود لها بوسعها إضاءة الأقواس كلّها، و«الأقواس» هنا تدلّ على الإحاطة المطلقة بالأشياء، حيث تحمل بين حدودها المعاني المختارَة، وربّما يذهب تأويل الشظيّة هنا إلى أنّ الضوء المنبعث من مركز النقطة يحطّم هذه الأقواس لحظة إضاءتها.

تعود الشطيّة الومضيّة الثامنة والعشرون والأخيرة في فضاء الومضات الشعريّ إلى نقطة صفر الانطلاق الومضيّ، حيث تظهر شخصيّة الأعمى، وهي في أفضل درجات الرؤية الحسيّة التي تتفاعل في إنتاجها أكثر من حاسّة، وأكثر من حساسيّة:

«في الحبِّ

يرى الأعمى أثرَ العطرِ على حبلٍ غسيلٍ

مشدودٍ فوق خميسِ الجمعة».

إذ تبدأ الجملة الشعرية بانزياح مفارِق «يرى الأعمى» يتّجه نحو مجال رؤيويّ حسيّ مختلف «أثرَ العطرِ» ضمن محور حواسيّ شمّي، لكنّه يتحوّل إلى محور بصريّ بدلالة المحطّة المكانيّة التي جرى عليها الفعل الحسيّ «على حبلِ غسيلٍ»، ومن ثمّ يأخذ معناه الوجوديّ من لحظة توتّر خاصّة «مشدودٍ»، تعيد إنتاج الدورة الشعريّة الومضيّة من بداية أوّل شطيّة في فضاء الومضات «فوق خميسِ الجمعة»، من حيث استكمال الصورة الزمنيّة داخل سيمياء التشكيل الأسبوعيّ المشتبك المتمثّل بتعبير «خميس الجمعة».

يمكن أنّ تحيل جملة «يرى الأعمى» إلى بيت المتنبّي الشهير «أنا الذي نظر الأعمى إلى أدبي»، حيث استخدام المتنبي الفعل «ينظر» لأنّ فعل «النظر» يحمل معانيَ التفكّر والتفكير والتأمّل ومحاولة احتواء المعنويات والروحيات أكثر من الماديات، مع أنّ النظر يشترك مع البصر والرؤية في نظر العين، إلا أنّه أوسع منهما دلالة، ولذلك قال المتنبي «نظر الأعمى» أي تفكّر وتأمّل وكسر حاجز العمى

واخترقه وألغاه، ولأنّ الومضة هنا مجازية تفكّرية تأمّلية، وفضاؤها روحانيّ معنويّ على نحوٍ أوسع، فربّما كان الفعل «ينظر» الأقرب إلى الرمزيّة المتوخاة من جوهر الفاعليّة الشعريّة في الومضة.

تتشظّى القصيدة الومضيّة الموسومة «خطوط»[59] على عشر شظايا ترسم في المحيط الشعريّ صوراً تنير العتمات وتكشف المخفيّات، في كلّ خطّ من الخطوط العشرة ومضة شعريّة تضيء ما حولها مبتهجة بما تفعل، تبدأ بالشظايا/ الخطوط التي تنتمي إلى حاضرة الذات الشاعرة وهي تعترف بما تنطوي عليه من أسرار ومفاجآت.

تعترف الشظيّة (1) بالإشارة إلى جوهر القضية التي تعيشها الذات الشاعرة فيما يُسمّى «الشتات» بوصفه حياة موازية للحياة الطبيعيّة، تتحوّل إلى نديم وحيد لا شريك له يصرّح به الراوي الذاتيّ الشعريّ، ويعترف بهيمنته المطلقة:

«الشّتاتُ نديمي الوحيد».

تعكس هذه الجملة الشعريّة/ الشظيّة الومضيّة مشهداً قائماً بذاته متكوّناً من ثلاث وحدات صوريّة متنوّعة التشكيل والرؤية والجوهر، وتنتمي كلّ وحدة من وحدات المشهد الشعريّ هذه إلى مرجعيّة خاصّة تنهل منها ما تستطيع من المعنى، فتتكشّف الوحدة المشهديّة الأولى «الشّتاتُ» عن فضاء إنسانيّ لافت يلخّص تجربة الإنسان لدى كثير من الشعوب المضطهَدَة، وهي تضطر إلى ترك أوطانها والعيش في الشتات عن قهرٍ وقلّةِ حيلةٍ ليصبح الشتات عالماً جديداً بديلاً لبَشَرٍ مرغمين على تغيير مصائرهم، ثمّ تأتي الوحدة

المشهديّة الثانية من الشظيّة الومضيّة كي تدخل في جوهر فضاء الذات الشاعرة «نديمي»، حين تفقد هذه الذات محيطها الأصليّ كاملاً، وتبقى في مواجهة دائمة ومصيريّة مع الشتات؛ لذا فإنّ الوحدة الثالثة ذات الطبيعة اللغويّة النعتيّة «الوحيد» تلتحق بموصوفها كي تُشبع الصورةَ تأكيداً على فرادة تشكيل الشظيّة في مساحة الانتماء الوحيد المطلق للذات الشاعرة.

تتمركز الشظيّة الشعريّة (2) حول ذاتها الشاعرة كي تصوّر المشهد من داخل الداخل بعد أن تقفل الصورة من الخارج:

«يَدُها في يَدي

والأسيرُ أنا».

يتحقّق الاشتباك الحسيّ الجسديّ في الجملة المتعادلة صورياً «يَدُها في يَدي»، حيث يرتقي المشهد الشعريّ إلى أعلى درجات الالتحام والمشاركة، لكنْ ما يلبث المشهد أن يتعرّض لانعطافة ومضيّة تقلب تعادليّة الصورة رأساً على عَقِب «والأسيرُ أنا»، بعد أن تتدخّل الذات الشاعرة كي تكشف عمّا وراء المشهد من حساسيّة وجدانيّة تجعل الـ«أنا» أسيرة لـ«الآخر» الأنثويّ، وتتفكّك على الفور حالة الاحتواء في المواجهة بين «يدها» و«يدي»، لأنّ صورة المشهد الأساسيّة «يدها/ في/ يدي» تجعل منها أسيرة بدلالة حرف الجرّ «في»، غير أنّ الجملة الثانية «الأسير أنا» تقلب الصورة في مفارقة مدهشة بين حقيقة الصورة وظلّها في الخفاء الوجدانيّ العاطفيّ.

تنحاز الشظيّة رقم (3) نحو التشكيل الصوريّ المتخيّل داخل

لوحة فنيّة مكتملة الأركان يتداخل فيها الشعريّ بالتشكيليّ، وتتألّق حساسيّة الومضة الشعريّة في نور التعريف الذي يشمل المكان والزمان والحدث في جوهر اللوحة:

«القَرنفُلُ شهقةُ قلبي

أمامَ العميق».

يتركّز موضوع الشطيّة الشعريّ في دالّ «قلبي» بما أنّ القلب هو جوهر الجسد البشريّ وعلامته الفارقة على الصعد كافّة، لكنّ لوحة الشظيّة الومضيّة تتّجه هنا نحو حركة صوتيّة انفعاليّة تتعلّق بهذا القلب «شهقة»، وهي ترفع القلب إلى أعلى طبقة من طبقات الانفعال والدخول في ضوء المشهد، غير أنّ اللوحة تأخذ أبعاداً تشكيليّة جديدة حين يكون التشكيل «شهقةُ قلبي» مشبّهاً به لدالّ طبيعيّ يحظى بقوّة تداوليّة عالية بصريّاً وشمّياً هو «القَرنفُلُ»، بحيث ترتفع الصورة التشبيهيّة المؤلّفة من المشبّه والمشبّه به ووجه الشبه ذي الطبيعة الرمزيّة المتعلّقة باللون والرائحة والتأثير إلى أعلى طبقة.

ولا تنتهي اللوحة عند هذا الحدّ، بل تستمر في تشكيلها حين يضع الرسّام الشعريّ خلفيّة مشهديّة تضع اللمسة الأخيرة البارعة على المشهد «أمامَ العميق»، إذ تكتمل الشروط الفنيّة والجماليّة الساحرة للوحة بوصفها شظيّة ومضيّة مشحونة بأكبر طاقة من الضوء التشكيليّ، ذلك الضوء الذي ينتشر على مساحة اللوحة وظلالها وزواياها وطبقاتها الظاهرة والخفيّة.

يلعب الجسد لعبة المكان الشعريّ في الشظيّة الومضيّة الرابعة

حين تتشكّل الصورة الومضيّة بحضور ثلاث وحدات شعريّة مشتبكة اشتباكاً تشكيلاً بانوراميّاً:

«يدي تتهجّى البعيد».

تبدأ الوحدة الشعريّة الجسديّة الأولى بداية خبَريّة تنتسب لجسد الراوي الشعريّ الذاتيّ في العضو الأقدر على صوغ الإشارة الجسديّة الدالّة «يدي»، ولا تتكشّف هذه الوحدة عن وظيفتها السرديّة داخل الصورة إلا بوساطة الفعل اللسانيّ «تتهجّى»، لأجل أن يعيد العضو الجسديّ الدالّ «يدي» إلى طفولته الأولى الباحثة عن مكان داخل الفضاء، على النحو الذي يسمح للوحدة المفعوليّة الشعريّة الثالثة بالظهور، وهي ترصد المكان في تشكيله المعرّف القصيّ «البعيد»، لكي تكتمل صورة البحث اللسانيّ المكانيّ التشكيليّ في شظيّة ومضيّة تنفتح على أفق دلاليّ شاسع، يقود العلامة السيميائيّة في جولة قد تطول في فضاء العلامات الممكنة أو المتوقّعة أو المحتملَة، بين العلاميّ والقصديّ والذاتيّ والموضوعيّ في آن.

تظهر الذات الشاعرة مانحةً راويها القدرة على صوغ شعريّة السرد في الشظيّة الومضيّة الخامسة بينها وبين الآخر الأنثويّ على محمل الإشارة أيضاً:

«قبلَ دخولِكِ

كنتُ بلا إمضاء».

تندفع الصورة الشعريّة الومضيّة في حالة زمنيّة ظرفيّة «قبلَ

دخولِكِ» تشير إلى قوّة حضور الآخر الأنثويّ في المجال الصوريّ الشعريّ، إذ يفصل الظرف «قبل» زمنياً بين فضاءين يحسمان وضع الصورة الأنويّة للذات الشاعرة ومستقبلها وهما «قبل» و«بعد»، فـ«قبل» كانت الذات الشاعرة بلا هويّة «كنتُ بلا إمضاء» و«بعد» حصلت على الهويّة حين صارت بـ«إمضاء»، وبهذه المعادلة الظرفيّة الزمنيّة يتحدّد شكل الشظيّة الومضيّة، ويتألّق حضورها في المجال الحيويّ الشعريّ، لتكون علامة الإمضاء بلاغة جوهر على مستوى التشكيل والتأثير والمداومة الفنيّة والجماليّة.

يمتدّ تأثير الآخر الأنثويّ في مساحات الأنا الشاعرة وضواحيها في الشظيّة الشعريّة السادسة، بما يمتلكه هذا الآخر من قوّة حضور بالغة:

«دائماً

ينحني لكِ قوسُ قزح».

تبدأ الشظيّة الومضيّة بصياغة شكلها اللغويّ المباشر بتمركز «حاليّ» يحيل علامياً إلى أعلى درجات الاستقرار والديمومة «دائماً»، ومن ثمّ ينفتح الحال على صورة شعريّة تأويليّة لحالٍ طبيعيّة مشهديّة طريفة الحدوث «ينحني لكِ قوسُ قزح»، فصورة «قوس قزح» تمثّل في هذا التشكيل الشعريّ شظيّة من شظايا الطبيعة تنحني لحضور الآخر الأنثويّ في الفضاء الجماليّ الحيويّ، وليس لأسباب طبيعيّة، كما تزعم علوم الطبيعة؛ لأنّ علوم الحالة الشعريّة في النصّ الشعريّ هي صاحبة التأويل السيميائيّ والرمزيّ المطلوب.

يهيمن هذا الآخر الأنثويّ على شظايا التشكيل الومضيّ الطالع

من قصيدة «خطوط» وهو يتجوّل في أحياز الشظايا، ويلعب لعبته الشعريّة في فرض نموذجه على الأمكنة والأزمنة والأحداث بما تملكه من طاقة هائلة على تنوير الأشياء، وما بين حدود القول والصمت تنبري قوّة تأثير الآخر الأنثويّ كي تفعل فعلها، وتعيد إنتاج الأشياء على وفق رؤية جماليّة مختلفة:

«لم تَقُلْ أيَّ شيءٍ

ولكنّها

في الممرِّ انحنتْ

فتشظّى الأبد».

تتألّف هذه الشظيّة الشعريّة الومضيّة من ثلاثة انبثاقات ساطعة، تبدأ بالانبثاقة الأولى وهي تنفي حدوث أيّ فعل محتمَل أو منتظَر «لم تَقُلْ أيَّ شيءٍ»، بحيث تتبدّى الصورة وكأنّها تعرّضت للإقفال والتوقّف والمصادرة، غير أنّ أداة الاستثناء «ولكنّها» تعيد إنتاج الحركة الشعريّة المتوقّعَة من جديد لتستأنف عمل الانبثاقات الشعريّة باستمراريّة سرديّة متدفّقة، إذ تظهر الانبثاقة الومضيّة الشعريّة الثانية «في الممرِّ انحنتْ» كي ترسم صورة أنثويّة شديدة الإثارة تشدّ الانتباه نحوها، على النحو الذي ينعكس على الفضاء العام انعكاساً هائلاً يجعل من الانبثاقة الومضيّة الشعرية الثالثة ثورة كبيرة تتشظّى فيها الأشياء كلّها «فتشظّى الأبد»، بما يجعل من هذه الشظيّة الشعريّة تحت فداحة التأثير الجسديّ للآخر الأنثويّ علامة على سحر التشكيل وبلاغة الجوهر.

تقترب الشظيّة الثامنة من عنقود «خطوط» كثيراً من الحيّز المكانيّ الضيّق للأنا الشاعرة وهي تحاول الانفراد بذاتها بحريّة:

«بالقربِ من النومِ

تَلعْثمتِ الغرفةُ بي».

يتجلّى المكان في فضاء الشظيّة الشعريّة بعلامته الذاتيّة الخاصّة جداً «بالقربِ من النومِ»، حيث يتحوّل «النوم» إلى معطى مكانيّ ظرفيّ مشحون بطاقة علاميّة قابلة لحراك شعريّ محتمَل بسحب الصورة القادمة في إثرِها «تَلعْثمتِ الغرفةُ بي»، إذ يؤدّي الفعل «تَلعْثمتِ» المنسوب إلى المكان الذي يحدث به فعل النوم غالباً «الغرفةُ» إلى حالة ارتباك صوريّ، ولا سيّما حين يكون هذا الارتباك مرتبطاً بأنا الذات الشاعرة «بي»، على النحو الذي يقدّم صورة سيرذاتيّة للراوي الشعريّ الذاتيّ وهو يروي ذاته في أنسنة الغرفة وتشخيصها، وتحويلها إلى آخر مؤنسن يحكي حال الذات وهي في أوج تعاطيها مع انكسار المسار الطبيعيّ المألوف للأشياء، في سياق تشظيةٍ وجدانيةٍ خفيّةٍ تعيشها الذات الشاعرة داخل محنةٍ أنويّةٍ حادّةٍ.

تنبري الذات الشاعرة في التفاتة شعريّة باهرة داخل فضاء الشظيّة الومضيّة التاسعة، كي ترسم صورة ترتفع إلى أعلى درجة المفارقة الجسديّة:

«نمتُ

وفي كفّي ليلٌ متجمّد».

تشرع هذه الالتفاتة الشعريّة بتشكيل حساسيّتها الشعريّة الومضيّة من عتبة الفعل التقليديّ الذي ينبغي للإنسان ممارسته يومياً في الأغلب الأعمّ «نمتُ»، والفعل كما هو واضح وجليّ منسوب إلى الذات الشاعرة الراوية للحدث، حيث «التاء» بوصفها ضميراً متّصلاً هي الفاعل، غير أنّ المفارقة تحصل في الجملة الشعريّة الموازية اللاحقة للجملة الأولى «وفي كفّي ليلٌ متجمّد»، وقد ألهبت تفاصيل الصورة، وجعلت من الأداة الجسديّة «كفّي» حاملاً سيميائيّاً يحيل إلى مجرّةِ دوالٍّ دائمةِ التشظّي والتدليل، تتحوّل فيها الذات الشاعرة إلى كائن أسطوريّ يمسك بأطراف الطبيعة التي لا تُمسَك ويقبض عليها باقتدار، بكلّ ما يرشّحه التشكيل النعتيّ المكوّن من الموصوف والصفة «ليل متجمّد» من علامات تستجيب لأكثر من تأويل وأكثر من قراءة.

تنتهي الشظايا المتناثرة من سقف «خطوط» إلى الشظيّة العاشرة والأخيرة، حين يتلفت الراوي الشعريّ الموضوعيّ إلى محرق الحراك الشعريّ في القصيدة، ويوجّه سؤالاً شعرياً يخصّ الشظايا السابقات أجمعها في محاولة لفهم المفارقة التي تبدّت في خاتمة الحكاية، وتداخلت فيها الوحدات على نحو غاية في الالتباس والغموض والإبهام والقطيعة:

«من تَرَكَ الصورةَ في الممحاة؟».

يتوجّه السؤال نحو فاعل «عاقل» مجهول «من» قام بفعل إزاحيّ اختياريّ على مستوى المكان والزمن «تَـرَكَ»، يخصّ مفعولاً به

يدلّ على التشكيل الشعريّ في وسيلة أساسيّة وجوهريّة من وسائله التعبيريّة وعناصره الفنيّة وهو: «الصورةَ»، وتبدو الحالة الشعريّة حتى هذه اللحظة التشكيليّة طبيعيّة وليس فيها ما يُريب، ومن ثمّ تأتي شبه الجملة اللاحقة للمفعول «في الممحاة؟»، حيث يقف عندها السؤال، وتنتهي مؤونته اللغويّة ويكفّ عن العمل، تكتظّ بكلّ ما هو مُريب، لأنّ العلاقة الإجرائيّة التقليديّة بين «الصورة والممحاة» تخضع لتقديم «الممحاة» على الصورة كي تقوم بمحوها، فتنتفي الصورة عند ذلك من الوجود التشكيليّ، وتبقى الممحاة ظاهرة في مشهد المحو.

غير أنّ ما حصل في هذه الشظيّة الومضيّة الأخيرة يقلب العلاقة التي تثير السؤال الومضيّ الشعريّ هنا، إذ تُظهِر الممحاةُ الصورةَ بارزةً في حدودها وتفاصيلها وخلفياتها، على النحو الذي يحيل ضمناً إلى قوّة الصورة وأسطوريتها التي كفّت الممحاة عن عملها، فاحتوتِ الصورةَ بدلَ محوها، فتكتمل «خطوط» اللوحة عند عتبة عنوان القصيدة في حاضنة شظايا عشرٍ تتابعت وتتالت وترافقت وتفاعلت وتعاضدت وتعاشقت؛ للوصول إلى عتبة هذا السؤال الشعريّ في الشظيّة الأخيرة.

الإشراقةُ الشعريّةُ الومضيّةُ

تتعامل نظريّات القراءة والتلقّي بآليّاتها النقديّة الحديثة مع العمل الفنيّ بوصفه أثراً قائماً ومرشّحاً للقراءة والتأويل كي يتحوّل إلى خطاب قادر على التأثير في المحيط، وتتدخّل القراءة بمنطقها التأويليّ في تفاصيل الأثر بحثاً عن سحر الشكل وجوهر المعنى في طاقته البلاغيّة القصوى، إذ «يمثّل الأثر الفنيّ دائماً هذا البون الذي يقيم بوساطته المبدع علاقة مع ذاته، مع الأشياء، ويطرح سؤال المعنى عبر انفتاحه على العالم. وما تكشفه الإنشائية هو تكوّن الإنتاج في بعده الثنائيّ اللانفعيّ والضروريّ»[60]، فثّمة علاقة وطيدة بين العناصر التشكيليّة العامّة لهذا الأثر، وبين الذات والأشياء والمعنى والعالم والقيمة والضرورة للوصول إلى استيعاب المناخ الصحيّ المرهون بشعريّة النصّ وحساسيّته وطرافته، من حيث الشكل والصورة والأداة والمقصد والعلامة والإشارة والحضور والتأثير الجماليّ، إذ تسهم هذه المكوّنات حين ترتفع إلى أعلى درجات أدائها الفنيّ في بعث قوّة الإشراقة الجماليّة من طبقات المعنى النصيّ، وتكون هذه الإشراقة دليلاً على بلوغ الطبقة الشعريّة العليا القادرة على الإنتاج الومضيّ.

لا يمكن على هذا النحو إغفال دور القارئ في الكشف عن حرارة المسافة الجماليّة وإشراقتها بين اللغة النصيّة والمعنى النصيّ، بين الرغبة والوجود، بين الأمل والواقع، بين المادّة والروح، بين الذاكرة

والحلم، في مقاربة النصّ الأدبيّ بمرجعياته الفنيّة الكثيفة الشاسعة والغزيرة والمتداخلة على نحو تأثيريّ فاعل، إذ «إنّ تركيز نظرية التلقّي على قيمة مشاركة القارئ في بناء معنى النصّ الأدبيّ، وجعل النصّ منفتحاً على الذات القارئة وعلى البعد التاريخيّ والسياقات الاجتماعيّة والثقافيّة، هو ما أتاح للكتابة النقديّة المعاصرة الاشتغال من منظورات وبتمثّلات جديدة، وهو ما يجعل النقد بالفعل ينتبه إلى مكوّنات أدبية وموضوعيّة لم تحظَ بالاعتبار اللازم لفترة طويلة، ويسلّط عليها عدسته المكبّرة كي تصبح أكثر نتوءاً وأكثر قابلية للتحليل والقراءة والتحفيز على تناسل المعنى»[61]، لأجل أن تكتمل الصورة الإبداعيّة الخلاقة بين الفضاء الخاصّ بالنصّ الأدبيّ والممارسة النقديّة الجادّة.

إنّ هذه الصورة النموذجيّة بين الطرَفَين هي ما يجعل العلاقة بين النص والنقد على هذا النحو أصيلةً وشديدةَ الضرورة والقيمة، بحيث يتكشّف النصّ الأدبيّ عن سلسلة من الإشراقات الفنيّة والجماليّة التي لا بدّ للقراءة من أن تسهم في الكشف عنها في سياق تمثّلاتٍ منهجيّة ورؤيويّة عالية المستوى ورفيعة الأداء، تدرِك جوهر فعاليّات التشكيل على مستوى الصورة والمعنى والمشهد واللقطة والدلالة والومضة.

وإذا ما خصصنا هذه الرؤية الفنيّة على النصّ الشعريّ بوصفه الجنس الأدبيّ الأكثر استجابة لهذه الرؤية في تمظهراته المتنوّعة شكلياً ودلالياً، فإنّ الرصد النقديّ سيكون في أبلغ حالاته تجلّياً وكشفاً وإنتاجاً وتأثيراً، لأنّ النصّ الشعريّ هو النصّ الأقرب إلى حساسيّة الرمز الفنّي وصورته وجماليّته من بقية نصوص الأجناس الأدبيّة الأخرى.

تتدخّل الذات الشاعرة عميقاً في التكوين الشعريّ للنصّ لمنحه طاقة التنوير والإيماض والتشكيل الجماليّ المتعدّد، إذ «يمتدّ فعل التنوير الشعريّ ليشمل (تنوير الذات الشاعرة) بضميرها الأنويّ الشعريّ وهو يتكشّف عن حضور ثريّ وخصب في دائرة القصيدة، فالذات الشاعرة بحالاتها وتحوّلاتها وتمظهراتها وفعّالياتها المتعدّدة تعمل على إشاعة رؤية شعريّة لافتة، تبعث الكثير من النور الشعريّ في طبقات القصيدة وجيوبها وزواياها وظلالها، يحثّ المتلقّي على التفاعل والتواصل معها على مستويات مختلفة»[62]، في السبيل نحو تحويل ساحة الخطاب الشعريّ في انفتاحاتها الجماليّة إلى مناسبة فنيّة وافية وكافية للأداء الرمزيّ، حين يقوم الرمز الشعريّ بإضاءة المتن في سياق طاقة خلاقة كامنة يؤمّن هذا الرمز فاعليّتها السيميائيّة، على النحو الذي يقتضي تسخير قوّة قرائيّة متميّزة لمقاربة الكثافة النصيّة الشعريّة واشتباكها وصيرورتها، والاجتهاد التأويليّ في بلوغ جذورها الدلاليّة العميقة وإدراك ميكانيزمات عملها وفاعليّتها.

يصف بول ريكور الرموزَ بأنّها «تقول أكثر ممّا تقول» في سياق التفريق بين الكتابة الشعرية وغيرها، من حيث إنّ الكتابة الشعريّة أكثر قابليّة للتأويل[63]، بالمعنى الذي يؤكّد صعوبة القراءة النقديّة للشعر من دون أدوات منهجيّة عارِفة ومجرِّبة وقادرة على تفكيك الزخم السيميائيّ الماثل في القصيدة، ولا سيّما حين تتوفّر القصيدة على كثافة غير عادية من الإشراقات الومضيّة الشعريّة التي تحتاج إلى وعي جماليّ مختلف في منطقة القراءة، يؤهّلها لولوج طبقات النص وتفكيك تشكيلاتها النصيّة والكشف عن كموناتها الجماليّة.

تكتسب الإشراقة الومضيّة حضورها في «قصيدة الومضة» من عتبة الطاقة التي تمتلكها الصور الشعريّة وهي في لحظة إشراق استثنائية، فتصل اللغة والصورة والإيقاع والتشكيل البنائيّ إلى أعلى حالة فنيّة وجماليّة بوسعها إنتاج أبلغ رسالة ممكنة، فلحظة الإشراق الشعريّ تنبثق من وحدات القصيدة كلّها وتُرسِلُ علاماتها التنويريّة من زواياها وظلالها وطيّاتها كافّة، بما يجعل الإشراقة الومضيّة الشعريّة في أجمل حالاتها وأكثرها سحراً ودلالة ورؤية ورؤيا على مستوى التعبير والتشكيل.

قصيدة الإشراقة الومضيّة تنطوي على حكاية شعريّة تتوفّر على أركان المحكي السرديّ جميعها، لكنّ عناصرها الشعريّة الكامنة تشرق من طبقات هذه الأركان، وتشعّ على مساحة القصيدة كاملةً، ابتداءً من عتبة عنوان القصيدة، حيث ترتسم مطالع الأفق الشعريّ حتى خاتمتها الشعريّة وهي توقّع على صورة اكتمالها، وتتبدّى صور الإشراق الشعريّ في هذه القصائد على شكل بؤر عميقة محتشدة بالصورة والمعنى الشعريّ والتدفّق، فتتألّق كلّ مفردة من مفردات التشكيل الشعريّ على مستوى الإيقاع البَصَريّ والوزنيّ والسرديّ.

تلتئم حرارة السرد الشعريّ ومؤونته الدلاليّة على هذا النحو في تشكيل جماليّ مُعتَنَى به غاية العناية والرعاية، بحيث يتعالى البناء الشعريّ بقوّة وسموّ وجمال تشكيليّ باهر عابر للغة في سياق بناء لغة جديدة، حتّى يصل إلى أعلى درجات «التركيز والتكثيف وتفجير الترابط الموضوعيّ بين عناصر القصيدة لكي نحصل على الوحدة الذاتية العميقة»[(64)]، التي بموجبها ندرك أنّ القصيدة بلغت قمّة

نضجها في إشراقات شعريّة ومضيّة تشعّ من مكامن القصيدة وطيّاتها وطبقاتها كلّها داخل منطقة القراءة.

حين تترك «القصيدة الومضيّة» آثارها الاستثنائيّة متمثّلة بإشراقاتها النوعيّة الخاصّة في مناطق التلقّي وهي تحتفظ بسخونتها ومائها النابض بالحياة، فإنّها تنتقل إلى فضاء الإشـراق اللغويّ الشعريّ الجماليّ القادر على تحفيز آليّات القراءة وتثويرها باتجاه القراءة والكشف والاكتشاف، عن طريق «التركيز على أهمية المكان أو الفضاء، وأهمية الموقع، والعلاقات المنسوجة بين العناصر»[65]، بحيث تكون على أعلى درجـات التماسك والصيرورة الشعريّة المكتظّة بالضوء واللون والرائحة السيميائيّة.

لا تظهر الإشراقات الومضيّة الشعريّة في القصائد كما نتمنّى من الوضوح التام والتجلّي البارز والإبانة الشفيفة المطلقة دائماً؛ لأنّ «ما يكتبهُ الشاعر من قصائد مجرّد شعاعٍ منعكس انطلق من حياة الشاعر، وليست الشاعر، ولا حتى صورته الحقيقية، بل مجرد شررٍ لغويٍّ صغير ناتج عن الاحتكاك بين الشاعر والشعر والوجود، حتى النصوص والقصائد وإن كانت تنتمي للشعر، لكنّها ليست الشعر، بل هي أيضاً مجرّدُ انعكاسٍ لغويٍّ ضيّقٍ ومحدود عن الشعر؛ غير أنّ الشعر والشاعر يوسّعان تلك الإمكانية الضيقة، ويؤثثانها لتغدو مملكة حياة متكاملة – في نصّ – نوعٌ من فنّ التحنيط، لكنّهُ التحنيط في حياة اللغة، والصوت، والكلمة، والكتابة»[66]، عندما تحتشد هذه الإمكانات الشعريّة جميعاً في سلّة القصيدة وهي تصدّر إشعاعاتها وإشراقاتها الومضيّة بلا توقّف من بداية القصيدة حتّى نهايتها.

تتنوّع الإشراقات الومضيّة الشعريّة في ديوان «كتاب الحدوس» للشاعر علي العامري المدجّج بذخيرة كبيرة من هذه الإشراقات ذات الطبيعة التشكيليّة الواضحة، ففي قصيدة عنوانها «ديوك نهرية»(67) تتجلّى سلسلة منها ابتداءً من عتبة العنوان المؤلّفة من خَبر جمعيّ مذكّر «ديوك»، وهو مذكّر في صيغته اللغويّة، لكنّه يستبطن طاقة ذكوريّة سيميائيّة ورمزيّة عالية، ومن هنا تنبعث طاقة الإشراق الشعريّ في طبقات هذا الدالّ، وهو موصوف لصفةٍ مكانيّة «نهريّة» تحدّد شكل الموصوف وطبيعته وحساسيّته الذكوريّة البطرياركيّة «الديكيّة»، ليأتي المتن الشعريّ للقصيدة وكأنّه يحكي سيرة هذه الديكة بتتابعها وتنوّعها وجمعيّتها.

يبدأ المتن الشعريّ بعتبة استهلاليّة مليئة بإشراقة شعريّة لافتة على صعيد اللغة والصورة والتشكيل والمعنى:

«يخرجُ الصبحُ

من كِنِّ ليلٍ عميقٍ،

ويخرجُ منهمراً

من

مناقيرِ

أحلى الديوكْ».

إنّ صورة خروج الصبح من جوف الليل هنا «يخرجُ الصبحُ/ من كِنِّ ليلٍ عميقٍ» مشبّهاً بالديك تنطوي على طرافة تشبيهيّة عالية، ولا

تتوقّف الصورة عن حدّ التشبيه الأوّل، بل تستمرّ في تشكيل حساسيّتها الومضية بإشراقة شعريّة أخرى «ويخرجُ منهمراً من مناقيرِ أحلى الديوكْ»، تمهيداً لدفع التشكيل إلى أقصى طبقة جماليّة تجعل من صوت الديك صوتاً للحياة الجديدة المشرقة بالأمل والجدوى.

تقوم الصورة في تشكيلها الشعريّ الميدانيّ على حركيّة مزدوجة للفعل «يخرج» بما ينطوي عليه من ذخيرة صوريّة تتعلّق بفكرة الخروج من الظلمة إلى النور، ومن الصمت إلى الكلام، ومن الثبات إلى التحوّل، ومن المكان إلى الفضاء، فتكون الحركة الأولى «يخرجُ/ الصبحُ» إيذاناً بهجرة الليل والولادة في حضن الصبح، مع الإشارة الدالّة نحو المرجع المكانيّ الذي خرج منه الفاعل «من كِنِّ ليلٍ عميقٍ» بما تضمره صفة «عميقٍ» من إمكانات سيميائيّة كثيفة، تجعل الفاعل «الصبحُ» أكثر تنويراً وإشراقاً، أمّا الحركة الثانية «يخرجُ/ منهمراً» فهي مزوّدة بحالٍ متكاثرة في صورتها واندفاعها تحيل إلى نوع من الإشراق الصوتيّ «من مناقيرِ أحلى الديوكْ»، حيث تلتحم الحركتان في سبيكة صوريّة واحدة تعظّم فاعليّة الإشراق الومضيّ في الصورة.

تنفتح عتبة الاستهلال الشعريّ في القصيدة على حوار طريف أيضاً يجري بين الصبح الطالع من فم الديك والنهر في تصادٍ صوتيّ وامضٍ، داخل فضاء شعريّ مؤنسن يجعل من ظلمة الليل المتمثّلة عملياً بـ«النوم» وشمس النهار وسيلة تعبيريّة تقرّب وهج الشعر الوامض من إشراقة الموقف الجماليّ وسحريّته:

«يطلعُ الصبحُ

هذا الملاكُ المجلّلُ بالشمسِ والكوككووو

فارداً مخملَ الضوءِ، يهمسُ في مفرقِ النـهرِ:

هل نمْتَ يا نـهرُ

في الليلةِ الفائتةْ؟

قالَ: كيف أنـامُ

وفي قاعتي يرقصُ الماءُ،

والعشبُ يضربُ

فوق الصّنوجِ حواليَّ

منذ قرونْ.

هل أنامُ؟!».

تحتشد سلسلة من الدوال العاملة في منطقة لغويّة ضيّقة لتحقّق أبلغ درجة من درجات التركيز الشعريّ شروعاً ببدء الحوار «الصبحُ/ الملاكُ المجلّلُ/ الشمسِ/ الكوككووو/ مخملَ الضوءِ/ مفرقِ النهرِ»، ومن ثمّ تبدأ المحاورة بين شخصيّة الصبح وشخصيّة النهر، بحيث تندرج كلّ جملة حواريّة استفهاميّة أو جوابيّة في نطاق الإشراقة الومضيّة العابرة للمكان والزمان «هل نمْتَ يا نـهرُ

في الليلةِ الفائتةْ؟/ قالَ: كيف أنامُ/ وفي قاعتي يرقصُ الماءُ/ والعشبُ يضربُ/ فوق الصّنوجِ حواليَّ/ منذ قرونْ/ هل أنامُ؟!»، فالأسباب

المُوجِبة التي يقدّمها النهر لعدم النوم تتصّل في جواب النهر بعلّو الصوت وهيمنته «يرقص الماء/ الصنوج»، بحيث يعيد على السائل السؤال نفسه باستفهام تعجّبي يحمل إجابته في ذاته «هل أنامُ؟!».

تكمن الإشراقة الشعريّة الومضيّة هنا في طرافة السؤال وديناميته وحراكه الشعريّ الممتدّ في جسد المتن النصيّ، وهو ينتقل من عتبة السؤال بعد ذلك إلى منصّة التفاصيل التي تحمل في طيّاته إشراقات شعريّة ومضيّة جديدة، تتناسل أسئلة أخرى ترفع فيها شأن الموقف الشعريّ وتفتحه على مناخات أكثر سعة وتجلّياً:

«إذنْ،

مَنْ سيحرسُ في نومتي كلَّ هذي البراري،

الطيورَ، النساءَ اللواتي نسينَ على ساعديَّ

المواويلَ واللمساتِ الحنونةَ والأحزمةْ؟

هل أنامُ؟!

أنا ديدبانُ الأبدْ

والبريدُ الذي يوصلُ العاشقين إلى العاشقينْ.

وأنا

فارسُ الطميِ

والأرجوانِ الحميمِ،

ولي في ضلوعي ديوكُ الزبدْ.

هل أنامُ إذن؟!».

يتحوّل سؤال النوم إلى قضيّة مصيريّة تتوقّف عليها مصائر وكيانات ومستقبل للطبيعة والأشياء في صورة بالغة التنوّع والتمثّل، فلو أنّ النهر استسلم للنوم فإنّ القيامة يمكن أن تقوم، إذ يأتي الفاصل التشكيليّ الحواريّ «إذنْ» الاستنتاجيّة، وهي تفتح أفق السرد الشعريّ على التفاتات استفهاميّة تضع الحياة المحيطة كلّها في دائرة الخطر «مَنْ سيحرسُ في نومتي كلَّ هذي البراري/ الطيورَ، النساءَ اللواتي نسينَ على ساعديَّ/ المواويلَ واللمساتِ الحنونةَ والأحزمةْ؟»، فثمّة شبكة هائلة من الموجودات التي يحرسها النهر ستكون عارية من الحماية إذا ما نام النهر، فكيف ينام «هل أنامُ؟!»، لأنّ الدور الإنسانيّ الذي يقوم به لا يقف عند حدّ.

يرسم النهر بعد ذلك في فضاء القصيدة هنا عنقوداً يكتظّ بالإشراقات الشعريّة الومضيّة، ويكشف عن المهمّة الخطيرة التي يضطلع بها في مسارات الحياة كافّة «أنا ديدبانُ الأبدْ/ والبريدُ الذي يوصلُ العاشقين إلى العاشقينْ/ وأنا فارسُ الطميِ والأرجوانِ الحميمِ/ ولي في ضلوعي ديوكُ الزبدْ»، ولا شكّ في أنّ مجموعة الأدوار التي تنفتح عليها «أنا» النهر في هذا المضمار يُنهي حركيّة المتن الشعريّ بهذا السؤال التعجبيّ الاستنكاريّ «هل أنامُ إذن؟!»، بوصفه الإشراقة الشعريّة الومضيّة التي تقفل شعريّة القصيدة على فضاء شعريّ يستكمل فيه إيقاع «البحر المتدارك» مشروعه، حيث تهيمن تفعيلته

الكاملة «فاعلن» هيمنة كبيرة على إشراقاته الوزنيّة الدفينة، تاركاً ما تيسّر من بعضها لزحاف «الخبن/ فَعِلُن» أو «القطع/ فاعل» تلويناً وومضاً وسيولة إيقاعيّة في مناسبات وزنيّة لا بدّ منها، بما يتوافق مع أصوات الديوك النهريّة «الكوككووو» وقد جاءت بتفعيلتين كاملة ومقطوعة «فاعلن/ فاعل»، ضمن سياق صوتيّ إيقاعيّ يسهم في مضاعفة طاقة الإشراق الشعريّ الومضيّ الجماليّ في القصيدة.

تتكوّن القصيدة الموسومة «لوحة» من شبكة إشراقات تشكيليّة يتبادل الشاعر فيها مع الرسّام الأدوار بين حركة الكلام وحركة الريشة، وعتبة العنونة بهذا التجريد الإفراديّ التنكيريّ تفتح السبيل أمام الحراك الشعريّ الومضيّ على أقصاه:

«عاشقٌ في ممرٍّ طويلٍ رأى لوحةً لطيورٍ محلّقةٍ

في الأعالي

هناكَ

رأى

بينما ظلُّهُ يتمدّدُ فوق الجدارِ

ترفُّ يداهُ

كأنَّ الإشارةَ قطرةُ ضوءٍ

على ليلكٍ في النفوسِ

ولكنَّ ليلاً رمى نجمةً في السكوتِ المربعِ

نامَ المكانُ

ونامَ الكمانُ على حجرِ الأمسِ

مالتْ سماءٌ على مقعدٍ في ممرٍّ طويلٍ

وغطّت بمعطفها عاشقاً عشّشتْ في يديه الطيور»[68].

تطرح القصيدة شخصيّة شعريّة محوريّة تبدأ بها هي شخصيّة «عاشقٌ»، تطلق أولى إشراقاتها البصريّة في المكان الشعريّ/ التشكيليّ حين تنجح في تقييد الصورة الطبيعيّة داخل لوحة في المخيّلة الرائية «في ممرٍّ طويلٍ رأى لوحةً لطيورٍ محلّقةٍ في الأعالي»، ثم يأتي دور تثبيت عنصر المكان الإشاريّ داخل حقل الرؤية البصريّة الواضحة «هناكَ/ رأى»، كي يتحوّل هو الآخر إلى جزء من فضاء اللوحة حين يشتغل ظلّه ليحصل على موقع ما في خريطة اللوحة «بينما ظلُّهُ يتمدّدُ فوق الجدارِ»، ضمن لقطة صوريّة متحرّكة ملوّنة بفعاليّة التشبيه «ترفُّ يداهُ/ كأنَّ الإشارةَ قطرةُ ضوءٍ/ على ليلكٍ في النفوسِ»، غير أنّ اللوحة لا تتوقّف عند هذا الحدّ في رسم تفاصيلها الداخليّة، بل تمضي في هذا السياق التشكيليّ، بعد أن تصبح شخصيّة «عاشق» الشعريّة المنكّرة جزءاً لا يتجزأ من فضاء اللوحة.

تنفتح اللوحة على منطقة تشكيليّة أخرى مشبعة بالإشراقات الشعريّة الومضيّة باستثمار طاقة «الليل» التشكيليّة وهي تتوغّل في أعماق اللوحة، وتحتكر تفاصيلها «ولكنَّ ليلاً رمى نجمةً في السكوتِ المربعِ»، على نحو يقود إلى حراك فعليّ كثيف ينتهي إلى

ركود الأشياء على سطح اللوحة «نامَ المكانُ/ ونامَ الكمانُ على حجرِ الأمسِ/ مالتْ سماءٌ على مقعدٍ في ممرٍّ طويلٍ/ وغطّت بمعطفها عاشقاً عشّشتْ في يديه الطيور».

فالأفعال المتعاقبة المتصالحة سيميائياً وفعليّاً وشكلياً «نام/ نام/ مالت/ غطّت/ عششت» تتموّج في فضاء اللوحة، وتختتم مشوارها في استقرار حاسم لوحدات اللوحة التشكيليّة، حيث تتجلّى مفردات «سماء/ عاشق/ الطيور» بوصفها جوهر البناء التشكيليّ الشعريّ في اللوحة، بما تنطوي عليها كلّ مفردة منها بالطاقة الإشراقيّة الشعريّة المطلوبة.

تختزن قصيدة «الغراب» نوعاً من السيرة الغيريّة لهذا الطائر النوعيّ الذكيّ بإشراقات شعريّة ومضيّة ظاهرة وخفيّة، فالهيمنة التي حظي بها على عتبة العنوان بهذا التفرّد الاسميّ المعرّف يجعل من حضوره سطوة ضاغطة على طبقات المتن الشعريّ القادمة، فالعنونة المفردة المعرّفة تتسلّط على رأس النصّ معلنةً عن قوّتها وسيطرتها واستبدادها وانتمائها الحاسم لموضوعها، بما يجعل عنوان «الغراب» مفتاحاً قرائياً لاستشفاف سيرة هذا الطائر الشعريّة على لسان راوٍ يعرف أسرار الغراب بين الأفعال والأمكنة:

«الغرابُ يجيءُ من المستحيلِ إلى شجرٍ واقفٍ في

التّلالِ، يظلُّ هنالكَ مُسْتبسلاً قربَ عزلتِهِ الحجريةِ،

ينقشُ فوقَ الطبيعةِ سيرةَ أسلافِهِ الميّتين.

هنا أو هناكَ ينامُ الغرابُ الغريبُ وحيداً

وقدْ غادرتْهُ الطيورُ إلى إثْمِها.

ووحيداً يرفرفُ بين الأعالي

بمنقارِهِ يحملُ الريحَ والأرخبيلَ.

يطيرُ إلى زرقةٍ في الصباحِ، ويُلقي

على

الأرضِ

ظلّاً

نحيلاً.

وفي آخرِ الليلِ، يأوي إلى وكرِهِ الشّجريِّ،

ويسألُ: مَنْ يعرفُ الآنَ سرَّ حدادي الطويلِ؟

وكيف تَحمّلتُ هذا الكسوفَ

وروحي معبأةٌ بالنجوم؟!»[69].

تشرع السيرة الغيريّة للغراب على لسان الراوي الشعريّ العارِف بالبروز والانفتاح من نقطة ما قبل الحضور الظاهر في فضاء الصورة الشعريّة «الغرابُ يجيءُ من المستحيلِ»، ومن ثمّ يتعيّن المكان برصدٍ مكينٍ «إلى شجرٍ واقفٍ في التّلالِ»، كي يتمّ وصفه

عن قُرب بعد تعيين موقفه وتحديد صورته في سلسلة أفعالٍ متعاضدة تبدأ بهذين الفعلَين «يظلُّ هنالكَ مُسْتبسلاً قربَ عزلتِهِ الحجريةِ/ ينقشُ فوقَ الطبيعةِ سيرةَ أسلافِهِ الميّتين»، وهما يبذلان أقصى ما بوسعهما للحصول على دفءٍ مكانيّ يليق به «هنا أو هناكَ ينامُ الغرابُ الغريبُ وحيداً/ وقدْ غادرتْهُ الطيورُ إلى إثْمِها»، يفصل شخصية «الغراب» عن بقية الطيور في إشراقة شعريّة ومضيّة مفارِقة ولافتة للانتباه والاهتمام والحيرة.

تبرز أولى الصفات على مستوى الشخصيّة والمكان والموقف والفعل السرديّ «وحيداً يرفرفُ بين الأعالي/ بمنقارِهِ يحملُ الريحَ والأرخبيلَ»، فهو «وحيد» أولاً لا يشاركه في هذا الفضاء سواه، ولفرط سعادته وهيمنته على مساحة العمل الكاملة، فإنّه يتحرّك بأقصى حريّة «يرفرف»، تؤهّله وتسهّل له الانتقال إلى منطق الفعل الأسطوريّ الخارق «بمنقارِهِ يحملُ الريحَ والأرخبيلَ»، وفي مساحة أخرى مختلفة من نشاطه السيريّ ينهض بمهمّة تشكيليّة بارعة يرسم فيها مشهداً استثنائياً خاصاً، يتّجه أفقياً في نسق تشكيليّ، ويهبط عمودياً في نسق تشكيليّ آخر:

«يطيرُ إلى زرقةٍ في الصباحِ، ويُلقي

على

الأرضِ

ظلّاً

نحيلاً».

ففي النسق الأول «يطيرُ إلى زرقةٍ في الصباحِ» يصنع لوحة طائرة تتألّق فيها صورته «الغراب» طائراً، ثمّ اللون «زرقة»، ثم بداية النهار «الصباح»، بما يؤلّف لقطة تشكيليّة تشيع من مستقبِلات المتلقّي قدراً لا بأس به من الراحة، ومن ثمّ يهبط النسق الثاني عمودياً «يلقي على الأرض ظلاً نحيلاً» كي يكمل اللوحة بواقعها التشكيليّ المرسوم في أصل المتن النصيّ، وبهذا تأخذ شخصيّة الغراب وضعاً سيرياً خاصاً في هذه الإشراقة الشعريّة الومضيّة التشكيليّة.

يختتم الراوي السيرغيريّ حركة شخصيّة الغراب في نهارها المشغول بالحركة والنشاط والإنجاز الفعل والتشكيل بالعودة إلى الوكر «وفي آخرِ الليلِ، يأوي إلى وكرِهِ الشّجريِّ»، وبعد أن تأوي الشخصيّة إلى وكرها الشجريّ تنشغل بحساب التجربة على النحو الذي يشجّعها على طرح السؤال الوجوديّ الكبير الخاصّ بشخصيّة الغراب «ويسألُ: مَنْ يعرفُ الآنَ سرَّ حداديَ الطويلِ؟»، ولا شكّ في أنّ السؤال موجّه نحو «آخر» بوسعه اقتراح إجابة ما عن هذا السؤال التاريخيّ الذي ربّما تصعب الإجابة عنه، إذ تتمخّض عنه إشراقة شعريّة ومضيّة ثريّة تحرّض السائل على مدّ سؤاله نحو أفق أوسع «وكيف تَحمّلتُ هذا الكسوفَ/ وروحي معبأةٌ بالنجوم؟!»، ومن داخل هذه المفارقة العجيبة التي تشعر بها شخصيّة الغراب تجاه نفسها تنبعث إشراقة شعريّة أكثر حيويّة ونشاطاً وتعقيداً، وتضع السيرة الغرابيّة بأكملها في دائرة إشراقات شعريّة ومضيّة تتعاضد مرة، وتتقاطع في أخرى، وقد تتضادّ في ثالثة، لكنّ القصيدة في الأحوال كلّها تنتهي إلى منعطف ومضيّ تحرّكه جملة «وروحي

معبأةٌ بالنجوم؟!» الاستفهاميّة التعجبيّة نحو أوسع مدى، على صعيد التلقّي البصريّ والذهنيّ والتشكيليّ والفكريّ والاجتماعيّ والشعبيّ.

تحتاج القصيدة الموسومة «قوس» حتماً إلى نشّاب كي تكتمل، فالقوس بلا نشّاب لا وظيفة له بالمطلق، لكنّ دالّ «قوس» حتّى يحقّق إشراقته الشعريّة الومضيّة في القصيدة لا بدّ أن يلجأ إلى فضاء «قوسيّ» آخر يحتمي به من فقدان الجدوى بلا نشّاب، وهكذا كان حين رصد الراوي الشعريّ هذا القوس تابعاً لقُزَح على نحوٍ لا يحتاج فيه إلى نشّاب كي يقوم بوظيفة إشراقية تطلّ من عتبة العنوان إلى فضاء المتن النصيّ:

«في الغابةِ ينزلُ

قوسٌ

قزحيٌّ

من فوقِ الأغصانِ، يلفُّ ظلالاً حول يديهِ،

يعلّقُ أسماءَ العشّاقِ على مسمارِ الماضي،

حيثُ الغيمُ يُدحْدرُ عنواناً حجرياً من أعلى

الزُّرقةِ حتى يومِ الجمعة.

كنتُ أرى، والليلكُ كان يرى

كنتُ أرى راعيةً تَسْكبُ في النّايِ

نهاراً وفراديسَ مُفضَّضةً، وتُغنّي.

لكنَّ العتمةَ ظلّتْ في عنقِ الطائرِ مثلَ قلادةِ أرملةٍ في أقصى الأرض»[70].

تنفتح المساحة المكانيّة للقصيدة مباشرة على فضاء يسمح للرؤية البصريّة أن ترصد الإشراقات الشعريّة الومضيّة القادمة من انبثاقات الدوال المكوّنة للمتن «في الغابةِ»، وهي المكان الاستثنائيّ الذي يتيح الفرصة كاملة للرؤية والمعاينة والضوء والتجلّي الصوري لمفردات الطبيعة، ليظهر منها هذا القوس القزحيّ «ينزلُ قوسٌ قزحيٌّ» وهو يهبط مزداناً بإشراقاته اللونيّة المعروفة «من فوقِ الأغصانِ»، لتبدأ الإشراقات الشعريّة الومضيّة تترى بما يقوم به هذا القوس القزحيّ من فعاليّات مؤنسنة شديدة الألفة «يلفُّ ظلالاً حول يديهِ/ يعلّقُ أسماءَ العشّاقِ على مسمارِ الماضي»، فالظلال وأسماء العشّاق ومسمار الماضي تلتفّ وتتعلّق حول وفي قوس قزح كي تنطلق إشراقات المعنى والدلالة والعلامة ناشدةً القيمة البصريّة الأعلى والأرقى، فتُنتِج هذه الفعاليات صورة رمزيّة سيميائيّة ذات بلاغة استعاريّة لطيفة «حيثُ الغيمُ يُدحْدرُ عنواناً حجرياً من أعلى/ الزُّرقةِ حتى يومِ الجمعة»، تكتسب الصورة فيها حضوراً ومضيّاً مكتظاً بالإشراق والتجلّي والتشكيل تحت إيقاع الفعل الرباعي «يُدحْدرُ» بآليّاته الموسيقيّة المتلاحقة.

ما تلبث شخصيّة الراوي الذاتيّ الشعريّ أن تظهر بقوّة بوصفها شريكة في صناعة الحدث الشعريّ بإشراقاته الومضيّة المتدفّقة، لتحضر هويّتها الرؤيوية البصريّة صحبة ما يرى الليلك أيضاً من مسافة واحدة «كنتُ أرى، والليلكُ كان يرى»، وتمتدّ رؤية الراوي

الشعريّ الذاتيّ أكثر لترصد انبثاقة إشراقيّة ومضيّة جديدة مشبعَةً بالإيقاع «كنتُ أرى راعيةً تَسْكبُ في النّايِ/ نهاراً وفراديسَ مُفضَّضةً، وتُغنّي»، فشبكة الدوال العاملة في إنتاج هذه الصورة «الناي/ نهاراً/ فراديسَ مُفضَّضةً/ تُغنّي» ترسم هذا الفضاء الإيقاعيّ المنتشر بقوّة على مساحة الصورة.

غير أنّ هذا الأفق الشعريّ الإشراقيّ الومضيّ ينحسر كثيراً في الخاتمة الشعريّة التي تسدل الستار على حكاية القصيدة، لتترك حطام هذا الأفق على أرضية الصورة «لكنَّ العتمةَ ظلّتْ في عنقِ الطائرِ مثلَ قلادةِ أرملةٍ في/ أقصى الأرض»، وكأنّ الدوال العاملة في تكوين الصورة الاختتامية «العتمة/ ظلّت/ عنق الطائر/ قلادة أرملة/ أقصى الأرض» تسهم عميقاً في تشتيت بريق الإشراقات الشعريّة التي التمعت فيما مضى من عتبة العنوان حتى ما قبل عتبة النهاية، على النحو الذي يجعل من «قوس» في عتبة العنوان دالاً على أكثر من معنى وقيمة وحساسيّة، بما يمنح القصيدة بعداً إشراقياً ومضياً أعلى في خاتمة المطاف.

تكتنز قصيدة «غفوة»[71] في جوفها السيميائيّ قدراً عالياً من الإشراقات الشعريّة الومضيّة النابعة من وضع النكرة العنوانيّ، ووضع الإفراد، ووضع المحدوديّة الحروفيّة، ووضع المعنى الحقيقيّ للدالّ بين نوم عابر ويقظة محتملَة في أيّ لحظة، فضلاً على القيمة الإيقاعيّة التي تنطوي عليها المفردة من حيث ضغط النبر «غفْ/ وَه»، على النحو الذي يجعلها تحتشد باحتمالات عديدة لنضج القيمة الشعريّة الومضيّة الكامنة في إشراقاتها.

تنقسم القصيدة إلى ثلاث طبقات شعريّة، في كلّ طبقة ثمّة حساسيّة شعريّة إشراقيّة ومضيّة ذات طبيعة خاصّة، وتبدأ بالطبقة الأولى التي تنطلق إشراقتها الشعريّة الومضيّة من عتبة القول المنسوب لقائلة غائبة:

«قالتْ: هل تَذكرُ كمْ كنّا نتركُ تحتَ وسائدِنَا كتبَ

الشّمسِ، وكم كنّا نصعدُ، في فرحٍ، درجاتِ

حرارةِ تلك الأيامْ».

يؤلّف القول الشعريّ للقائلة الغائبة «قالتْ» خطاباً شعريّاً موجّهاً إلى «آخر» مُخاطَب يستعيد ذكريات مشتركة مشحونة بإشراقات شعريّة ومضيّة، وتنتمي الإشراقة الشعريّة الومضيّة الأولى لذاكرة المعرفة المنتمية للطبيعة الغافية «هل تَذكرُ كمْ كنّا نتركُ تحتَ وسائدِنَا كتبَ/ الشّمسِ»، في حين تنتمي الإشراقة الشعريّة الومضيّة الثانية لعنصر تحدّي الطبيعة بالفرح والانتصار عليها «وكم كنّا نصعدُ، في فرحٍ، درجاتِ/ حرارةِ تلك الأيامْ»، بكلّ ما يحمله هذا الخطاب من تحريض على الاسترجاع لتجاوز حالة الـ«غفوة» المهيمنة على حركيّة الحالة في عتبة العنوان، ومراوغتها والتحايل عليها باستخدام فعاليّة الاسترجاع السرديّ الزمنيّ.

يتجلّى حسّ إيقاعيّ خفيّ في احتشاد صوت «الكاف» وتكراره الكثيف في الصورة الشعريّة، إذ تتشكّل إيقاعيّة داخليّة من صفات الشدّة والهمس والانفتاح التي يتميّز بها هذا الصوت، فثمة تناسب موضوعيّ كامن في الهمس الحاصل في أثناء شدة العصف الذهنيّ

الذاكراتيّ صوب الانفتاح على الماضي، فيما تحاول القائلة الأنثى أن ترويه لمخاطبِها المذكّر وهي تحوّل حرارة الشمس إلى مناسبة فرح وحبّ وثقافة.

تقود هذه الحلقة الاسترجاعيّة الفضاءَ الشعريّ نحو مزيد من الاسترجاعات الشعريّة الزمنيّة للتحرّر من ضغط «غفوة» والعبور من فوقها، حيث في كلّ إشراقة شعريّة ومضيّة استرجاعيّة حكاية تعمّق حساسيّة الإشراقات الشعريّة في المكان والزمن والحدث:

«هل تذكرُ كيف رَبَطْنَا الليلَ، وألقيناهُ

هنالكَ

في

البئرِ،

ولمّا عُدْنا للبيتِ، رأيْنا شحروراً ينقرُ خشبَ البابْ.

هل تذكرُ كيف ركضْنا خلف نهاياتِ الأسبوعِ،

وكيف تراشقْنا باللوزِ الأخضرِ في نيسانَ، وكيف

تدحْرَجْنا

من

فوق

التلِّ

ووزّعْنا الضحكاتِ على الأسوارِ، كما وزّعْنَا رُغْفانَ الخبزِ على الجيرانِ، ونِمْنا في البيتِ المسحورْ.

هل تذكر؟».

يبقى سؤال الذاكرة والرغبة في الاسترجاع هو الطاغي على الإشراقات الشعريّة الومضيّة في الطبقة الشعريّة الثانية من طبقات القصيدة، هذه الطبقة التي تستعيد حزمة من الذكريات والمواقف والمشاهد واللقطات المدهشة، تتفتّح كلّ لقطة منها على إشراقة شعريّة لا نظير لها في مقياس الوجدان الروحيّ والعاطفيّ الأغلى، تبدأ باللقطة الأولى من حكاية الذكرى «هل تذكرُ كيف رَبَطْنَا الليلَ، وألقيناهُ/ هنالكَ في البئرِ».

يتطوّر سُلّم الحكاية نحو اللقطة الثانية ذات الصورة الوجدانيّة البديعة «ولمّا عُدْنا للبيتِ، رأيْنا شحروراً ينقرُ خشبَ البابْ»، بما يجعل السياق السرديّ الشعريّ للمحكي يجري في أرقى حالاته وأجملها صورة وإيقاعاً، ويسمح لرغبة الإشراقات الشعريّة بالتدفّق على مسرح الحكاية وبين طيّاتها وعلى تخومها.

ثمّ تتوالى اللقطات الاسترجاعيّة الاستذكارية كي تعيد الزمن والوقت «هل تذكرُ كيف ركضْنا خلف نهاياتِ الأسبوعِ»، في تشكيل مدهش يجمع بين الحركة والمعنى امتداداً نحو فضاء الطبيعة الحاوي للأمل «وكيف تراشقْنا باللوزِ الأخضرِ في نيسانَ، وكيف تدحْرَجْنا من فوق التلِّ»، ومواصلة حملة الفرح والبهجة الماضية

نحو مزيد من تمجيد الماضي المرتبط بهذه الشخصيّة الفريدة، وهي تقود الحراك الشعريّ الاستذكاريّ بأعلى درجات الإشراق الشعريّ الومضيّ «ووزّعْنا الضحكاتِ على الأسوارِ، كما وزّعْنَا رُغْفانَ/ الخبزِ على الجيرانِ، ونِمْنا في البيتِ المسحورْ»، للمثول بين يديّ السؤال الأكبر والأكثر غموضاً وتجلّياً «هل تذكر؟» عند عتبة ضياع الصوت وانفراط عقده في فضاء غير فضائه.

غير أنّ الطبقة الشعريّة الثالثة من القصيدة تنقل الحال الشعريّة داخل الحكاية إلى منعطف آخر تتغيّر فيه طبيعة الإشراقات الشعريّة الومضيّة، على الرغم من أنّها تُكمل ما بدأته في الطبقتين السابقتين من تحريض الذاكرة على الاسترجاع:

«لكنَّ الصمتَ تمدّدَ مثلَ الظّلِّ الحجريِّ،

فصاحتْ: هل تذكرُ؟ هل تذكرُ؟

ولماذا لا تنهضُ من غفوتِكَ العليا؟!

انهضْ،

فارتَعشَ القبرُ، ومَالَ كما لو كانَ يُقبّلُ قدميها

الحافيتين».

تتحرّك أداة الاستثناء «لكنّ» في سياق تشكيل صورة تشبيهيّة تقود إلى توسيع قاعدة المكان الوهميّ القابل للزوال بسرعة «الصمتَ تمدّدَ مثلَ الظّلِّ الحجريِّ»، على النحو الذي يستلزم رافع وتيرة الصوت

والخطاب للسؤال المتكرّر عن مصير الذاكرة «فصاحتْ: هل تذكرُ؟ هل تذكرُ؟»، يعقبها السؤال المحوريّ الأهم وهو يعيد فضاء المتن الشعريّ إلى عتبة العنوان «ولماذا لا تنهضُ من غفوتِكَ العليا؟!».

تتلاحق الإشراقات الشعريّة الومضيّة على هذا الأساس حتى يصل الصوت أقصاه في فعل الأمر «انهضْ»، ليترامى الصوت وينتشر في الأرجاء كلّها طلباً للحصول على الجنّة «فارتَعشَ القبرُ، ومَالَ كما لو كانَ يُقبّلُ قدميها/ الحافيتين»، حيث الإشراقة الشعريّة الومضيّة الأكبر وقد تفتّحتْ بين قدمَي الأم الميتة، التي لا يعدو أن يكون موتها مجرّد «غفوة» في ميزان الاستذكار الشعريّ الذاهب نحو استرجاعات لا تنتهي، وفي كلّ استرجاع تكمن إشراقة ومضيّة لا بديل لها تلتحم بالصوت كي تمنحه الوهج الإيقاعيّ الأعلى.

تتشكّل القصيدة الموسومة «كلمات»[72] من مجموعة متعانقة من الإشراقات الشعريّة الومضيّة عن طريق بناء صوريّ دائريّ، يجعل من دالّ «كلمات» بؤرة إشعاع مولِّدة تنبعث من بين مواقفه وإشاراته هذه الإشراقات وتستكمل الصورة الشعريّة بكامل تشكيلها وتعبيرها.

تبدأ الإشراقة الأولى من عتبة التشكيل الظرفيّ الزمنيّ «أحياناً» وهي تفتح الأفق الشعريّ على فضاء التحيين الزمنيّ وقت الحاجة:

«أحياناً

نحتاجُ إلى الكلماتِ العاديةِ، عن مشوارٍ في السوقِ،

وعن لونِ ملابسنا، عن موسيقى نسمعُها حين نُعدُّ القهوةَ».

إذ تنتخب الصورة من جنس «الكلمات» النوع الشائع العالي التداول «الكلمات العادية» وهي تتلخّص في وظائف معروفة تتكرّر لدى غالبية البشر، تبدأ بـ«عن مشوارٍ في السوقِ» حيث يكون المكان جاذباً لأكثر من سبب، ثم تنتقل نحو الزيّ الضروريّ لأيّ إنسان بحكم التحضّر والتمدّن «وعن لون ملابسنا»، وأخيراً تتوجّه إلى جناح الاستمتاع بالفنّ واحتساء القهوة «عن موسيقى نسمعُها حين نُعدُّ القهوةَ»، وربّما تنبعث خيوط الإشراقات الومضيّة الشعريّة من جوف هذه الاحتمالات كلّها، وتشتبك في فضاء إشراقيّ شعريّ واحد في نهاية الأمر.

تتحرّك الإشراقة الشعريّة الومضيّة الثانية نحو كلمات تلبّي حاجات أخرى تحكي قصّة الحواس والأمزجة والحالات المتنوّعة:

«نحتاجُ

إلى

كلماتٍ

عن أزهارِ البابونجِ خلف زجاجِ النافذةِ البيضاءِ،

وعن ماءِ الأمزجةِ الأولى

إذ يصفو

أو يتعكّرُ».

تتمخّض الحاجة في هذه الإشراقة الشعريّة عن اشتباك الرائحة بالصورة المرئيّة أولاً «عن أزهارِ البابونجِ خلف زجاجِ النافذةِ

البيضاءِ»، ومن ثمّ تتمخّض عن حاجة كلاميّة تتعلّق بالتجربة المزاجية الأولى مع الأشياء «وعن ماءِ الأمزجةِ الأولى/ إذ يصفو/ أو يتعكّرُ»، بكلّ ما يتحمّله احتمال الصفاء والتعكير من تغيير في لون ماء الأمزجة وطريقة التعبير عن الشخصيّة، إذ يتجلّى هذا النوع من الكلمات في أعمق أعماق الأحاسيس وتشرق علاماته الومضيّة الشعريّة بقوّة في كلّ احتمال منهما.

تتّسع الحاجة إلى دوائر إنسانيّة أوسع وأعمق وأشمل في الإشراقة الشعريّة الومضيّة اللاحقة، وهي تفتح دالّ «كلمات» على مساحة تعبيريّة وتشكيليّة أخصب وأكثر حضوراً واشتباكاً وصيرورة في الصورة والأداء المرجعيّة:

«نحتاجُ إلى كلماتٍ عن صحّتِنا، عن عشاقٍ ناموا تحت

الجسرِ، وعن أمكنةٍ تأتي أو ندخلُها، عن أصحابِ

البهجةِ بين الأشجارِ».

إنّ هذا الانفتاح على طبقات مختلفة متناثرة على سطح الحاجة «نحتاجُ إلى كلماتٍ» يبدأ من الداخل الذاتيّ الموغل في ذاتيّته «عن صحّتِنا»، ثم ينتقل إلى الخارج الحكائيّ وهو يروي قصّة العشق الرومانسيّ الأنيق «عن عشاقٍ ناموا تحت الجسرِ»، مروراً بإشكاليّة المكان الشعريّ في حركيّته المتداخلة «وعن أمكنةٍ تأتي أو ندخلُها»، وصولاً إلى اقتناص لحظات الفرح في أحضان الطبيعة المعطاء «عن أصحابِ البهجةِ بين الأشجارِ»، إذ تكتمل دائرة الصورة الشعريّة في هذا الفضاء عن طريق حشد الإشراقات الشعريّة الومضيّة في دائرة

متجانسة، تأتي على انشغالات الشخصيّة الشعريّة الفرديّة والجمعيّة بين الحضور والغياب والداخل والخارج والأنا والآخر على حدّ سواء.

تقفل القصيدة باب الحاجات حين تبلغ طبقة الهوامش التي يمكن أن تكون قد سقطت من الطبقات السابقات على نحوٍ أو آخر:

«ونحتاجُ إلى كلماتٍ بين هلالينِ

ونحتاجُ إلى تشميسِ اللهجاتِ

ونحتاجُ إلى لغةٍ

تحرسُها شهبٌ

فوق قبابٍ زرقاءَ

وتفتحُ بابَ الغيمِ على الأسماء».

لذا نجد أن فعل الحاجة الأنـوّي الجمعيّ المضارع «نحتاج» يتكرّر ثلاث مرّات متتالية، ويُحدِثُ إيقاعاً عموديّاً هابطاً بالغ العمق والتدليل، تشرع الحاجة الأولى في الإشارة إلى الجمل الاعتراضية التي تعني كثيراً ما تقول «ونحتاجُ إلى كلماتٍ بين هلالينِ»، وتكمن إشراقتها الشعريّة الومضيّة في عفويّتها المقصودة، تعقبها الحاجة الثانية التي تنوي تخفيف رطوبة اللهجات كي تكون أكثر استساغة وقبولاً وتداولاً «ونحتاجُ إلى تشميسِ اللهجاتِ»، تمهيداً لفتح أفق الحاجة الأكبر لاستحضار لغة السماء والأرض الكاملة المكتملة المعصومة «ونحتاجُ إلى لغةٍ/ تحرسُها شهبٌ فوق قبابٍ زرقاءَ/ وتفتحُ بابَ الغيمِ على الأسماء».

وهكذا يصل دالّ «كلمات» المنطلق من عتبة عنوان القصيدة نحو طبقات متنها النصيّ إلى مرحلة الإقفال التام، بعد أن اقترح الحاجة الأخيرة لفتح باب الغيم على الأسماء، حيث سيتمّ التعريف والإشارة والعلامة عليها، وتشرق شعرياً وومضياً بما تحلّت به من معانٍ وصفاتٍ وتجلّيات واحتمالات وتمثّلات وأحلام.

في استنفار العامري للغات واللهجات ومحاولة قول ما يمكن قوله والاحتفاظ بما لا يقال، يبدو منطق اللغة عند فتغنشتاين واضحاً في الفلسفة الشعرية للعامري هنا، فكلاهما يتكفّل برسم الحدود الفاصلة بين ما يقال وما لا يقال في اللغة، ويبدو تأثر العامري واضحاً بفلسفة فتغنشتاين التي تقول بأنّ الفلسفة كلّها نقد للغة، وعدّ الثقة في اللغة أو في النحو هو أوّل ضرورات التفلسف.

بما أنّ الفلسفة نقداً للغة فهذا يعني أن تكون رقيباً على استخداماتنا للغة، ومن هنا كانت وظيفة الفلسفة التحليلية النقدية لأساليبنا في الكلام، والهدف منه هو توضيح الطريق لقول قضايا إيجابية، أي قضايا ذات معنى. ويبدو أنّ العامري متأثر في هذا السياق أيضاً بمنطق فتغنشتاين فيما يخصّ ثنائية ما يقال وما لا يقال، أي «ما يمكن قوله وما يمكن فقط إظهاره: فكلّ ما يمكن قوله يمكن قوله بوضوح، وما لا يمكن قوله ينبغي لنا أن نصمت عنه»[73]، وتلعب القصيدة لعبتها المفضّلة في هذا المضمار الذي يمنحها حريّة أكبر للاشتغال والصيرورة والحضور والإيهام.

درامّية الإشراق الشعريّ المكانيّ

تصنّف القصيدة العربيّة بوصفها قصيدة غنائيّة تحتفي بالأنا الشاعرة داخل رؤية شعريّة أحاديّة في الأغلب الأعمّ، و«إذا كانت الرؤية الغنائيّة قد انبثقت عن همّ وجدانيّ مركزيّ أحاديّ ذاتيّ، ثمّ اندمجت مع الآخر في صورة جديدة، وارتبطت بشكلها التعبيريّ والبنائيّ المباشر، فإنّ الرؤية الدراميّة كسرت عمود الصورة الشعريّة وعملت على تركيب معقّد لصورة مغايرة في إيقاعها ولغتها ورموزها وثقافتها، لتلبّي حاجة الحداثة الفلسفيّة الجماليّة، في جعل الصورة الوحدة البنائيّة الأساسيّة، وحافلة بالتعدّد والانفتاح والإيماء»[(74)]، على مجالات شعريّة أرحب تتجاوز الحالة الغنائيّة نحو فضاءات السرد والدراما وغيرهما.

يعدّ المكان أحد أبرز عناصر التشكيل الفنيّ الجماليّ في الأجناس الأدبيّة عامة، ومنها الشعر على وجه الخصوص، بحيث لا يمكن أن نتلقّى عملاً أدبياً لا يكون المكان عنصراً مركزيّاً فيه يمنحه قوّة الحضور والتجلّي والإشراق، ولا يمكن في الوقت نفسه لأيّ أديب أن يتجاهل هذا العنصر الإشراقيّ المميّز في صوغ عمله الأدبيّ، ولا سيّما حين يتفاعل معه وينغمر في خصوصيّاته، بحيث يشكّل عالمه الجوهريّ على مستوى الشكل ومستوى المعنى معاً، وما

يعكسه هذا التفاعل من حساسيّات يتحوّل المكان فيها إلى عنصر إشراق وتجلٍّ تومض فيه أشياء المكان وتفاصيله وظلاله وجزئيّاته الصغيرة النامية.

يمكن معاينة المكان على الصعيد النظريّ بوصفه «مساحة ذات أبعاد هندسية: وطبوغرافية تحكمها المقاييس والحجوم، ويتكون من مواد، ولا تحدّد المادة بخصائصها الفيزيقية فحسب، بل هو نظام من العلاقات المجردة فيستخرج من الأشياء الملموسة بقدر ما يُستمد من التجريد الذهني أو الجهد الذهني المجرد»[(75)]، وهو على صعيد علاقاتنا المستمرّة به يصبح «موضع أو محل إدراكاتنا وهو يحتوي... على كلّ الإمدادات المتناهية، وأنّه نظام تساوق الأشياء في الوجود ومعيتها الحضورية في تلاصق وممارسة وتجاور وتقارن»[(76)]، بما يسهّل له القيام بأدوار إنسانيّة ذات طبيعة وجدانيّة وعاطفيّة ترقى إلى أعلى مستوى تفاعليّ ممكن.

يأتي المكان «البيت» بتشكيلاته المكانيّة المتعدّدة والمتنوّعة في مقدّمة الأشكال المكانيّة التي تحظى بعناية الشاعر في تشكيله الشعريّ وتوقّع إشراقاته الومضيّة، فهو «عالم الشخص الذاتيّ معه تتكشف خبايا نفسه وفيه يعبر عن مواقفه من الناس والأشياء، وهو مكان انجلاء فردية الشخص»[(77)]، التي تقع في ذات الشاعر على وجه الخصوص موقع الأهميّة القصوى حين يجد أناه الشعريّة وجهاً لوجه أمام المكان، حين يصبح هذا المكان الفضاء الأكثر ألفة وطمأنينة وصدقاً وأمناً لاستثارة ما يحلو للشاعر من مشاعر وأحاسيس، تتولّد عنها إشراقات الطاقة اللغويّة التعبيريّة التي تسمح للومضة الشعريّة

الكامنة في الجوهر أن تنطلق في المجال، وتصنع هُويّتها الشعريّة التعبيريّة والتشكيليّة على أرفع وأجمل وأرقى ما يكون.

يتوغّل عنصر المكان التشكيليّ في النصّ توغّلاً كبير الحركة والتأثير والفاعليّة على أكثر من صعيد، إذ هو «القاعدة المادية الأولى التي ينهض عليها النص، ويستوعب حدثاً شخصية وزمناً، والشاشة المشهدية العاكسة والمجسدة لحركته وفاعليته»[78]، وتتجسّد العلاقة بين الشخصيّة النصيّة والمكان على نحو شديد الحضور والقيمة والأثـر، فحين يحدث بين هذه الشخصيّة النصيّة والمكان «نوع من الانسجام فإنّها تحيا فيه وتعيش في ألفة، وإذا لم يحدث فستكون الشخصية كارهة للمكان، ويخلق نوعاً من التناقض»[79]، بحيث يكون هذا المكان طارداً لا يعطي للشخصيّة فرصة مثاليّة للتعاطي معه بما يجعل الصراع بينهما الوسيلة الوحيدة لبناء علاقة ما، فلا بدّ للمكان أن يكون صديقاً للشخصيّة حتّى تسهم العلاقة في إنتاج إشراقات ومضيّة شعريّة دائمة الحضور والتأثير والإبداع.

وبما أنّ المكان لا بدّ أن يترك أثراً في ساكنيه من شخصيّات النصّ الشعريّ، «كأن يكون مكان الطفولة الأولى ومكان الصبا والشباب، ومكان الذكريات وأحلام اليقظة»[80]، فلا بدّ أن ينعكس هذا الأثر على طبيعة التشكيل الشعريّ الومضيّ الحافل بإشراقات تنبعث من أعماق المكان لتلوّن اللغة الشعريّة بجماليّاتها وتشكيلاتها.

تحفل قصائد «كتاب الحدوس» لعلي العامري بتشكيليّة المكان الشعريّ وومضيّته وإشراقاته على نحوٍ بالغ الحضور والكثافة

والاشتباك والصيرورة الشعريّة المتدفّقة، وتحتفي قصيدة «القليعات» بأوسع إشراقة شعريّة مكانيّة مشبعة بوميض شعريّ ينتشر على لغتها وصورها بجماليّات ذاتيّة وموضوعيّة خاصّة، وهذا المكان النوعيّ يستعيد طفولة الشاعر ويضعها على شاشة شعريّته المشهديّة بوصفه أثراً نوعياً لا يمكن إغفاله أو استبعاد إشراقاته دائمة التوهّج، وقد جاء في بطاقة الشاعر علي العامري ما يشير إلى هذه المرجعيّة المكانيّة الوجوديّة المرتبطة بمرحلة الطفولة، وهي المرحلة الأغزر في التجلّي الشعريّ.

تختصر هذه الإشارة مجموعة من العنوانات المرجعيّة المكانيّة والتاريخيّة بين بلدَين شقيقَين «فلسطين/ الأردن» على النحو الآتي: «شاعر من الأردن، لعائلة فلسطينيّة مُهجّرة من بيسان في العام 1948م، إثر الاحتلال الإسرائيلي. وُلِد في قرية وقّاص، وعاش طفولته في القرية الحدودية، القليعات، في وادي الأردن»[81].

تتوزّع قصيدة «القليعات»[82] مجموعة من اللقطات المشهديّة التي تبعث بإشراقاتها الومضيّة الشعريّة في المكان على نحوٍ وصفيّ، ترتبط كلّ لقطة منها بشخصيّة معنويّة أو ماديّة أو شيئيّة أو طبيعيّة أو غيرها، وترسل إشعاعاتها التنويريّة في المحيط الشعريّ المناسب لأجل بلوغ أعلى مراحل التكوين والتبلور والشعريّة:

«طفلٌ بقميصٍ أخضرَ يمشي محتاراً مثل خرافاتٍ غير

مدوّنةٍ، وصباحٌ يتسلّقُ جسداً

أرضٌ عابقةٌ بسنونو

ودخانٌ يتصاعدُ من قوسِ قزحْ.

أعمدةٌ تحملُ أسلافاً

ومظلاتٌ يَنْقضُّ عليها ضوءٌ بمخالبْ.

حبلُ غسيلٍ يعرضُ لوحتَهُ التّجريديةَ تحتَ سماءٍ مائلةٍ

للزُّرقةْ.

امرأةٌ تكنسُ مصطبةَ الرّعدِ

فتقفزُ من خزّانِ الماءِ فراشاتٌ تبحثُ عن مفقوداتٍ

كانت أمسِ هنا.

أرملةٌ تلبسُ ثوباً مرتعشاً

داليةٌ تمتدُّ إلى أبدٍ خشنٍ، ترمقُ جاراً يعبرُ بالقربِ

من الأقمارْ.

منديلان يطيران إلى مرثاةٍ في أقصى الوادي

في خَفَرٍ أبيضَ تمشي إحدى الجاراتِ، وتدخلُ

غرفتَها، وتطلُّ من المرآةِ إلى الشارعْ.

فوق السطحِ فتاةٌ تفركُ عينيها بسماءٍ هادئةٍ،

ثم تنادي شجرَ التُّوتْ.

ثرثرةٌ تسطعُ من كفِّ الميّتْ.

أبوابٌ مغلقةٌ

وفراغٌ يحرسُ عتباتِ الأسماءْ.

في أطرافِ القريةِ سروٌ مثل الرّيشِ على طاولةِ

الخطّاطْ.

امرأةٌ بالقرب من الشّباكِ، وفي يدها خيطٌ يتلوّى

خلفَ متاهاتٍ تعبرُها الإبرةْ.

بستانٌ يتدحرجُ في قصصِ الجنّياتِ، وأصواتٌ تفتحُ

خابيةَ الماءْ.

شخصٌ في الشرفةِ يهذي

في يدِهِ محراثٌ

وعلى رُكبتِهِ اليُمنى نعناعٌ وجنازاتٌ بيضاء».

تبدأ إشراقات القصيدة الومضيّة من عتبة شخصيّة «طفل» بوصفه المحور الرئيس الذي تشتغل عليه الإشراقات كلّها «طفلٌ بقميصٍ أخضرَ يمشي محتاراً مثل خرافاتٍ غير/ مدوّنةٍ، وصباحٌ يتسلّقُ جسداً»، إذ تبدو شخصية «طفل» على هذا النحو وهي تتقلّد دور البطولة في هذا المكان ذي المرجعيّة الواقعيّة المأساويّة، على الرغم ممّا في «قميص أخضر» من شحنة أمل يوقظها اللون «أخضر»

في سيمياء التشكيل النعتيّ، وما يمكن أن تثيره الصورة التشبيهيّة «مثل خرافات غير مدوّنة» تعبيراً عن علوّ سقف الحلم الذي تعيشه الشخصيّة، ما تبعثه الصورة المعطوفة من رسائل تكشف عن صراع وجوديّ بين الطبيعة والجسد «صباح يتسلّق جسداً»، وتنفتح على رؤية سيميائيّة بالغة الإدهاش في تحويل الجسد إلى محطّة يوميّة يتسلّقها الإشعاع ويشرق منها في ومضة شعريّة مكبّرة وشاسعة.

تنطلق الإشراقة الشعريّة الثانية من عتبة مكانيّة عامّة مرهونة بعبق التحليق والطيران «أرضٌ عابقةٌ بسنونو/ ودخانٌ يتصاعدُ من قوسِ قزحْ»، وأرض السنونو هذه بما تعكسه من حراك ومضيّ متدفّق تُعطَف على صورة موازية لصورتها «ودخانٌ يتصاعدُ من قوسِ قزحْ»، تخصّ فضاء التحليق والطيران، لكنّ الصورة المعطوفة تحكي اشتباك الومضة الشعريّة بأملٍ مشوب بضبابيّة الرؤية والتباسها، وتجعل من توازي دوال المشبه مع المشبه به معادلة شعريّة ومضيّة ذات إشراق دلاليّ قابل للتأويل، حيث يتحقّق التوازي بين «أرض/ قوس قزح» وبين «سنونو/ دخان» وبين «عابقة/ يتصاعد»، في حركة وتموّج ومضاهاة على صعيد المكان والحالة والفعل والحركة؛ وما يمكن أن تتمخّض عنه من نتائج.

تصوّر الإشراقة الشعريّة الومضيّة الثالثة مشهداً يعيد إنتاج الذاكرة الطفليّة كي تسترجع لقطة صوريّة متحرّكة في أكثر من اتجاه وأكثر من استعارة «أعمدةٌ تحملُ أسلافاً/ ومظلاتٌ يَنْقضُّ عليها ضوءٌ بمخالبْ»، حين تتحوّل الأعمدة إلى آثار بارزة، ويفترس الضوء القادم من الأعلى طبقات الحماية في المظلات بمخالب تمزّق ألوان

قماشها وقوّة صدّها، بمشهد دراميّ لا يخلو من عنف في سياق ذاكرة يقظة تحاول أن تضفي على مسلّة الذكريات وعياً لاحقاً، في السبيل إلى إظهار المكان الشعريّ بأعلى ما يمكن من اللياقة والتضامن.

تنحرف الذاكرة الطفليّة تحت سلطة المكان نحو إشراقة شعريّة ومضيّة قد لا يلتفت إليها أحد، حين يتحوّل حبل الغسيل إلى لوحة تجريديّة تضمّ كتلاً مختلفةً وألواناً متباينةً تتزاحم على مساحة الحبل «حبلُ غسيلٍ يعرضُ لوحتَهُ التّجريديةَ تحتَ سماءٍ مائلةٍ/ للزُّرقةْ»، وتمنحها السماء المائلة للزرقة قوّة تشكيليّة أعمق وأوسع، على النحو الذي يكشف عن الوعي التشكيليّ المبكّر لهذه الذاكرة الفنّيّة وهي تلتقط هذه الإشراقة الشعريّة الومضية ذات الأصالة التشكيليّة المبهرة.

تمتدّ اليد التشكيليّة نحو فضاء سورياليّ ترسم فيه صورة تعود إلى خزائن الذاكرة من جهة، ومن جهة أخرى تمضي في سبيلها كي تطلق إشراقاتها الشعريّة الومضيّة باتجاه أقصى مدى جماليّ ممكن «امرأةٌ تكنسُ مصطبةَ الرّعدِ/ فتقفزُ من خزّانِ الماءِ فراشاتٌ تبحثُ عن مفقوداتٍ/ كانت أمسِ هنا»، فالعلاقات الصوريّة التشكيليّة بين مفردات الصورة الشعريّة «امرأة/ مصطبة الرعد/ خزّان الماء/ فراشات/ مفقودات/ أمس» تحتشد كلّها في حيّز شعريّ ضيّق، وتتفتّح دلالاتها المتعاشقة عن التماعات شعريّة تشتغل عليها حركيّة الأفعال «تكنس/ تقفز/ تبحث»، بين الحساسيّة البصريّة المباشرة والحساسيّة الذهنيّة المتصوَّرة والحساسيّة الجماليّة المتخيَّلَة.

تمتلئ الإشراقة الشعريّة الومضية الأخرى ببريقٍ دلاليّ يشعّ من جسد الشخصيّة الشعريّة التي تنحتها الصورة ببلاغة إيروسيّة بارعة

«أرملةٌ تلبسُ ثوباً مرتعشاً»، فالجسد هنا من يتكلّم ليعبّر عن محنته في حراك شعريّ يوصل صرخة الجسد إلى الما حول، في حين تتولّى الإشراقة الشعريّة الومضيّة التالية تحوّلات الصورة الشعريّة في الاتجاهات كلّها «داليةٌ تمتدُّ إلى أبدٍ خشنٍ، ترمقُ جاراً يعبرُ بالقربِ من الأقمارْ»، إذ تنطلق أولاً عموديّة من الأعلى «دالية» نحو مدى غامض لا يمنح نفسه بسهولة «أبد خشن»، وتستعيد في الوقت نفسه إمكاناتها في التعامل بصرياً مع الآخر المزدان بالألق «ترمقُ جاراً يعبرُ بالقربِ من الأقمارْ»، كي ترصد فيه ما تتمنّاه بإحساس عالي القصديّة يأمل في الحصول على ما تتيحه الأقمار من ضوء محتمَل.

تنتقل الإشراقة الشعريّة في درجة عالية من التحوّل الشعريّ الومضيّ نحو الصورة الحكائيّة العابرة لحدود اللوحة التشكيليّة «منديلان يطيران إلى مرثاةٍ في أقصى الوادي/ في خَفَرٍ أبيضَ تمشي إحدى الجاراتِ، وتدخلُ/ غرفتَها، وتطلُّ من المرآةِ إلى الشارعْ»، فتقدّم لقطتَين متوازيتَين على مستوى الفعل والموقف والتوقّع، إذ تتحرّك اللقطة الأولى باتجاه نوع من الرثاء الوجدانيّ في بحث عن المفقود الذي لم يبق منه سوى الذكرى «منديلان يطيران إلى مرثاةٍ في أقصى الوادي»، ويعمل الدالّ المثنّى «منديلان» على تفعيل علامتَين في الصورة، واحدة سابقة وأخرى لاحقة، بينما تتحرّك اللقطة الثانية الموازية نحو رصد شخصيّة «إحدى الجارات» وهي ترفل «في خَفَرٍ أبيضَ» مستعينة بما تبقّى من عواطف سابقة تساعدها أولاً على أن «تمشي»، ثمّ «تدخلُ/ غرفتَها»، في جرأة وشجاعة تقودها إلى أن «تطلُّ من المرآةِ إلى الشارعْ»، ولا بدّ أن

تصل بها المرآة وهي تعكس صورتها الغائبة إلى «أقصى الوادي» لتكتمل صورة «المرثاة»، وتتحقّق على وفق ذلك الإشراقة الشعريّة الومضيّة بنسختها الحكائيّة المكتملة.

تعود الذاكرة الطفليّة إلى مساحات ثرّة وطريّة لا يمكن للزمن أن يأتي عليها مهما بلغ من قسوته وجبروته، تستعيدها قصيدة «القليعات» ذات الأثر المكانيّ الطاغي بوصفها إضاءات مشرقة في فضاء هذه الطفولة الغائبة، لتعطينا كاميرا القصيدة لقطة تبدو عابرة لكنّها شديدة القصديّة «فوق السطحِ فتاةٌ تفركُ عينيها بسماءٍ هادئةٍ/ ثم تنادي شجرَ التُّوتْ»، ولعلّ الإشراقة الشعريّة الومضيّة هنا تتمركز حول حساسيّة إيروسيّة حالمة بصوت ينادي من لا يستجيب.

ثمّ ما تلبث هذه الكاميرا الطفليّة أن ترصد لقطة مثيرة تحكي ما تبقّى من كلام في قبضة الميت كاد أن يقولها قبل رحيله «ثرثرةٌ تسطعُ من كفّ الميّتْ»، على النحو الذي يجعل الإشراقة الشعريّة الومضيّة تتجلّى في المسافة الجماليّة الحاصلة بين الصمت المطلق والثرثرة الكامنة، بحيث يبقى الكلام مؤجّلاً وغامضاً ومفتوحاً على متاهة من الاحتمالات ليس لها آخر.

تتوجّه الكاميرا نفسها في نشاط مختلف من أنشطتها داخل فضاء المكان وتفاصيله وحيثياته وطبقاته ومفرداته، كي تلتقط مشاهد من زوايا تصوير جانبيّة لا يلتفت إليها إلا خبير يعرف قيمة الجزئيات المكانيّة، ويسعى إلى تخليدها «أبوابٌ مغلقةٌ/ وفراغٌ يحرسُ عتباتِ الأسماءْ»، فالأبواب المغلقة تخفي خلفها حكايات لا تنتهي بكلّ ما يتمخّض عنه الإغلاق من قمع لسيولة المكان وبهجته وأفقه، فضلاً

على شعريّة الفراغ وإشراقته الشعريّة الومضيّة القائمة على التوقّع في ممارسته الحضاريّة لحراسة عتبات الأسماء، بما تنفتح عليه عبارة «عتبات الأسماء» من فضاءات حاضرة أو غائبة لأصحابها وهم يمثّلون خزنة هذه الذاكرة النشيطة.

تبدو هذه الذاكرة الطفليّة السينمائيّة من الحيويّة والتألّق بمكان، بحيث تكون قادرة على استعادة معظم الإشراقات الشعريّة الومضيّة في حلبة الاسترجاع، فهي تنتقل بعدستها اللاقطة الملوّنة في الأرجاء المكانيّة كلّها لتصوّر ما عَلِقَ بها من لقطات ومشاهد، ومن ثمّ تعاملها في وعي الحاضر بتشبيهات شعريّة تعمّق حراكها التشكيليّ وتجمّله «في أطرافِ القريةِ سروٌ مثل الرّيشِ على طاولةِ الخطّاطْ»، بلمحة التوازي الصوريّ والسيميائيّ بين «سرو» و«الرّيش» وبين «أطراف القرية» و«طاولة الخطّاط» التي تستثمر المكان بأعلى طاقته الشعريّة المتاحة.

تنشط عدسة كاميرا الذاكرة الطفليّة نشاطاً مميزاً حين تلتقط الصورة المستعادة وظلالها الخفيفة التي بالكاد يمكن رصدها «امرأةٌ بالقرب من الشّباكِ، وفي يدها خيطٌ يتلوّى/ خلفَ متاهاتٍ تعبرُها الإبرةْ»، إذ يؤدي المكان الشعريّ هنا دوراً بالغ التشكيل «بالقرب من الشباك» بمعنى أن الرصد الصوريّ قادم من الخارج، وتكون شخصيّة «امرأة» هي الكتلة التشكيليّة الأكبر في دائرة اللوحة، لكنّ التركيز التصويريّ يتجاوز الحيّز الجسديّ المكانيّ للمرأة ويتّجه نحو جزء من هذا الجسد «يدها»، وهو غير معنيّ بهذا الجزء حصراً، بل بما يحويه من مادة صوريّة «خيط» وهي في حركة وصفيّة خاصّة

«يتلوّى»، تسمح لعدسة الكاميرا بالانتقال إلى ما وراء هذا الفعل من طبقات مكانيّة يتحقّق فيها الإشراق الشعريّ الومضيّ «خلفَ متاهاتٍ تعبرُها الإبرةْ»، حيث تنفتح الصورة الشعريّة المتحرّكة على طبقة مكانيّة مختصَرَة جداً ومتّسِعة جداً في آن.

تستعيد الذاكرة الطفليّة في خضم فعاليّة استرجاع المكان القديم بكامل حرارته ودفقه ونداوته فضاء الحكايات الخرافية اللذيذة، وتحاول أن تجعل من الصورة المكانيّة منبعاً لإشراقات شعريّة ومضيّة تعيد إنتاج الألق القديم، وتختبر جماليّاته «بستانٌ يتدحرجُ في قصصِ الجنّياتِ، وأصواتٌ تفتحُ خابيةَ الماءْ»، حيث مفردة «البستان» تمثّل ثيمة مركزيّة «في قصصِ الجنّياتِ» بما يجعل الفعل المضارع «يتدحرج» في أعلى درجات كفاءته وهو يصّور الحركة المكانيّة في مساحة الذاكرة، وهي التي تستجلب الأصوات التي يكون بوسعها أن «تفتح خابيةَ الماءْ»، وتعمّق حساسيّة القصّ الخرافيّ في طبقات المكان وأحيازه وتموّجاته.

تختتم قصيدة «القليعات» مهرجانها الصوريّ الاستعاديّ المكتظّ بإشراقات شعريّة ومضيّة لا تخفت ولا تنتهي بحكاية شعريّة مكتملة «شخصٌ في الشرفةِ يهذي/ في يدِهِ محراثٌ/ وعلى رُكبتِهِ اليُمنى نعناعٌ وجنازاتٌ بيضاء»، تبدأ من عتبة تعيين شخصيّة الحكاية بصورته المفردة التنكيريّة «شخص»، حيث يوفّر له الراوي الشعريّ كليّ العلم الظهير المكاني المحدّد فوق مستوى النظر «في الشرفة»، ولا ينسى الراوي أن تصف حاله الشخصيّ الذاتيّ في هذه اللحظة الشعريّة الحكايّة «يهذي»، بما تنطوي عليه هذه الحال من

تصوير عميق للداخل المتورّط في أزمة أو محنة تجعل الشخصيّة تقول كلاماً طائشاً، لكنّ اللقطة الثانية المضافة لهذه الحال «في يدِهِ محراثٌ» تُحْدِثُ انزياحاً واضحاً في مسيرة التنامي الصوريّ، ولو على سبيل المكان فقط، وتفتح اللقطة الثالثة مساحات مكانيّة أخرى تحكي طرافة الإحساس القديم وهي يجعل المسافة بين الحياة والموت قريبة جداً «وعلى رُكبتِهِ اليُمنى نعناعٌ وجنازاتٌ بيضاء»، بكلّ ما تُنتِجه الدوال المشارِكة في هذه اللقطة «رُكبتِهِ اليُمنى/ نعناعٌ/ جنازاتٌ بيضاء» من دلالات إيحائيّة بالقبول والاقتناع والسلام، مع ما قد يترشّح من دلالات مناقضة تتسلّل من ظلال هذه المفردات وطيّاتها، بحيث تتجلّى الإشراقات الشعريّة الومضيّة من بين هذا الجدل الداخليّ لسيمياء الدوال.

لا شكّ في أنّ قصيدة «القليعات» لعلي العامري هي قصيدة تحاور المكان والزمن والذاكرة والراهن والخيبة والأمل، في ديناميّة شعريّة شديدة الكثافة والإيحاء والتجلّي والاستعادة والتصوير والرصد والتشكيل والتدليل، فعتبة العنوان المهيمنة على فضاء القصيدة بسلطتها المفردة المعرّفة المستقلّة تفتح شبكة هائلة من طاقة الاحتواء، وتفسح المجال الشعريّ كاملاً لـولادة لقطات ومشاهد وصور وإشراقات شعريّة ومضيّة لا حدود لها، تستحضر فيها الماضي المكانيّ بما يختزنه من إمكانات هائلة على مستوى الحدث والفعل والأداء، لترتوي منه وتؤرّخه وتحاول تخليده بما تيسّر للقصيدة من دور ممكن في ذلك؛ لذا جاءت قصيدة مشبَعَة بالماء النقي الصافي الذي تنعكس على سطحه الرقراق إشراقات شعريّة ومضيّة لا أول

لها ولا آخر، وما هذه الإشراقات التي قدّمتها لنا القصيدة سوى موجز بسيط لما تضمره الكلمات الكامنة في ظلال المكان، وما تحتويه من احتمالات مكانيّة أخرى مشرعة للظهور في أيّ مناسبة قادمة.

يمثّل المكان النوعيّ الجزئيّ من المكان العام صورة متبلورة للحساسيّة المكانيّة الشعريّة التي تنبعث منها إشراقات شعريّة ومضيّة غارقة في الألفة والإيجابيّة، ويمكن مقاربة قصيدة «الغرفة»[83] بوصفها قصيدة مكانيّة توحي بالانفراد والوحدة والخصوصيّة والاستقلاليّة على نحو كبير، وهي نموذج مكانيّ لا يمكن لأيّ مكان له علاقة بالإنسان أن يضاهيه لفرط حاجة الإنسان له على المستويات الوجدانيّة والنفسيّة والثقافيّة كافّة.

ترى فلسفة فتغنشتاين أنّ الرسم فنّ يصوّر المكان بما فيه على هيئته وحالته، وما تحتويه الصورة المرسومة يجب أن يكون أولاً موجوداً مسبقاً في المكان ليتشكّل لونياً في الرسمة، في حين أنّ اللغة بدوالّها تصف الأحدوثة أو المكان زمنياً، فالألوان الطبيعية المعهودة تستطيع أن ترسم منظراً طبيعيّاً، في حين الألوان الزيتية قد تعجز عن ذلك، ولكنّها في الأقلّ تصوّر ما في الطبيعة من موجودات وعناصر، تتشارك معها أنواع الألوان الزيتية من حيث تركيبة صورة اللون الزيتيّ وصفته وصبغته. لذلك كانت دوال لغة العامري في قصيدة «القليعات»، تصور زمانية المكان على امتداد الأزمنة الثلاثة منطلقة من موجودات المكان.

تبدأ القصيدة بآليّة تشكيل وصفيّة تجعل من «الغرفة» فضاءً مكانياً

مؤنسناً يعادل تماماً من يعيش فيها ويتعاطى معها الأوقات كلّها، فلها ذاكرة استثنائية ووفاء نادر ولا تعيش في أحسن أحوالها المكانيّة إلا بصحبةِ ونَفَسِ صاحبها، وهي تتحرّك في مساحة العمل الشعريّ للقصيدة بوساطة تفاصيلها المكانيّة وليس بهُويّتها الكليّة المطلقة:

«الغرفةُ لا تنسى

الغرفةُ تبكي حين أغادرُها، وتُلمْلمُ ما يتطايرُ من ريشٍ

ممسوسٍ، تجلس قُربَ الأوراقِ، تَحكُّ الوحدةَ

والصُّلبانَ، وتفتحُ أنهاراً تائهةً في الصيفِ الشّاسعِ،

تخْلجُ أقماراً

وتثيرُ جناحَ الذّكرى

الغرفةُ لا تنْسى

والجدرانُ تظلُّ حواليْها حَرَساً يُمسك واحدُهم

بالآخرِ، والغرفةُ تضجرُ رغم وجودِ الأقلامِ

وظلِّ

النارِ

الهابطِ

مثلَ الحبلِ السريِّ من السّقفِ،

ورغم وجودِ الكتبِ القمريّةِ، يَلْتفُّ الضجرُ المحمومُ

على خاصرةِ الغرفةِ مثلَ الصمغِ».

تشكّل قوّة حضور الذاكرة المكانيّة «الغرفة» وسيلة مهمة من وسائل تفعيل الحساسيّة الشعريّة الومضيّة إلى أقصى درجات إشراقها «الغرفةُ لا تنسى»، على النحو الذي يؤهّلها للقيام بأدوار إنسانيّة شخصيّة مشحونة بطاقة الإشراق الشعريّ الومضيّ الدلاليّ، وتُظهِرُ عاطفتها الجيّاشة بجملة من الأفعال المتجانسة مكانياً وومضياً، وتبدأ بفعل العاطفة «الغرفةُ تبكي حين أغادرُها»، حيث ترتفع الأنسنة إلى أقصى درجاتها، لتمضي في إنتاج إشراقتها الومضيّة الدراميّة بالانتقال إلى ممارسة ما يجب من الأفعال استجابة لهذه الحالة، إذ يشرع الحراك الشعريّ الومضيّ الدراميّ باستثمار فعل اللملمة «وتُلمْلمُ ما يتطايرُ من ريشٍ/ ممسوسٍ»، إذ تضيف الصفة «ممسوس» على الموصوف «ريش» طاقة حركيّة هائلة تنفتح على أفق سرد-دراميّ لا حدود له.

تتّجه بعد ذلك نحو الفضاء الداخليّ كي يستأنس به وتؤنسه «تجلس قُربَ الأوراقِ»، ومن ثمّ تنحرف في فعلها اللاحق نحو فضاء الأسطرة والتاريخ والذاكرة «تَحكُّ الوحدةَ/ والصُّلبانَ»، في تموّج دراميّ يتحرّك في الاتجاهات كلّها سعياً وراء إنتاج مزيد من الإشراقات الومضيّة الدراميّة كي تتسلّح القصيدة بأفق مفتوح على الدوام، مما يسمح لها أن تتوغّل في طبقات صناعة الحياة وتعيد إنتاج نواميس الطبيعة «وتفتحُ أنهاراً تائهةً في الصيفِ الشّاسعِ»، وتتلاعب بقيم الأشياء القارّة وتمحو آثارها «تحْلجُ أقماراً»، لكنّها في الوقت

نفسه تحرّض رغبة الذاكرة على الطيران «وتثيرُ جناحَ الذّكرى»، للوصول إلى حقيقة المعرفة المطلقة التي يتحلّى بها المكان/ الغرفة لما تنطوي عليه من ذاكرة حيّة لا تغفل ولا تنسى «الغرفةُ لا تنْسى»، في سياق انكشاف الحساسيّة المكانيّة على إشراقات ومضيّة مضافة تنطلق من قاعدة دراميّة ذات طبيعة صراعيّة.

ينفتح المكان المحوريّ في القصيدة «الغرفة» على فضاء التفاصيل والحيثيات ليحرّكها حراكاً إشراقياً دراميا متنوّعاً، يصنع ومضتها الشعريّة المطلوبة «والجدرانُ تظلُّ حواليْها حَرَساً يُمسك واحدُهم/ بالآخرِ»، إذ تقوم بدور بنيويّ جوهريّ في الحفاظ على الهيكل التقليديّ للمكان «الغرفة»؛ لأنّه من دون قيام الجدران بهذه المهمّة سيتهدّم الهيكل وينمحي المكان، على الرغم من أنّ الدالّ المكانيّ العنوانيّ الأساس هو الفاعل الأوّل في تشكيل الفضاء الشعريّ المطلوب، إلا أنّ روح الأنسنة الماثلة في جوهر المكان تمنحها ممارسات وجدانيّة إنسانيّة طبيعيّة تؤنسنها أكثر «والغرفةُ تضجرُ رغم وجودِ الأقلامِ»، ليس هذا حسب، بل لا يسعفها حتّى وجود «وظلّ/ النارِ/ الهابطِ/ مثلَ الحبلِ السريِّ من السّقفِ» للخلاص من الضجر.

ينقضّ هذا العدوّ الأصمّ الأبكم على الوهج المكانيّ الذي صنعته الأسطورة المكانيّة الشعريّة «الغرفة» في إشراقتها الدراميّة الومضيّة بقسوة، كي ينزع منه آخر أسلحة المقاومة الممكنة ويضربه في الصميم «ورغم وجودِ الكتبِ القمريّةِ، يَلْتفُّ الضجرُ المحمومُ/ على خاصرةِ الغرفةِ مثلَ الصمغِ»، إذ لا تحسن «الكتب القمريّة» مهما علا شأنها، ومهما انطوت عليه من معارف وأسرار وإشراقات محتملَة أن تدافع

عن مصير المكان، فقد انتقل «الضجر» من عتبته الوحيدة الفريدة في المرحلة الأولى إلى عتبة موصوفة بصفة تضاعف من هول الضجر «الضجر المحموم»، وهو يطعن المكان في منطقة قتل وتدمير «خاصرة الغرفة»، ليرتفع إلى أعلى درجات الالتصاق والاشتباك «مثل الصمغ» في حساسية تشبيهيّة تجعل الخلاص مستحيلاً.

تشرف القصيدة على نهاياتها في مشهد سرد-دراميّ تنبعث منه سلسلة إشراقات شعريّة ومضيّة على يد الراوي الذاتيّ الشعريّ، وهو يتفاعل مع المكان تفاعلاً تشكيلياً ضاجاً بالدراما حتّى يصل إلى فضاء سرياليّ عميق الرمزيّة:

«لذلكَ، هذا اليومَ تركْتُ قميصي فوقَ سريري، حتى

أوهمَها أنّي ما زلتُ بحوْزتِها، وخرجتُ بطيئاً، كي لا

أوقظَهَا.

لكنّي حين رجعْتُ، رأيتُ على كلّ جدارٍ ليلاً يُمسكُ

واحدُهم بالآخرِ،

صارَ سريري تابوتاً

وقميصي نامتْ فيه الغرفة».

تحصل الانعطافة الشعريّة الكبرى في القصيدة عند الدالّ الإشاريّ «لذلكَ»، وهو يولّد حالة إشراقيّة شعريّة ومضيّة تنتقل بالمحكي الشعريّ إلى فضاء آخر، وكأنّ ما يأتي سيكون أشبه بنتيجة لما سبق

في سياق دراميّ يتعلّق بنظريّة السبب والنتيجة، ويتّجه الفعل الشعريّ الدراميّ نحو المكان نفسه «الغرفة» بما يحويه من تفاصيل عاملة في صناعة الحدث، فيبدأ الراوي الذاتيّ الشعريّ باستئناف السرد الدراميّ وإنتاج مزيد من الإشراقات الومضيّة داخل التفاصيل، حين يؤشّر أولاً على زمن المحكي «هذا اليومَ» عابراً نحو رواية قصّته الشخصيّة «تركْتُ قميصي فوقَ سريري»، على نحوٍ يعمل على تركيز عدسة كاميرا السرد الشعريّ على التفصيل المكانيّ الجديد «سريري» داخل المكان الأصل «الغرفة».

يصبح «قميصي» هو الفاعل المحوريّ في صياغة نموذج الحدث الشعريّ عندما يكون علامة على حضور صاحبه ووجوده في المكان «حتى/ أوهمَها أنّي ما زلتُ بحوْزتِها»، فالعلاقة التلازميّة بين القميص وصاحبه كانت أكيدة وحاسمة لدى المكان «الغرفة» بمعرفة الراوي الذاتيّ المهيمن على مقدّرات الحدث ومقصديّته؛ لذا فهو يصنع إشراقة شعريّة ومضيّة جديدة ذات طبيعة سرد-دراميّة «وخرجتُ بطيئاً، كي لا/ أوقظَهَا» تقوم على جدل البطء وعدم الإيقاظ، بحيث تسير الحركات السرد-دراميّة اللاحقة للمحكي الشعريّ بسلام وسيولة وبلا مشاكل، غير أنّ أداة الاستثناء المُسندة إلى ياء المتكلّم/ الراوي الذاتيّ «لكنّي» تقلب نسق الحدث وتمضي به في مسار آخر.

تعود عدسة كاميرا الراوي الذاتيّ لاستكمال رواية الحدث الشعريّ بإنتاج إشراقات ومضيّة جديدة تنتمي للحادثة الشعريّة في سياق آخر «حين رجعْتُ، رأيتُ على كلّ جدارٍ ليلاً يُمسكُ/ واحدُهم بالآخرِ»، إذ تخرج الصورة من حدودها المكانيّة التقليديّة «الغرفة/

الجدران/ السرير» حين يتحوّل كلّ جدار من جدران الغرفة «ليلاً»، كناية عن الاستغراق العميق في الظلمة والغياب والتيه، ولا سيّما ما تعكسه جملة الاشتباك «يمسك واحدهم بالآخر» من التحام صوريّ يعيد إنتاج المكان دراماً على نحو مختلف ومغاير.

يتوقف المشهد على مساحة شاشة العرض وحجم المنقول «الغرفة» المعروض من وجهة نظر الناقد الروسيّ «يوري لوتمان Yuri Lotman» صاحب دراسات مهمة في علاقة السينما بالواقع، ومدلولات العلامات السينمائية؛ لذا يمكن للمشهد في البنية الفنيّة للشريط السينمائيّ أن يتجلّى في صور مختلفة طبقاً لاختلاف نوع اللقطة؛ واسعة، أو متوسطة، أو مكبّرة. وكذلك طبقاً للنسبة بين الجزء المصوَّر من اللوحة ومساحات الفراغ من ناحية[(84)]؛ لذلك فإنّ منبع التأثير الجماليّ أو الواقع الفنّي في كاميرا العامري يكمن في العلاقة التناسبية الثنائية بين الجزء والكلّ في مشهد الغرفة، من زاوية عدسته البصريّة اللغويّة وعدسة زمنية أخرى موازية تعمل على النقل الفوتوغرافيّ التسجيليّ للأحدوثات الزمنيّة على نسق مساير.

يتحقّق الانقلاب الدراميّ المكانيّ في الصورة الختاميّة «صارَ سريري تابوتاً/ وقميصي نامتْ فيه الغرفة»، إذ تتحوّل الصورة المكانيّة من حال إلى حال بين السرير والتابوت، وما يتمخّض عن حركة الاستبدال فيهما من إشراقات ومضيّة تنحرف نحو مسار آخر، فضلاً على تحوّل القميص الشخصيّ للراوي إلى حاضنة مكانيّة للغرفة أشبه بالسرير «نامت فيه الغرفة»، فتنتهي العتبة العنوانيّة المكانيّة في القصيدة «الغرفة» إلى كائن مؤنسن في أعلى وابلغ

درجات التصغير، بحيث يسهل نومه على سرير معلّق هو «قميصي» في حراك دراميّ متموّج وديناميّ ينجز أهم إشراقة دراميّة شعريّة مكانيّة في فضاء القصيدة.

ترسم القصيدة الموسومة «حديقة» فضاءً مكانياً ومضياً إشراقياً منذ أوّل إطلالة دلاليّة تبدأ من هذه العتبة العنوانيّة المفردة المنكّرة، والدالّ هنا يصف فضاءً مفتوحاً مطلقاً قد يكون صغيراً لينتمي إلى البيت، ويصير جزءاً من أمكنته الأساسيّة، وقد يكون كبيراً وواسعاً حين يخرج من البيت إلى الحيّ أو المنطقة أو المدينة منتمياً إلى الفضاء العام المملوك للجميع، وثمّة فرق بين حديقة داخليّة شخصيّة وحديقة خارجيّة عامّة، على مستوى قدرتها على إنتاج درامية الإشراقات الومضيّة الشعريّة في متن القصيدة:

«في الحديقةِ، أمسِ، جلستُ على مقعدٍ

والفراشُ يرفرفُ فوق زهورٍ من الضوءِ

والزنبقاتُ تميلُ على الجانبين كتعويذةٍ في الهواءِ

ظلالُ البنفسجِ تمتدُّ مثل حريرِ الصبايا

وكان الغمامُ يحلّقُ في الجوِّ مثل ثيابِ الرعاةِ

الأوائلِ، حيث الطبيعةُ تهذي على حجرٍ كوكبيٍّ،

وتمرحُ عند المياهِ كطفلٍ يلفُّ خيوطاً من البرقِ

حول يديهِ،

ويكسرُ

آ ن ي ةً

أو

يعلّقُ

زرّاً

صغيراً

على خشبِ البابِ

أمسِ، جلستُ على مقعدٍ في الحديقةِ

حطّت طيورٌ على فكرةِ الليلِ

كنتُ هناك على مقعدٍ مرمريٍّ

ولمّا رجعتُ إلى البيتِ

شاهدتُ

حقلاً

يسيلُ

على

صورةٍ

في الجدار».

يتعرّف دالّ «حديقة» المُنكّر في عتبة العنوان بمجرّد دخول المتن حيّز التنفيذ الشعريّ الحكائيّ في استهلاليّة القصيدة على يد الراوي الشعريّ الذاتيّ «في الحديقةِ، أمسِ، جلستُ على مقعدٍ»، وهو يعيّنُ وضعه الوجوديّ في زمان ومكان محدّدين بدقّة ووضوح وهدوء وتطلّع نحو أفق جميل محتمَل، فالعلاقة المكانيّة بين الدوال المكانيّة المحتشدة هنا تتكاتف على أكثر من مستوى، وأكثر من طبقة، وأكثر من رؤية، كي تحرّض المعنى المكانيّ لـ«الباب» بوصفه الحامل الشعريّ المركزيّ فيها ليكون حاوياً وشاملاً للفضاء الشعريّ في أوسع حالاته.

تعزّزه صور شعريّة إشراقيّة ومضيّة تستثمر وجودها المكانيّ لأجل تطوير بنيتها الشعريّة الدراميّة لصالح المشهد الشعريّ العام المرتبط بحيويّة المكان النوعيّ «حديقة»، فتشرع هذه الإشراقات بالتجلّي والحضور في اتجاهات متنوّعة وملوّنة ابتداءً من «والفراشُ يرفرفُ فوق زهورٍ من الضوءِ»، إذ تنفتح الصورة الشعريّة على مساحة تزدهي بفضاء رومانسيّ يشيّد ومضته الشعريّة الإشراقيّة على إيقاع «البحر المتدارك» المنساب بعذوبة رشيقة، داخل لوحة تشكيليّة تشتبك عناصرها بآليّة تتموّج الدوال فيها باتجاه دراما الطبيعة الحرّة.

تعقبها صورة شعريّة ثانية تمتدّ على مساحة منتخَبَة من الطبيعة في حالة تشبيه تحقّق إشراقتها الومضيّة من طرَفَي حركيّة التشبيه «والزنبقاتُ تميلُ على الجانبين كتعويذةٍ في الهواءِ»، حيث يتجلّى المكان المتموّج في طرف المشبّه والمكان الطائر في المشبّه به،

داخل لوحة مكتظّة بحركة تتفاعل مع الصورة السابقة في إطار فعاليّة استكمال تشكيليّ، يزيد من طاقة الإشراق الومضيّ الصورتَين معاً.

ومن ثمّ تندفع الصورة الثالثة في السياق التشبيهيّ نفسه لتكوّن فضاءً تشكيلياً ومضياً يرفع حساسيّة التصوير إلى أعلى طبقة ممكنة، يكون بوسعها استيعاب الروح الدراميّة الماثلة في طبقات الصور وتمثيلاتها السيميائيّة، تعقبها صورة رابعة «ظلالُ البنفسجِ تمتدُّ مثل حريرِ الصبايا» تنتمي للسياق الجماليّ التشكيليّ نفسه، لكنّها تذهب أبعد من سابقاتها في حركيّة التشبيه لتحقيق مزيد من التفعيل الإشراقيّ للومضة الشعريّة المكانيّة، حين تعمل على مكانيّة متخيَّلَة تتراءى من بين طبقاتها حساسيّة دراميّة خفيّة.

تتكاتف هذه الإشراقات الشعريّة الومضيّة فيما بينها بحساسياتها وصورها ودراميتها المكانيّة المتوزّعة على مساحة العتبة العنوانيّة المكانيّة «حديقة»، للوصول إلى مرتبة شعريّة تنحاز فيها عدسة كاميرا الراوي لرصد حكاية الطبيعة في جوهرها المكانيّ الدراميّ، وهي تولّد مزيداً من الومضات الشعريّة المفعمة بطاقة الإشراق والتجلّي، حيث تبدأ الحكاية الشعريّة من الفعل الحكواتيّ بمرجعيّته التاريخيّة السرديّة المعروفة في الليالي «وكان»، لينفتح صنبور المحكي وتشرع الحكايات بالتدفّق في صياغات سرديّة متعدّدة ومتنوّعة، من عتبة السحاب الأبيض الخفيف «الغمامُ» وهو «يحلّقُ في الجوِّ مثل ثيابِ الرعاةِ الأوائلِ»، في إلماحة تشبيهيّة ثريّة على مستوى الصورة واللون والأداء والدلالة والمعنى الخفيّ الحرّ البريّ.

تجري هذه الصورة التشبيهيّة العالية القصديّة مجرى التوجيه السيميائيّ المكانيّ «حيث الطبيعةُ تهذي على حجرٍ كوكبيٍّ»، ولا شكّ في أنّ هذيان الطبيعة أو سردها الحرّ المفتوح على الاتجاهات كافّة والاحتمالات كافّة، لا يمكن أن يتمّ على النحو المطلوب إلا حين يتمّ «على حجرٍ كوكبيٍّ» له صلة بمرجعيّات السماء وأساطيرها، ومن ثمّ تتبسّط في تشكيلها العفويّ الفِطريّ لتمارس شغفها بالحياة والطفولة في أسعد ممارساتها الخرافيّة «وتمرحُ عند المياهِ كطفلٍ يلفُّ خيوطاً من البرقِ/ حول يديهِ»، لترتفع الومضة الشعريّة نحو أعلى درجاتها الدراميّة المكانيّة في تشكيل تشبيهيّ شديد الإدهاش والطرافة.

تدخل شخصيّة «الطفل» أرض الحدث الشعريّ بعد أن تنجح في لفّ خيوط البرق حول يديها في ومضة شعريّة ساحرة، وتمضي في ممارسة أفعالها الطفوليّة الخاصّة التي تضفي على المشهد الشعريّ المكانيّ طاقة درامية واضحة، إذ تتلاعب الصورة الخطيّة للحركة الطفليّة بالنسق الكتابيّ الشعريّ الأفقيّ وتحوّله إلى نوع من العبث العموديّ، الذي يتناسب مع الفعل «يكسر» والفعل الثاني «يعلّق» على هذا الشكل:

«ويكسرُ

آ ن ي ةً

أو

يعلّقُ

زرّاً

صغيراً

على خشبِ البابِ».

لتبدو هيئة الطفل وكأنّها تجري على خطيّة الحروف من أعلى الرأس حتّى أسفل القدمَين، على نحو تشكيليّ سيميائيّ يستجيب لدلالة كلّ فعل في سياق بناء أكثر من ومضة شعريّة مكانيّة ملتهبة بحساسيّة دراميّة منتِجة.

يعود الراوي الذاتيّ الشعريّ إلى محاولة إنتاج صورته الشعريّة الأولى في القصيدة بحمولتها المكانيّة والزمنيّة «أمسِ، جلستُ على مقعدٍ في الحديقةِ»، لرصدِ لَقطةٍ طائرةٍ لمّا يتمّ التقاطها بعدُ «حطّت طيورٌ على فكرةِ الليلِ» تحمل في رصيدها التشكيليّ ومضة شعريّة ذات طبيعة فكريّة، تسهم على نحوٍ ما في استكمال حركة الرصد الشعريّ للفضاء الدراميّ المحيط بالحادثة الشعريّة، كي ينتبه الراوي الذاتيّ الشعريّ أخيراً إلى حكايته، وقد أصبحت ضمن ذاكرة السرد «كنتُ هناك على مقعدٍ مرمريٍّ»، وهي تنفتح على خاتمة العودة إلى المكان الأصل «البيت» بوصفه الجذر المشيميّ للأشياء «ولمّا رجعتُ إلى البيتِ»، هذه الخاتمة التي تتكشّف عن ومضة شعريّة دراميّة تختصر تجربة الحياة بأكملها في رؤية عموديّة دراميّة سينمائيّة:

«شاهدتُ

حقلاً

يسيلُ

على

صورةٍ

في الجدار».

تبدأ من عتبة المشاهدة الحرّة «شاهدتُ»، متقدّمة نحو مفعول مـرآويّ يلخّص الحياة بمجملها داخـل حساسيّة مكانيّة متحرّكة «يسيلُ»، إذ يعبّر هذا الفعل عن حركة بطيئة تناسب محكي تجربة الحياة وفاعليّة استرجاع الذاكرة للأحداث السيريّة، ليشكّل جوهر اللوحة «على صورة في الجدار»، تعيش أعلى درجـات الثبات والصيرورة والبقاء في تشكيل موازٍ للـ«حديقة» المعلّقة في عتبة العنوان، بدلالة المفعول «حقلاً» وهو يجمع بين الخارج المكانيّ والداخل المكانيّ في صورة تنزرع «في الجدار»، ليكون بوسعها أن تروي ما تحتوي عليه من الروايات والقصص والحكايات والتجارب في شبكة لا تنتهي من الومضات الشعريّة، تنبثق من تنوّع الوحدات المكانيّة المنطلقة من ثريّا العنوان «حديقة» والقارّة في حقل يسيل على صورة في الجدار بدراميّة كثيفة.

يكاد ينفرد «الباب» بأهميّة شعريّة خاصّة في تجارب الشعراء على نحو عام لما له من حضور بارز وحيويّ على حركيّة المكان الشعريّ في طبقات كثيرة، وتأتي قصيدة «الباب»[85] لعلي العامري في هذا السياق مهداة «إلى محمد العامري» – وهو شقيق الشاعر – ، ويحتلّ الباب مكانة مشتركة ذات مرجعيّة مكانيّة أسريّة مثقلة

بحساسيّة دراميّة مرهفة؛ لذا فهو يتجاوز في هذه القصيدة مكانيته القائمة على الفصل بين مكانَين، أحدهما يفضي إلى الخارج، والآخر يفضي إلى الداخل، وبينهما ما يمنع التواصل حين يكون الباب مغلقاً، وله في كلّ وضعيّة من وضعيّاته فلسفة خاصّة ليس من السهل حسمها على وجه ما من وجوه التأويل، ففي حالة أن يكون الباب مغلقاً فثمّة احتمالات عديدة لا يمكن القطع بصحّة أحدها وترجيحها على بقية الاحتمالات، فلكلّ حالة غلق أسبابها ومشكلاتها وقضاياها، والحال نفسه ينطبق على الباب المفتوح الذي يشي فتحه بسلسلة غير قليلة من الاحتمالات التي لا يمكن حسم أحدها وتغليبه على الباقي أيضاً، كما أنّ ثمّة وضعية أخرى للباب حين يكون موارَباً بين الفتح والغلق، فله شبكة أخرى من الاحتمالات التي لا يمكن الوصول إلى تأويلها بيسرٍ وسهولة.

يتجاوز باب القصيدة هنا هذه الصور والحالات والاحتمالات كي يتحوّل إلى باب شعريّ له مواصفات خاصّة، وأحوال خاصّة، ودراميّة خاصّة، بكلّ ما ينطوي عليه الباب من موروث ومرجعيّة تاريخيّة وشعبيّة وفكريّة وثقافيّة واجتماعيّة، بوصفه رمزاً دالاً حاضراً في التاريخ البشريّ منذ أن تشكّل وعيه وأدرك ضرورة وجود الباب في حركة الحياة، إذ هو يتجاوز كثيراً حالته الماديّة المتداولة ويتدخّل في طبقات سيميائيّة شعبيّة شديدة القوّة، وإن اختلفت بين شعب وآخر، وحضارة وأخرى، وثقافة وأخرى؛ لكنّه يبقى يمارس هذا الحضور الطاغي في سُلّم المعرفة، ويتجلّى شعرياً في المدوّنة الشعريّة العالمية بكثافة عالية:

«البابُ طيرٌ

كلّما اشتاق الفضاء لكي يطيرَ، بكى

ولملمَ ما تبقّى

من لهاثِ المُتعبين بصُرّةٍ،

وبكى كثيراً

بينما

تبقى فتاةُ الريحِ تطرقُهُ،

ويبقى

سادراً في صمتِهِ الخشبيِّ،

مصلوباً

أمام الناسِ والحراسِ والأجراسِ،

مشغولاً

بإرثِ الذكرياتِ

وبالأسى».

تشرع صورة باب القصيدة بالظهور في سياق تشبيه «الباب» بـ«طير» لبناء صورة مفارِقة «البابُ طيرٌ» تجعل الباب يتنازل عن استقرار وثباته الطبيعيّ، ويدخل في فضاء جديد محلّق تشرق فيه

الومضّة الشعريّة وتصنع دراميتها الخاصّة، على نحوٍ تتغيّر فيه المواصفات والوظائف والاعتبارات كلّها، وربّما تنقلب رأساً على عَقِب في سياق جديد مختلف يوجّه مجتمع القراءة نحو التعامل مع دلالة «الباب» بعيداً عن الاحتمالات السابقة، فحين يصير الباب طيراً: ماذا سيكون مصير ما يحيط بالباب من مشتملات لا بدّ منها كي يكون البابُ باباً، أستمكث في مكانها، أم تلحق الباب إلى حيث يجب أن يكون الطائر؟

إنّ هذا التحوّل الدراميّ الكبير للباب إلى طير جاء على ما يبدو استجابة لعنصر آخر هو «الفضاء» في جملة «كلّما اشتاق الفضاء لكي يطيرَ، بكى»، بمعنى أنّ الفضاء هو الذي يشتاق للباب على النحو الذي لا بدّ له أن يصير طائراً كي يلبّي اشتياق الفضاء ويستجيب له، غير أنّ هذه الصيرورة لا تسير بصورة يسيرة وبسيطة وتقليديّة؛ بل تدخل في سياق دراميّ يمثّله الفعل «بكى» في سياق ردّ فعل سلبيّ يعمل خارج الإرادة، لتكون الإشراقة الشعريّة الومضيّة كامنة في دراميّة الفعل «بكى»، حيث تعقبه سلسلة من الأفعال، ويعمل كلّ فعل مضاف على تشييد إشراقته الشعريّة الومضيّة بما يناسب حراكه الدراميّ.

يتدخّل الفعل اللاحق لفعل البكاء في إطار فكرة الرحيل إلى السماء، وترك ثبات الأرض «ولملمَ ما تبقّى/ من لهاثِ المُتعبين بصُرّةٍ»، داخل لوحة تشكيليّة شعريّة استعاريّة يقوم فيها الفعل «لملم» بحركة دراميّة تنطوي على قدر من الاستحواذ المكانيّ، ليكون الاسم الموصول وفعله «ما تبقّى» في دائرة حمل الأشياء وإلحاقها بالباب

الطائر، لكنّ هذا المتبقّي ما يلبث أن يأخذ صورته السيميائيّة ليجمعها في إشراقة ومضيّة حائرة «من لهاث المتعبين»، تتمركز وتحتشد في حيّز مكانيّ بالغ الضيق والمحدوديّة «بصُرَّةٍ» يوحي بقرب الرحيل والسفر وهجر المكان، والاستعداد للحركة الدراميّة البعيدة المدى حين يحيل دالّ «صُرّة» إلى متاع المسافر وزوّادته التي تعينه على طول الطريق ووعثاء السفر.

يعيد فعل البكاء إنتاج ذاته موصوفاً بالكثرة في السبيل إلى مضاعفة طاقة الاستجابة السلبيّة لفكرة الهجرة والرحيل «وبكى كثيراً»، ويبدو أن للباب الحصّة الأكبر والأغلى من هذا البكاء الكثير؛ لأنّه سيبقى ظلّه وحيداً على الأرض، وتبقى صورته الطائرة تحنّ إلى الجذر الأصليّ الأرضيّ بما يحتويه من ذكريات وتجلّيات وتمثّلات عصيّة على الغياب، وتتنازع هذه الذكريات والتجلّيات والتمثّلات مجموعة من الومضات الشعريّة المكانيّة التي تصوّر دراما الباب الشعريّة، ومن أبرز هذه الومضات الشعريّة فتاة الريح وقد تعوّدت طرقه «بينما/ تبقى فتاةُ الريحِ تطرقُهُ»، لكنّها هل ستطرقه هذه المرّة وهو في وضع الطائر أم تطرق ما تبقّى منه على الأرض، إذ انشطر في صورة القصيدة على شطرين: شطر طائر يتعلّق بالمفتتح الشعريّ «الباب طيرٌ»، وشطر ظلّيّ باقٍ في متناول الآخرين داخل طبقات المتن.

فتتكوّن الومضة الشعريّة اللاحقة استناداً إلى هذه الرؤية المكانيّة الدراميّة «ويبقى/ سادراً في صمتِهِ الخشبيِّ»، فالفعل «يبقى» يحيل إلى البقاء الأرضيّ في كينونته المكانيّة الأصليّة، ليأتيَ الحال

«سادراً» مشبعاً بمعنى الحيرة والسرحان وانعدام المثول بين يدَي الواقع الراهن، حيث تتكثّف هذه الدلالة على نحوٍ أوسع وأكثر عمقاً في شبه الجملة الموصوفة «في صمتِهِ الخشبيِّ»، حين يتعمّد الحال «سادراً» بأخصب درجات الصمت، ويتضاعف ذلك أكثر في حلول الصفة «الخشبيّ» ذات المعنى الطبيعيّ المرتبط بالباب أصلاً، فضلاً على المعنى الشعريّ الدالّ على غياب أيّ أثر لشعور أو عاطفة أو انفعال.

ما يلبث الحال النحويّ الثاني»مصلوباً» أن يتدخّل في هذا الميدان توكيداً للمثول المطلق في حضرة المكان بأسلوبيّة دراميّة مثيرة، تجعل من ومضته الشعريّة الدراميّة الإشراقيّة المستعارة من صفة «الصلب» بمرجعيّاتها المختلفة وسيلة تعبيريّة للتموضع المكانيّ على حافّة الأرض، إذ يتجلّى هذا الصلب «أمام الناسِ والحراسِ والأجراسِ» بهذه الإيقاعيّة التي يشيعها صوت السين المجرور، حتى ينتقل من جديد إلى صورة الحال الثالث «مشغولاً» وهو يحقّق نوعاً من التوازي الإيقاعيّ الحاليّ الدراميّ في حيثيات المكان الشعريّ «سادراً/ مصلوباً/ مشغولاً»، ليكون حال الانشغال بالماضي «بإرثِ الذكرياتِ» ثمّ بالراهن «وبالأسى» الذي يبدو وكأنّه يتّجه بقوّة نحو المستقبل.

إنّ شبكة العلاقات التي تتمخّض عنها الصورة المكانيّة لـ«الباب» بوصفه مكاناً يحظى بأهميّة كبيرة في الفضاء المكانيّ الإنسانيّ العام، يتجسّد في هذه القصيدة بحساسيّة دراميّة يطلق فيها مجموعة من الومضات الشعريّة الإشراقيّة التي تؤدّي أدواراً سيميائيّة مختلفة،

وعلى الرغم من أنّ «الباب» مرّ في القصيدة بآليّة أنسنة وتشخيص، لكنّه لم يتنازل عن مكانيّته التقليديّة في إلماحات دراميّة كثيرة، وقد أسهم «البحر الكامل» بفضائه الواسع والعميق في إتاحة مزيد من الفرص الغنائيّة الباطنيّة لإشاعة الحراك الدراميّ الومضيّ في القصيدة، على النحو الذي تجلّت فيه شخصيّة الباب منذ عتبة العنوان بوصفها طاقة شعريّة ومضيّة إشراقيّة خلاقة.

البُقَعُ الشعرّيةُ الومضيّةُ

تعدّ الومضةُ الشعريّة استناداً إلى جوهر هذه المقاربات وحدةً شعريّة لا غِنى لأيّ قصيدة عنها إذا ما أرادت هذه القصيدة أن تتزوّد بما يكفي من الماء الشعريّ اللازم لتحقيق الشعريّة، فالقصيدة هي تكوين كليّ متكاملٌ يضمّ بين طيّاته وطبقاته وحدوده كثيراً من البُنى الصغيرة والوحدات الشعريّة المختلفة، ولا بدّ من الانتباه إلى عمل هذه البُنى والوحدات وسبل اشتغالها في توليد الطاقة الشعريّة المطلوبة والمناسبة والضروريّة، والكشف عن طبيعتها ومستوى تأثيرها في الشكل العام الذي تنتهي إليه القصيدة في نهاية المطاف، بما تؤسّسه من معطيات وتشكيلات ومساحات فنيّة وجماليّة وفكريّة وثقافيّة ذات حساسيّة خاصّة ومجال شعريّ خاصّ، تعطي الشكل النهائيّ العام للقصيدة وهي في درجة عليا من التبلور والتكوين والتشكيل، بحيث تبقى فاعلة ومثمرة في طبقات التشكيل ومراحل تكوّنه وبنائه.

يعني هذا أنّ الشعر كيان لغويّ بالدرجة الأساس ينتج فضاءً جمالياً يغري مجتمع التلقّي بالتعاطي والحوار والتفاعل معه بقوّة، فهو إذن «بنية لغويّة من الطراز الأوّل؛ حيث تتعانق فيه كلّ مكوّنات اللغة: من حرف، وكلمة، وجملة، وصورة، وموسيقى؛ بل إنّه بنية لغويّة جماليّة في آن، تتحدّد فنيّته بكيفيّة استخدام الشاعر للمكوّنات السابقة بجانب كلّ المحمولات الأخلاقيّة، أو الاجتماعيّة، أو السياسيّة، أو سواها.

وحين نكون أمام بنية لغويّة، فلا بدّ لنا أن نتوقّف أمام لبنات هذه البنية، وما الكلمة إلا من أهمّ لبنات هذا البناء»[86]، تحتشد وتتفاعل وتمتزج في تركيبات لغويّة تعمل على تمثيل التجربة واحتواء تجلّياتها.

يسهم مصطلح «البناء الشعريّ» هنا عميقاً في آليّات هذا الحشد التركيبيّ القائم على رؤية شعريّة ناضجة قادمة من حرارة التجربة في جوهريّتها القصوى، لأنّ «الشعريّة الحقيقيّة في التركيب لا الإفراد»[87]، حيث تلتحم البنى الشعريّة المختلفة في كيان شعريّ واحد تشتبك فيه المكوّنات، وتتّحد بأعلى درجات التماسك والصيرورة والتمثّل والتداخل والتعاشق في نهاية المطاف، ويكون الكيان الشعريّ على هذا النحو قادراً على إنتاج الطاقة الشعريّة اللازمة داخل فضاء التركيب النهائيّ الكليّ للتشكيل الشعريّ اللغويّ، بما يكشف عن القيمة الكبرى للحساسيّة اللغوية العاملة في المجال الشعريّ، عن طريق شبكة من البقع الشعريّة الومضيّة المنتشرة على جسد النصّ بحسب تموّجاته الدلاليّة، وهي تفعل فعلها في تشييد معالم التشكيل النصيّ، ويقيم فضاءه على أمثل ما يكون برشاقة فنيّة وجماليّة عالية.

تنطلق البقعة الشعريّة الومضيّة من أصغر بؤرة شعريّة منتشرة بلا انتظام في أجواء القصيدة وتخومها وتضاريسها العديدة، وهي ترسل إشعاعها القادر على إضاءة ذاتها أولاً كي تكون قادرة على الحركة والتنقّل والتأثير، ومن ثمّ تنوير ما حولها من دوائر وأحياز ومساحات وظلال وأفياء تحيط بها وترعاها، ولا تنمو هذه البقعة المميّزة شعريّاً إلا في ظلّ حاضنة التخييل القادرة على استيعاب حراكها الشعريّ الخفيّ، ولا سيما حين يكون التخييل في هذا الإطار النوعيّ ممارسة

«استخدام المحسوسات في رسم صورة ذهنيّة «يخيّل» للمتلقّي من قوّة رسمها بالألفاظ أنّها صور يراها رأي العين.

«إنّ عمليّة التخييل عمليّة مختصّة أساساً بتقريب المسموع من المرئيّ عند المتلقّي حتّى ليخيّل إليه أنّهما شيء واحد، هذا هو المعنى الجوهريّ الأساسيّ لعمليّة التخييل»[88] الذي يتجوهر على أمثل ما يكون في البقعة الشعريّة الومضيّة وهي تتجلّى في خطوط القصيدة ومنحنياتها، على نحوٍ يجعل إشراقتها أعلى ونورها أكثر سطوعاً وتأثيراً في مجمل الحراك الشعريّ السيميائيّ والتشكيليّ والجماليّ.

تعمل هذه البقعة السحريّة – بمكوّناتها ذات الفاعليّة الكبيرة وبوساطة ما يصطلح عليه في السرديّات اللسانيّة الحديثة «الزحزحة الإشاريّة»، بمرجعيّتها السيميائيّة القادرة – على إنتاج لغة شعريّة جديدة قائمة على أسس حداثيّة رصينة، إذ «يوضّح ممثلو الزحزحة الإشاريّة أنّ من الممكن حدّ جملة من القواعد وزرعها من أجل إنشاء تمثّلات شخصيّة، زمنيّة ومكانيّة اعتماداً على معطيات لسانيّة تتوفّر في الحكاية»[89]، وتسهم هذه المعطيات على مستوى الحكاية الشعريّة بجعل التمثّلات قادرة على إنتاج البقع الشعريّة الومضيّة في أندر حالاتها، وشحنها بما أمكن من طاقات تخييليّة تتطوّر باستمرار وبلا توقّف، بوسعها إدامة الإضاءة وتوسيع حدود قواعدها وتشكيلاتها داخل القصيدة.

يبرز هنا دور اللغة الشعريّة التي يجب أن تعمل في الاتجاهات كلّها؛ كلّما توفّرت لها الظروف الملائمة للإبداع، بحيث تكون في أعلى درجات نشاطها وحراكها وإنتاجها، ذلك أنّ «النصّ – أيّاً كانت

«انبثاقيته» و«فجائيته» و«إبداعيته» وتفكّره الفلسفيّ «المبتكَر» – هو حامل اللغة ومحمولها: يحيل إليها، ويجدّدها. لهذا، للغة، سابق، وخارج، وسياق؛ ولا تستقيم قراءة النصّ من دونها»[90]، بما يجعل البقعة الشعريّة الومضيّة غاية ووسيلة في آن، لا يتوقّف عملها عند نقطة معيّنة أو حدّ حاسم، بل تمضي في سبيلها الفنيّ الجماليّ من أوّل النصّ حتّى نهايته في الحفاظ على حرارة التجربة وحساسيّة التعبير وطرافة التشكيل، بما يجعل اللغة عادةً هي محور الانشغال ومنطلق أساس لولادة البقع الومضيّة الشعريّة دائماً.

تنتشر في القصيدة الموسومة «يَدٌ موشومةٌ بالأجراس»[91] لعلي العامري كوكبة متجانسة ومتفاعلة ومتعاشقة من البُقع الشعريّة الومضيّة، وهي تبعث إشعاعاتها وإضاءاتها وتجلّياتها الشعريّة في أرجاء القصيدة وتموّنها بمزيد من القدرات والطاقات الساخنة، للعمل على الارتفاع بالشأن الشعريّ الجماليّ؛ داخل أركان القصيدة على الصعيد البنائيّ، وخارج أسوار القصيدة على صعيد التلقّي والقراءة وتداول الخطاب.

يتحرّك هذا الفضاء الشعريّ النوعيّ ابتداءً من عتبة العنوان التي تختزن قدراً عميقاً من هذه البقع وتسعى إلى بثّها من سقف القصيدة هبوطاً نحو طبقات متنها كافّة، حيث يقوم العنوان بدور رئيس في استنهاض الحساسيّات الشعريّة الكامنة في البقع الشعريّة الومضيّة، وتسليط إضاءاته عليها بلا توقّف؛ لأنّ نجاح عتبة العنوان يتوقّف على قدرة فضاء العنونة على التدخّل المستمر في طبقات المتن حتى لحظة الإقفال الشعريّ في خاتمتها:

«مجنونٌ يتربّعُ فوق الكرسيِّ الشجريِّ، وبين يديهِ

خيوطٌ سوداءُ، يكلّمُها أحياناً، فيصيرُ الكونُ

عجيناً. وكعادتِهِ يصعدُ من زيقِ النّومِ، ويقفزُ في

الطرقاتِ كما لو كان يقودُ خفافيشَ الأرضِ إلى سرٍّ

في أعلى جبلٍ، إذ يوقظُ شمسَ الفجرِ ويدلقُها قدّامَ

النّاسِ.

ويطلقُ قهقهةً مثل حصاةٍ تتدحرجُ من أعلى الصّخرِ

إلى

قاع الهذيانِ.

يمرُّ على كلّ بيوت القرية، يكتبُ بالفحمِ على

الحيطانِ البيضاءِ رسائلَه الكبرى للمجهولِ، ويوقظُ

كلّ العتباتِ الحجريةِ، ثم يروحُ بعيداً نحو التيهِ، كأنَّ

التيهَ امرأةٌ يعرفُها منذ قرونٍ. وهناك يميلُ المجنونُ على

الحجرِ الفلكيِّ، ويبكي.

لا يعرفُ أحدٌ في القريةِ ماذا يُبكيهِ، ولكنَّ امرأةً

واحدةً كانت ترفعُ يدَها الموشومةَ بالعزلةِ والأجراسِ

تُتمتمُ بين اللحظة والأخرى، وتحرّكُ عودَ الرّمّانِ

أمام النّارِ، وترسمُ فوق ترابِ الساحةِ خطّين ودائرةً،

ثم تقولُ وقد غامتْ عيناها:

اللّيلُ قرينُ الشهقةِ،

يا سرَّ المشهدْ،

اهبطْ

كالعنقود أمامي.

يا سرّ الغيم تجمّعْ في طاسِ الأعماقِ.

ويا سرّ الحرف أنرْ بؤبؤ عيني اليسرى.

يا سرّ الصورةْ،

اظهرْ فوق يدي الموشومةِ. إنّي أتجنّحُ في الرّمز وفي

المرموز وفي النّذر المنذور وبين خلاخيلِ

بناتِ النّعشِ.

دخانُ السنوات على كتفيَّ تدلّى،

والريحُ تحجّرت الآن على طرفِ

المعطفِ،

فلتهبطْ

يا

سرَّ

الأعمى

فلتهبطْ

من مزراب البيت إلى قلبي.

....

في هذي اللحظةِ، هبَّ هواءٌ شرقيٌّ، فتقدّمتِ

الدائرةُ المرسومةُ فوق الأرضِ، ودارتْ حول الخطّينِ.

تحرّكَ خطُّ الموصوفِ إلى خطّ الساعةِ حتى صارا

مثل جناحينِ لدائرةِ الأسرارِ.

تحرّكَ قلبُ المرأةِ، وارتعشَ الغامضُ تحت السّرَةِ.

راحتْ هذي المرأةُ تهذي، ماشيةً نحو التيهِ، كأنَّ التيهَ

حبيبٌ مفقودٌ منذ قرونٍ.

ولذلك ظلّت تمشي، فيما الضوءُ يُنقّطُ من معطفها الأسود».

تؤلّف القصيدة خريطة كلاميّة كثيفة ومتجوهرة تحتوي في

مساحتها حزمة من البقع الشعريّة الومضيّة تبدأ بالبقعة الومضيّة العنوانيّة، إذ لا بدّ لعتبة العنوان في هذا السياق أن تحمل في طيّاتها أول بقعة شعريّة ومضيّة ذات إشعاع وإشراق سيميائيّ خاصّ، تؤسّس لمزيد من البقع الومضيّة في طبقات المتن النصيّ اللاحقة للعنوان والمرتبطة به أشدّ الارتباط، ومن دون هذه البقعة الومضيّة العنوانيّة ذات الطاقة الإشهاريّة العالية في أكثر من سياق، تبقى القصيدة عاجزة عن تسيير قوافلها العلاميّة في سهول النصّ وجباله وتضاريسه الأخرى على النحو المطلوب والمناسب والضروريّ.

يتطرّق جيرار جينيت في حدود الرؤية العنوانيّة إلى أربع وظائف مركزية متعاضدة لعتبة العنوان هي الوظيفة التحديديّة التعريفيّة، والوظيفة الوصفيّة، والوظيفة الإيحائيّة، والوظيفة الإغوائيّة، وتبدو الوظيفة الإيحائيّة هي محور هذه الوظائف وملتقى عملها فـ«هي على صلة بالوظيفة الوصفيّة، سواء في حضور مقصديّة المؤلّف أو في غيابها. وتنطلق من فرضيّة الحضور الإيحائيّ ذي الدرجات المتفاوتة، لكلّ النصوص الرمزية (خاصّة الأدبية)»[(92)]، وهي تجعل من عنصر الإيحاء مفتاحاً لبلوغ أرض النصّ الشعريّ (على نحوٍ خاصّ) المزروعة بشبكة من البقع الشعريّة الومضيّة، بحيث تبدأ فعاليّاتها من عتبة العنوان بوصفها الثريّا التي تسلّط إشعاعاتها على طبقات المتن الشعريّ.

تتكوّن عتبة عنوان القصيدة الموسومة «يَدٌ موشومةٌ بالأجراس» من ثلاث وحدات لغويّة تبدأ بمفردة «يَدٌ» الخبريّة المفردة المنكّرة، وهي تحيل إلى أداة فاعلة وأساسيّة من أدوات الجسد الفاعلة في

تحريك حاسّة اللمس في أكثر من اتجاه، وتحتوي مفردة «يد» بتشكيلها الجسديّ المعروف على ساعد وكفّ وخمسة أصابع تسهم في تأدية وظيفة حسيّة واحدة، لكنّ الأصابع الخمسة على نحوٍ خاصّ يمكن أن تقوم بوظيفة إشاريّة إذا ما كلّفها العقل بمثل هذه المَهمّة، ولكلّ إصبع اسم وهُويّة ووظيفة وعلامة في شبكة سيميائيّة تتوفّر على مرجعيّة لغويّة وثقافيّة ثرّة، لكنّ «يَدٌ» بقيمتها العنوانيّة الخبريّة هنا تنطلق من بقعة ومضيّة تكتنز باحتمالات وتوقّعات كثيرة، لا يمكن أن تتحقّق في كونها الإفراديّ التنكيريّ ما لم تندفع تركيبياً باتجاه ما يأتي بعدها من مفردات، تسهم على نحوٍ من الأنحاء بالكشف عن طبيعتها وصورتها ووظيفتها واختيار الاحتمال والتوقّع المناسب والملائم لها.

تنتقل المفردة الخبريّة مباشرة نحو صفة موازية للموصوف في إفرادها وتنكيرها «موشومة»، وهي صفة ذات طبيعة إشاريّة تشتغل على طاقة تدليل تأخذ بنظر الاعتبار فضاء البقعة الشعريّة الومضيّة المثيرة، فالوشم عبارة عن أشكال تجميليّة توضع على شكل علامات بارزة مخطوطة على سطح الجسد، تحكي صورةً أو تخطيطاً أو علامةً تتضمّن حكاية ما تخصّ اليد وصاحبها، وبما أنّ «النعوت والأسماء ترمز إلى الحالات»[93] فإنّ عبارة «يدٌ موشومةٌ» العنوانيّة تعبّر عن حالة خاصّة تتقصّد الإثارة ولفت الانتباه والتحريض والإغواء، كي يصل التشكيل النعتيّ إلى درجة عالية من العلاميّة القصديّة المباشرة.

كان من الممكن أن تتوقّف الجملة الخَبَريّة النعتيّة «يدٌ موشومةٌ» عند هذا الحدّ لتكون عنواناً كاملاً للقصيدة لا تشوبه شائبة، غير أنّ

القصيدة لم تكتفِ بذلك، بل عَبَرتْ هذا السياج التشكيليّ العنوانيّ النعتيّ إلى شبه الجملة «بالأجراس»، حيث ينفتح دالّ «موشومة» على صورة «وشميّة» معيّنة تقيّد الصفة وتضعها في دائرة وصفيّة محدّدة، بكلّ ما تنطوي عليه مفردة «الأجراس» بوضعها الجمعيّ المعرّف من شكل وإيقاع ومعنى ودلالة وعلامة وإشارة، إذ تأخذ الصفة هنا معنى الاستدلال الدائم على اليد أينما كانت، بحيث يستحيل عليها أم تتيه أو تضيع لأيّ سبب كان، ومهما كانت الظروف.

لا يمكن للأجراس التي وشّمت اليد بحضورها الدائم الملاصِق مغادرة اليد أبداً، وهي تشير بما تطلقه من أصوات إلى موقع اليد في خريطة الجسد وخريطة المكان الذي يتموضع فيه الجسد دائماً، بما يجعل من دالّ «يد» النكرة في عتبة العنوان مشحونة بمعرفة مطلقة عن طريق دلالة الصفة المقترنة بالأجراس، إذ تحقّق الصورة العنوانيّة هنا بقعة شعريّة ومضيّة بإشراقة دائمة ومكتملة بوسعها أن تَعبُرَ بطاقتها الضوئية نحو طبقات المتن الشعريّ في القصيدة.

يبدأ المتن الشعريّ مشروعه الومضيّ بإطلاق شخصيّة القصيدة والإعلان عنها في أولّ مفردة من مفرداته ببداية اسميّة مفردة ومنكّرة مثيرة «مجنونٌ»، وهذا الدالّ وهو يشير إلى نوع بشريّ تفتحه النكرة على مجال شعريّ واسع يترك أثراً دلالياً مباشراً، يرغم المتلقّي على استحضار شبكة من الصور والحالات والمواقف واللقطات التي تتمترس خلف الدالّ «مجنون»، بما يكوّن بقعة شعريّة ومضيّة كثيفة وخصبة تَعِدُ بالكثير على مستوى ما يمكن أن تتمخّض عنه من أحداث شعريّة قادمة، ثم ما تلبث سيرته أن تظهر بالتتابع خطوة خطوة،

وتخلّف في كلّ خطوة منها بقعة شعريّة ومضيّة خاصّة.

لا بدّ للشخصيّة حين تظهر في المجال النصيّ الشعريّ أن تُسنَدَ بعنصر تشكيليّ أساس هو عنصر المكان «يتربّعُ فوق الكرسيِّ الشجريِّ»، إذ يعكس الفعل «يتربّع» أكثر من إشارة نوعيّة مكانيّة على هيمنة الشخصيّة في موضع الحضور، ليأتي الظرف المكانيّ «فوق» بما ينطوي عليه من معنى العلوّ ضامناً سيميائياً لهذه الهيمنة، أمّا المكان الخاص الموصوف «الكرسيّ الشجريّ» فيجعل من صورة الحالة الشعرية أقرب إلى الفضاء المَلَكيّ، على النحو الذي يحقّق بقعة شعريّة ومضيّة غزيرة وبؤرة دلاليّة منتِجة، على الرغم من أنّ صفة «الشجريّ» للموصوف المكانيّ المحدود ذي الطاقة المرجعيّة البالغة التعدّد والتنوّع، تعكس صفة سلبيّة في طبقة ظلّيّة من طبقاتها الدلاليّة، تتعلّق بأنّ أصل الكرسي إنّما هو شجرة حيّة اقتُطِعتْ من مجالها الحيويّ العامر بالخضرة والثمر والأمل والبهجة، وتحوّلت إلى كيان مكانيّ ميّت لا حياة فيه يحيل إلى معاني الظلم والقهر والاستلاب والاستبعاد.

تتسلّل الصورة الشعريّة نحو التفاصيل المكانيّة لتروي ما يرصده الراوي الشعريّ من حركات وإشارات ومرئيّات، منطلقاً من أكثر أدوات الجسد فاعليّة وقدرة على إنتاج الأفعال الشعريّة داخل فضاء الحدث «وبين يديهِ/ خيوطٌ سوداءُ»، فالموضع الدقيق الذي تلتقطه عدسة كاميرا الراوي هو «بين/ يديه» حين تنشط عدسة الكاميرا وتعمل بأعلى كفاءتها لترصد هذا الـ«بين»، الذي ما يلبث أن يتكشّف عن دالّ موصوف «خيوط سوداء»، ولا شكّ في أنّ

الخيوط السوداء في هذا الموضع لا بدّ لها من وظيفة وعمل يبرّر لها هذا الحضور القارّ.

إنّ وجود «خيوط سوداء» بين يدي «مجنون» يبدّد الاحتمال الوظيفيّ التقليديّ الذي يمكن أن تحتمله القراءة في حدود صورة الدالّ الأصليّة وطبيعة وظيفته الممكنة، ولا ننسى أنّ النعت «سوداء» يخزن في أعماقه إشارة ينبغي الانتباه إليها قَدْرَ تعلّق الأمر بالشخصيّة الشعريّة المركزيّة، وبوسع هذا النعت أن يحوي في داخله اللونيّ الإشاريّ بقعة ومضيّة شعريّة خفيّة لا بدّ من وضعها في الحسبان القرائيّ، فالحمولة الدلاليّة الكثيفة التي يختزنها هذا النعت اللونيّ المؤنّث «سوداء» لا حدود لعمقها وخصبها وقدرتها على إنتاج ما لا نهاية من الدلالات، ولا سيّما حين تتعالق نعتياً مع موصوفها «خيوط» بوصفه دالاً جمعيّاً منكّراً لا يكفّ هو الآخر عن بثّ شبكة من الاحتمالات الدلاليّة الغزيرة.

يتحرّك السرد الشعري تحرّكاً صوتياً في أوّل فعاليّة شعريّة ومضيّة تحدث بين الشخصيّة «مجنون» والشيء الذي في يدها «خيوط سوداء» على نحوٍ مباشر «يكلّمُها أحياناً»، ولعلّ لفظ التحيين «أحياناً» يدلّ على أنّ الكلام بين الطرفَين أقلّ كثيراً من الصمت، غير أنّ هذا القليل الكلاميّ بوسعه أن يفعل الكثير لما يختزنه من طاقات وقابليات غير عاديّة تتعلّق بإعادة إنتاج الأشياء «فيصيرُ الكونُ عجيناً»، لتظهر هنا الطاقة السحريّة الهائلة لهذه الخيوط السوداء بين يدي مجنون وتحوّل الكون إلى عجين تحرّكه يدا المجنون كما يشاء.

تعود كاميرا الراوي بعد أن تثبّتْ هذه الصورة في المشهد الشعريّ

العام للقصيدة إلى شخصية المجنون كي ترصد أدقّ تفاصيل حراكه في مشهد المتن الشعريّ، فيبرز أوّل هذه الأفعال التقليديّة الخاصة به حصراً «وكعادتِهِ يصعدُ من زيقِ النّومِ»، بما تُنتِجه الصورة التضايفيّة «زيق النوم» من بقعة ومضيّة مدهشة تفسّر العلاقة النوعيّة جداً بين المجنون ونومه، ويؤدي الفعل المضارع الشديد الحركيّة نحو الأعلى «يصعد» دوراً تشكيلياً ومضياً يحكي رغبة المجنون في ارتياد الأعالي دائماً.

ثم يتطوّر مستوى الفعل «يصعد» منتقلاً إلى طبقة فعليّة أكثر حراكاً وأداءً وصيرورة «ويقفزُ»، بما يحقّقه من قوّة وتدفّق وتجاوز داخل مساحة مكانيّة خاصّة «في الطرقاتِ» تمثّل الميدان المكانيّ الحقيقيّ لحركة الشخصيّة، بحيث يذهب الراوي في أسلوبيّة صوغ الحدث نحو صورة تشبيهيّة تمثيليّة تمنحه قدرة هائلة على التلاعب بالكون الذي تحوّل إلى عجينة بين يديه «كما لو كان يقودُ خفافيشَ الأرضِ إلى سرٍّ/ في أعلى جبلٍ»، إذ تتشكّل هنا أكثر من بقعة شعريّة ومضيّة تعمّق فعاليّة الأفق الشعريّ العام في مشاهد المتن ولقطاته، ويمكن تشديد الانتباه نحو علاقة «خفافيش الأرض» على صعيد التشبيه اللونيّ والشكليّ بـ«خيوط سوداء»، وهي يمكن أن تضفي طاقة تنوير شعريّة مضافة للمشهد.

يمهّد هذا الإنجازُ التشكيليّ لشخصيّة «المجنون» السبيلَ نحو الارتفاع أكثر بالعمل على تركيز عجينة الكون لإنتاج رؤية أخرى له، إذ يتحوّل إلى كائن طبيعيّ بقدرات استثنائيّة بوسعها القبض على ما لا يُقبض عليه من عناصر الطبيعة والتلاعب بها كما يشاء «إذ يوقظُ

شمسَ الفجرِ ويدلقُها قدّامَ/ النّاسِ»، فهو يوقظ شمس الفجر من نومها كي يستعجل إشراقتَها لأجل أن يقدّمها سائلة أمام الناس وهم يتلقّونها في أوج نداها وأرقّ إيقاعها، بما يبني بقعة شعريّة ومضيّة شديدة الحركة والإيقاع والفعل والتموّج والعطاء، تتراوح بين مجموعة من الحالات المتنوّعة والمشتبكة لبلوغ ما تريده وتتمنّاه.

تتوسّع البقعة الومضيّة اللاحقة وتأخذ مدى شعرياً أشمل وأكثر حراكاً وديناميّة وسينمائيّة «ويطلقُ قهقهةً مثل حصاةٍ تتدحرجُ من أعلى الصّخرِ/ إلى/ قاع الهذيانِ»، فشخصيّة «مجنون» قادرة في الأحوال كلّها على القيام بأدوار غير متوقّعة، إذ تتيح له حالة الجنون بما تمتلك من حريّة مطلقة على مستوى الفعل والتصرّف والقدرة الفائقة العابرة للمعقول، أن يأتي بصورٍ ذات طبيعة سرياليّة تضع مفرداتها على مساحة المتن الشعريّ ضاجّة بالمفاجأة والمفارقة، ولعلّ هذه البقعة الشعريّة الومضيّة المتشكّلة من «قهقهة» تطلقها شخصيّة «مجنون» تقترب من صورة «الطلقة»، منطلقة نحو «قاع الهذيان»، حيث تتراكم الأصوات والقهقهات وتشكّل صورة هذا القاع المفتوح على الاحتمال بقوّة وشساعة وامتداد لامتناهٍ.

تأخذ الشخصيّة دور المبشّر في بقعة شعريّة ومضيّة لاحقة «يمرُّ على كلّ بيوت القرية»، وتمتلئ لفظة «كلّ» بهذا الشمول والاكتمال الاجتماعيّ، وكأنّ هذه البيوت تبقى بانتظاره ولا تكتمل صورتها اليوميّة على نحو مريح من غير أن تمرّ عليها أطياف الشخصيّة، وهي لا تكتفي بالزيارة المجرّدة العابرة، بل تقوم بأدوار تبشيريّة غامضة لا يمكن حل شفراتها بسهولة، وهو يؤسّس لبقع شعريّة

ومضيّة قادرة على إثارة مزيد من الأسئلة ومزيد من تجلّيات الحيرة «يكتبُ بالفحمِ على/ الحيطانِ البيضاءِ رسائلَه الكبرى للمجهولِ»، إذ تعمل الوحدات اللفظيّة المثيرة على صوغ البقعة الومضيّة بأعلى درجات الإتقان والتصوير والتدليل «الفحم/ الحيطان البيضاء/ رسائله الكبرى/ المجهول»، على تمثيل الطاقة الكامنة في الشخصيّة بوصفها ذات إمكانات استثنائيّة عابرة للمألوف والمعهود، بحيث تتحوّل صفة الجنون في الشخصيّة إلى حساسيّة أسطوريّة يمكنها القيام بأصعب المهمّات بنجاح منقطع النظير.

تستمرّ الشخصيّة الشعريّة المحوريّة بإنتاج بُقَعِها الومضيّة في سياق تتالي أفعالها المشتغلة في مساحة ذات طبقة صوريّة مرآويّة، تتجاوز عتبات الحكايات المعروفة في مستوى الواقع البصريّ العيانيّ نحو مستوى ما ورائيّ «ويوقظُ/ كلّ العتباتِ الحجريةِ»، حيث يستلزم إيقاظ العتبات الحجريّة كثيراً من طاقة الأنسنة والتشخيص الاستعاريّة لأجل التمكّن من تلقّي الصورة بوصفها بقعة شعريّة ومضيّة، تتحرّك في فضاء شعريّ يتطوّر باستمرار نحو الغامض والمجهول والأسطوريّ والرمزيّ والخرافيّ والمستحيل، على النحو الذي يجعل من صفة الجنون بؤرة شعريّة خلاقة قادرة على التماهي مع الحرية في أبلغ درجات انطلاقها وأوسعها وأكثرها إثارة وإدهاشاً «ثم يروحُ بعيداً نحو التيهِ»، فتنشأ بقعة ومضيّة من تماسك الدوالّ النصيّ «يروح/ بعيداً/ التيه» تعضّد تماماً الاتجاه الأسطوريّ الرائح باتجاه الوهم والتيه.

تنتقل شخصية المجنون من طبقة إلى طبقة، ومن تموّج شعريّ

إلى آخر، ومن مساحة إلى أخرى، ومن حراك إلى آخر، بديناميّة شعريّة ومضيّة دائمة التجدّد والإشراق والتعدّد والتنوّع بلا حدود ولا ضفاف ولا عوائق ولا مصدّات، لكنّ حراكه الشعريّ المزدان بالبّقَع الشعريّة الومضيّة على طول الخطّ ما يلبث أن يعثر له على محطّة حكائيّة يستريح فيها، ولا سيّما حين يصل إلى عتبة يحتشد فيها التاريخ بالجغرافيا بالأثر بالطبيعة بالذات المتحوّلة «كأنَّ/ التيهَ امرأةٌ يعرفُها منذ قرونٍ. وهناك يميلُ المجنونُ على/ الحجرِ الفلكيِّ، ويبكي».

تتبدّى البقعة الشعريّة الومضيّة هنا في سياق حكائيّ يرتفع إلى الطبقة العليا للمحكي الشعريّ، حين يتمّ تأنيث التيه «التيه امرأة» لها مرجعيّة تاريخيّة موغلة في القدم «يعرفها منذ قرون»، إلى الدرجة التي تستعيد فيها شخصيّة المجنون هذا الإرث الأنثويّ التيهيّ، ولا يبقى أمامه سوى اللجوء إلى «الحجر الفلكيّ» بمنطقِهِ الرابط بين الأرض والسماء للمثول بين يدي ردّ الفعل التقليديّ البسيط «يبكي»، وهنا بالذات تنبثق البقعة الشعريّة الومضيّة تعبيراً عن خيار وحيد تعالج فيه ذات المجنون وضعها، وتحاول التخلّص في ضغط الاستعادة الأنثويّة لمرحلة التيه وما يتّصل بها من تكهّنات واحتمالات ورؤى لا حدود لنهاياتها.

تمثّل حالة البكاء التي تعيشها شخصيّة المجنون بقعة شعريّة ومضيّة مثيرة تلفت انتباه الما حول، وتثير شبكة من الأسئلة التي تبحث عن حلّ لوضعيّة البكاء بما تحمله من حساسيّة نوعيّة تشتبك فيها الأشياء وتتعقّد «لا يعرفُ أحدٌ في القريةِ ماذا يُبكيهِ»، على النحو الذي يجعل من عدم المعرفة وسيلة لاستدعاء ما هو خرافيّ

وأسطوريّ بوسعه حلّ اللغز، وسرعان ما تتجلّى بقعة شعريّة ومضيّة متمثّلة بصورة الأنثى تستدرك على المشهد، وهي مدجّجة بصفات خاصّة توازي صفات شخصيّة «مجنون» وتطابقها تقريباً «ولكنَّ امرأةً/ واحدةً كانت ترفعُ يدَها الموشومةَ بالعزلةِ والأجراسِ»، لا بل تتقدّم في المشهد الشعريّ الموازي حاملة إضافة جديدة على صورة المجنون الأولى حين ترفع يدها موشومة «بالعزلة»، فضلاً على وشمها «بالأجراس» مثلها مثل يد المجنون في الصورة الأولى.

إنّ إضافة وشم «العزلة» إلى وشم «الأجراس» يجعل شخصية «المرأة» تتفوّق على شخصيّة «مجنون» بهذه الإضافة، ويجعلها تتصدّر الفضاء الشعريّ ببقعة ومضيّة تنير جانباً مهماً من الوضع الشخصيّ لشخصيّة «المرأة» في خضم هذا الوجود المشترك، بحيث ينفتح السبيل أمام هذه الشخصيّة المتفوّقة هنا لتسلّم زمام السرد الشعريّ واستكمال الحكاية، فتبدأ أفعالها بالدخول إلى الجوّ الشعريّ للقصيدة على النحو الذي يجعل عدسة كاميرا الراوي تحوّل حساسيّة الكاميراتي نحوها، وتجنّد إمكاناتها كاملة لخدمة هذا الحراك الشعريّ الفعلي المتضامن والمشترك داخل نسق متشابك وملتحم ومتفاعل.

تشرع حركة الأفعال انطلاقاً من الفضاء الشخصيّ الداخليّ «تُتمتمُ بين اللحظة والأخرى»، وتعكس هذه التمتمة وضعاً قلقاً تحاول الشخصيّة فيه إشغال الزمن المتاح أمامها بقول كلام هامس غير مفهوم، يتحرّى إيجاد قدر بسيط من التوازن النفسيّ لتحقيق درجة من القدرة على التمكّن من مواصلة المسيرة نحو فعل جديد، إذ ما يلبث الفعل الأنثويّ الثاني أن يولد في فضاء ذي مرجعيّة أسطوريّة حكائيّة

«وتحرّكُ عودَ الرّمّانِ/ أمام النّارِ»، أشبه بالتميمة التي تتمخّض عن بقعة شعريّة ومضيّة مثيرة على الصعيدين المشهديّ والمرجعيّ في آن.

تواصل شخصيّة «المرأة» ممارسة أفعالها الشعريّة نحو مزيد من إنتاج البقع الومضيّة استناداً إلى مرجعيّات مختلفة، تصبّ كلّها في مرجل واحد يبتغي ترسيخ قيم الشعريّة والجماليّة في نموذج الخطاب وتجلّياته وأعرافه، فتأتي بقعة شعريّة ومضيّة تدوّن كتلة هندسيّة تجيب على سؤال التناسق والتعادل والتوازي «وترسمُ فوق ترابِ الساحةِ خطّين ودائرةً»، كي يحرّضها الموقف الجديد على القول والاعتراف في تقديم شهادتها ضمن خطاب ذاتيّ شخصيّ يصف فيه الراوي الشعريّ منطقة القول «ثم تقولُ وقد غامتْ عيناها».

ينفتح المجال القوليّ أمام الحراك الذاتيّ المرتهن بالشخصيّة وما حولها زمناً ومكاناً، ليتحرّر خطابها من مكمنه ويبدأ بتشغيل آليّات السرد «الليلُ قرينُ الشهقةِ/ يا سرَّ المشهدْ/ اهبطْ كالعنقود أمامي»، فالجملة الأولى من خطابها تنطوي على حكمة ذاتيّة «الليلُ قرينُ الشهقةِ» تمثّل بقعة شعريّة ومضيّة متجوهرة حول روح المعنى، وتنبع الحكمة الذاتيّة من طبيعة السرّ الإيقاعيّ الخافت بين دالّ «الليل» ودالّ «الشهقة»، حيث تسهم مفردة «قرين» بتوفير درجة عالية من التشابه والاشتباه والتماثل الباطنيّ بين الدالّين صوتاً وإحساساً.

في لفظة الفعل «اهبط في/ إلى قلبي» يظهر حذق الشاعر في استعراض مخزونه الدالّي من المفردات، وانتقاء ما يحقّق العملية التدليلية الترميزية على مستوى لحظية الأحدوثة وما يليها من زمن

قادم، مراعياً الأبعاد الماديّة الحسيّة لهذا الدال؛ فالهبوط يعقبه إقامة ومكوث ودوام حال واستقرار مكانيّ وزمانيّ عكس فعل النزول، وطالما المهبط هو القلب فقد نجحت استراتيجية الشاعر في توظيف الفعل وشبه الجملة التي تعدّى بها.

تقود هذه البقعة السياقَ الدلاليّ نحو أعلى درجات المناجاة مع السرّ الخفيّ المؤلِّف لحقيقة المشهد «يا سرَّ المشهدْ»، ليتلقّى أمراً بالهبوط إلى الأرض من الأعلى «اهبطْ»، ولا يكتفي الأمر عند حافّة الهبوط، بل يتجاوز ذلك نحو شكل معيّن لهذا الهبوط «كالعنقود أمامي»، وهذا التشبيه «كالعنقود» يغري بالتعاطي والتمثّل والقبول والإحالة على مرجعيّات طبيعيّة «ثمريّة»، فضلاً عن انفتاحه على تشكيل إيروسيّ مثير للنظر بدلالة الظرف المكانيّ المسنَد إلى ياء المتكلّم «أمامي»، لأجل توكيد البقعة الشعريّة الومضيّة في طبقة عالية من طبقات تجلّيها المشهديّ الماثل في مساحة الصورة.

تستمرّ المناجاة بطاقة شعريّة أكبر وأكثر إلحاحاً وضغطاً على حرف النداء «يا» المنفتح في كل صيحة على أفق شعريّ مختلف، يرسم بقعته الشعريّة الومضيّة انطلاقاً من حجم الصيحة وقوّة اندفاع «ياء النداء» على هذا الشكل المتعامد:

يا سرّ ـــــــ الغيم ــــــــــــــــــــــــــــ

ـــــــــــ تجمّعْ ــــــــــــ في طاسِ الأعماقِ.

ويا سرّ ـــــــ الحرف ــــــــــــــــــــــــــــ

ــــــــ أثرْ ــــــــــــ بؤبؤ عيني اليسرى.

يا سرّ ـــــــ الصورةْ، ـــــــــــــــــــــ

ـــــــــــ اظهرْ ـــــــــ فوق يدي الموشومةِ.

إذ يتّجه صوت النداء العالي في البُقَع الشعريّة الومضيّة الثلاث نحو حافة هدف أوّليّ هو «سرّ» توكيداً لمنطق الخفاء المرتهن بالمناجاة، لكنّ هذا السرّ في البقعة الومضيّة الأولى ينطلق نحو الطبيعة المرشّحة للعطاء «الغيم»، وفي البقعة الومضيّة الثانية نحو الأبجديّة «الحرف»، وفي البقعة الثالثة نحو التشكيل «الصورة»، بوساطة أفعال أمريّة ثلاثة، يبدأ فعل الأمر في البقعة الأولى «تجمّعْ» بالدعوة إلى التجمّع لتقريب احتمال العطاء، ويأتي الفعل الثاني في البقعة الثانية «أنرْ» لحثّ الدوال على إنتاج الضوء، في حين يتوجه الفعل الثالث في البقعة الثالثة «أظهرْ» نحو رغبة البروز والتشكّل والإعلان والإشهار.

أمّا البقعة الشعريّة الومضيّة التي يجب أن تستقرّ فيها النداءات الثلاثة في نهاية الأمر فتتنوّع بتنوّع ما سبقها، فتكون «في طاس الأعماق» في النداء الأوّل، حيث التوقّع الأشمل والأكبر للغيث القادم من تجمّع الغيم، وتكون داخل «بؤبؤ عيني اليسرى» في النداء الثاني، حيث تتمركز الظلمة التي تدركها شخصيّة «المرأة» الراوية جيداً وعن قُرب، وتكون «فوق يدي الموشومة»، حيث تظهر يد الراوية «المرأة» هنا كي تكون مساوية ليدِ المجنون الموشومة، وتعمل جميعاً في نسق شعريّ واحد يجيب عن أسئلة النداء وانطلاقاته في الأرجاء الشعريّة كلّها.

تتولّد لدى شخصيّة «المرأة» الواحدة الفريدة – من تبلور هذه

النداءات وتجمّعها في سلّة ومضيّة شعريّة واحدة – رؤيةٌ أسطوريّةٌ تتجاوز حدود الرمز التقليديّة «إنّي أتجنّحُ في الرّمز وفي/ المرموز وفي النّذر المنذور وبين خلاخيلِ/ بناتِ النّعشِ»، إذ تتكثّف في هذا المدى الشعريّ الخطيّ القصير والمحتشد دوال لها مرجعيّات هائلة، ترهق الصورة وتضغط عليها بقوّة كبيرة وتحمّلها أكثر من طاقتها الشعريّة الدلاليّة «الرّمز/ المرموز/ النذر المنذور/ خلاخيل/ بنات النّعش»، وتجعل من تعدّد البُقَع الشعريّة الومضيّة أساساً لحلول شبكة من الاحتمالات يمكن أن ترتوي في خضمّ سخونة الماء الشعريّ، وهو يتدفّق في حركة الدوال واللقطات والصور والمشاهد والإحالات المرجعيّة المحتدمة.

لا بدّ لهذه الولادات المستمرّة والمتناثرة من الحراك الشعريّ الحكائيّ في القصيدة أن تقود إلى نتائج واضحة وباهرة، ترتسم على مُحيّا شخصيّة «المرأة» وهي تنفرد بصوغ بقعها الومضيّة كما تشاء وبلا حدود «دخانُ السنوات على كتفيَّ تدلّى/ والريحُ تحجّرت الآن على طرفِ المعطفِ»، لتخرج بصورة شعريّة جديدة يتدلّى التاريخ المغبّر الملوّث على كتفها كأنّه قتيل عائد من معركة خاسرة، ويتحجّر الزمن المتحرّك على طرف معطفها من الأسفل، حتّى تظهر بمظهر الحامل التاريخيّ للحياة بمنطقِها الزاحف نحو مزيد من البقع الشعريّة الومضيّة، التي تمضي في سبيل يتحرّك في الاتجاهات جميعاً ولا يغلّبُ جهة على أخرى، ويجعل الجوّ الشعريّ كفوءاً ومستعداً لإطلاق النداء الأخير نحو أقصى الفضاء.

ينطلق النداء الأخير من البقعة الشعريّة التي تشكّلت في هذا

المضمار هابطاً إلى الأسفل، يعمّده تكرار الفعل الأمريّ الضاغط «فلتهبطْ» بأعلى قدر من الكشف الشعريّ عن السرّ المقفل بهذا التشكيل الهابط عمودياً:

«فلتهبطْ

.

.

.

يا

سرَّ

الأعمى

.

فلتهبطْ.

.

.

.

من مزراب البيت ... إلى قلبي.

................».

وليستقرّ «سرّ الأعمى» في قلب «المرأة» التي لا تكفّ عن الاستمرار في رواية الحدث الشعريّ مهما كلّفها ذلك من صوغ مزيد من البقع الشعريّة الومضيّة، فَسِرّ الأعمى سرٌّ مركّبٌ غير قابل للتفكيك والتحليل والتأويل بوصفه سراً مركّباً، إذ إنّ حالة العمى تمثّل بحدّ ذاتها سراً عميقاً لا يمكن فكّ شفرته بسهولة؛ فكيف إذا حملَ معه سرّاً ينأى فيه كثيراً عن إمكانيّة فهمه واستيعابه وتمثّل معطياته ولغزه وإشكاليّته؟

ليعود الـراوي الشعريّ كليّ العلم ويمسك بخيوط الحكاية ويواصل روايتها واصفاً كلّ ما يجري من أحدث يختلط فيها الواقعيّ بالأسطوريّ، والطبيعيّ بالماورائيّ، والزمانيّ بالمكانيّ، والتاريخيّ بالجغرافيّ، والهندسيّ بالفوضويّ، في كتلة شعريّة حكائيّة هائلة الكثافة تؤلّف سيلاً من البقع الشعريّة الومضيّة الثابتة والمتحرّكة داخل فضاء مشترك واحد.

تبدأ هذه الكتلة الشعريّة المشحونة بالبقع الومضيّة من عتبة الزمن الراهن المُشار إليه بقوّة ووضوح «في هذي اللحظةِ»، ضمن ضغط إشاريّ شديد التركيز على البقعة الشعريّة اللحظيّة الراهنة، التي تنفتح بدورها على اقتحام الطبيعة وفضولها «هبَّ هواءٌ شرقيٌّ»، والهواء الشرقيّ عادةً محمّل بوعود البرد والمطر والثلج والشتاء، على النحو الذي يسهّل فعاليّة تقدّم الهندسة في مسيرة الحكاية «فتقدّمتِ/ الدائرةُ المرسومةُ فوق الأرضِ، ودارتْ حول الخطّينِ»، وهو الرسم الذي تركته «المرأة» حين دخلت ساحة العمل الحكائيّ وقادت حركيّة السرد الشعريّ في القصيدة نحو هذا المناخ، وأسّستْ فيه خطابها ورؤيتها ومنطقها وحالتها.

إذ جاء الوقت الذي لا بدّ لهذا التشكيل الهندسيّ أن يعمل في سياق بناءِ بقعٍ شعريّة ومضيّة جديدة ومتجدّدة، يختتم بها الراوي الشعريّ الموضوعيّ حفلَ الحكاية، ويسدل الستار على أحداثها وتفاصيلها وحيثياتها ومرجعيّاتها، وتبقى البقع الومضيّة في هذا الوضع علامة حيّة على خصب التجربة وجوهريّتها.

تمتلئ عتبة الخاتمة أو النهاية الشعريّة للقصيدة بحراك فعليّ نشيط يؤلّف بقعه الشعريّة الومضيّة وينثرها على مساحة العتبة، ويتكرّر فعل الحركة الماضي «تحرّك» مرّتين متتاليتين إسهاماً في رفد فضاء الحراك الشعريّ العام بمزيد الحرارة، ويشرع الفعل الأوّل لأجل تكوين صورة مكملة الأجزاء وقابلة للانطلاق «تحرّكَ خطُّ الموصوفِ إلى خطّ الساعةِ حتى صارا/ مثل جناحينِ لدائرةِ الأسرارِ»، فثّمة «خطّ الموصوف» وهو يتحرّك عابراً حقل «الصفة» الذي يبدو وكأنّه حقل ألغام قد يعيق الحركة، متوجهاً نحو «خطّ الساعة» بما يحيل إليه من دلالة زمنيّة محدودة ومقنّنة، كي يتحدّ الخطّان في موقف واحد وحيّز واحد ورؤية واحدة بدليل النتيجة التي تصفها الجملة المنصوبة «حتّى صارا»، والصيرورة المشتركة هنا بالغة الأهميّة والخطورة في إعلان الوصول إلى هدف محتمَل أوّل.

تأتي بعد ذلك الصورة التشبيهيّة «مثل جناحين لدائرة الأسرار» وهي تحيط بجوهر الحكاية وفضائها التشكيليّ الإطاريّ، فالخطّان صارا «مثل جناحين» افترقا عن بعضهما وأحاطا بدائرة كانت مرسومة على الأرض بلا عنوان، غير أنّها هنا تحصل على عنوانها بإضافتها إلى دالّ يذخر في أعماقه كثيراً من وعود الدلالات والقيم والمفاهيم «دائرة

الأسرار»، التي تحمل في طبقة من طبقاتها معنى الطيران والتحليق بدلالة «جناحين»، حيث لا قيمة لهما إذا لم يتمكّنا من إنجاز وظيفة الطيران والارتفاع نحو الأعلى لمزيد من الصون والحفظ.

إنّ «دائرة الأسرار» هذه بعد أن كشفت عن هُويّتها بفعل تقدّم الخطّين إليها وقد صارا مثل «جناحَين» تعبّر عن جوهر سيميائيّ عميق لا يمنح نفسه بسهولة، لأنّ دالّ «الأسرار» الجمعيّ المعرّف يعدّ دالاً كثيفاً يحوي ما لا نهاية من الاحتمالات والتكهنات والخفايا والاحتمالات، وإذا ما نجح الخطّان في أن يكونا مثل جناحين لدائرة الأسرار على وفق هذا المسار السيميائيّ الشعريّ، فإنّ الصورة التشبيهيّة تضع أوّل احتمال يمكن اقتراحه في إمكانية حصول فعل الطيران ومغادرة المكان نحو الأعلى والأوسع والأشمل والأكثر انفتاحاً.

يبقى هذا الاحتمال قائماً وغامضاً بقدر غموض الشخصيّة المحوريّة في القصيدة «مجنون» والشخصيّة الموزاية لها «المرأة»، بحيث يمكن أن يكون هذا التوازي بين الشخصيّتين عاكساً لنوع من العلاقة الكامنة، قد تظهر ملامحها في البقع الشعريّة الومضية اللاحقة داخل مسار الحراك الشعريّ في أوسع صوره.

يقوم النشاط الثاني للفعل «يتحرّك» في تكراره المقصود شعرياً في دائرة أخرى تناظر الدائرة التي رسمتها المرأة مع الخطَّين، وتتمثّل الدائرة الثانية المقترَحَة بقلب المرأة «تحرّكَ قلبُ المرأةِ»، وهو حراك له معنى أكيد وأصيل وديناميّ ومنتِج عاطفياً وسحرياً وحياتياً عامّاً؛ لذا سرعان ما يؤدّي الحراك إلى سياق فعليّ آخر مكمّل

له وقائم على أساسه «وارتعشَ الغامضُ تحت السّرَةِ»، بكلّ ما يفرزه هذا الارتعاش من حساسيّة إيروسيّة شديدة التوكيد والالتباس معاً، ولا بدّ لهذه الرعشة أن تحكي حكاية سابقة عليها وتؤدّي إليها.

فما الذي سبّبَ الرعشة وغذّاها ومدّ في حراكها وفتح أفقها حتّى خرج الغامض تحت السرّة عن غموضه وأعلن عنها، ومن الذي أسهم في إنتاج الرعشة وأوقدها كي تنفضح إلى درجة لا يمكن إخفاؤها ومنع إشهارها على هذا النحو، هي أسئلة تتنامى على شكل بقع شعريّة ومضيّة تتحرّك ضمن محيط الإحساس في دائرة الاحتمال والصيرورة الممكنة، بما يحفّز عقل التلقّي إلى التوجّه نحو استعادة شخصيّة «مجنون» بهويّته الذكوريّة مقابل شخصيّة «المرأة» بهويّتها الأنثويّة، وجعل هذا التقابل بين الشخصيّتين الشعريّتَين ذا حراك ومضيّ مستمرّ لا يقف بوقوف الوصف الشعريّ للحالة، بل يمضي أكثر من ذلك وأبعد.

يؤسّس الموقف الحكائيّ السابق لوضعيّة شعريّة تتركّز أحداثها حول الطرف الأنثويّ بوصفه جوهر المحكي وبؤرته ومَحْرقِهِ، وهو ما يقود إلى توجيه عدسة كاميرا الراوي نحو هذا الطرف والتركيز على ردود فعله «راحتْ هذي المرأةُ تهذي»، حيث بلغ التأثير الفعليّ أقصاه ليحوّل الشخصيّة إلى وضع نفسيّ تختصره الثرثرة التي لا معنى لها، وقد أوصل شخصيّة «المرأة» إلى حالة الهذيان حين لم يكن بوسعها ترتيب نظامها الكلاميّ ليكون في أحسن أحواله وأكثرها انتظاماً، بل ظلّ رهينة التشتّت والتفكّك والتفرّق والغموض.

لا يؤدّي الهذيان بطبيعته إلا إلى حالة غير طبيعيّة «ماشيةً نحو التيهِ» بوصفه اضطراباً عقلياً يتميز بالارتباك والتفكير المشوش، يفهم فيه صاحبه ما يحيط ومن يحيط به على نحو غير صحيح وغير سليم وغير طبيعيّ، بما ينطوي عليه «التيه» من فضاء مفتوح على سراب لامتناهٍ لا ينتهي إلى نتيجة واضحة، بما يحقّق نهاية فجائعيّة مأساويّة سائرة في الطريق إلى الجنون، ولا شيء غير الجنون، ببقعة شعريّة ومضيّة مميّزة، لا تتيح أيّ فرصة للمراجعة أو التأنّي أو الاحتمال أو التصبّر أو الانتظار أو التأمّل أبداً.

إنّ الجملة التشبيهيّة اللاحقة «كأنَّ التيهَ/ حبيبٌ مفقودٌ منذ قرونٍ» يضع حالة شخصيّة «المرأة» الهذيانيّة التيهيّة في مواجهة تشبيهيّة مع «حبيبٌ مفقودٌ منذ قرونٍ»، داخل بقعة شعريّة ومضيّة تتألّف من ثلاث وحدات تكوينيّة شعريّة، هي أولاً، الموصوف «حبيب» يستحضر فكرة الحبّ ذات الطاقة الإيجابيّة المنعِشة في فضاء الصورة، وثانياً، الصفة «مفقود» التي تسحب الشعور الأوّل بالإيجابية والانتعاش، وتحيلها إلى أسى وحزن وموت، وثالثاً، الزمن البعيد الشاسع «منذ قرون» وهو يجعل من إمكانيّة العثور على المفقود مستحيلة.

تُقفَل سبل الحلّ الممكنة وتموت الاحتمالات المتوقّعَة كي تبقى شخصيّة «المرأة» سائرة في التيه بلا جدوى ولا نتيجة «ولذلك ظلّت تمشي، فيما الضوءُ يُنقّطُ من معطفها الأسود»، إذ إنّ استمرار المشي على هذه الصورة تحوّل فكرة المشي المجرّد إلى غاية حين لا تكون ثمّة غاية يقصدها غير هذا المشي، ولا تحمل البقعة الشعريّة الومضيّة الأخيرة في مشهد القصيدة الاختتاميّ سوى التقاطة ومضيّة

رمزيّة «الضوءُ يُنقّطُ من معطفها الأسود»، تؤلّف آخر البقع الشعريّة وأكثرها إثارة من بداية القصيدة حتّى نهايتها.

تحقّق نقاط الضوء المتحدّرة من معطف «المرأة» الأسود المعادلة اللونيّة غير المباشرة بين الضوء والسواد، ضوء الذكريات وسواد التيه واللاجدوى، ولعلّ نقاط الضوء الساقطة من المعطف الأسود تحكي قصّة اليد الموشومة بالأجراس وهي تقترح إيقاعاً متخيّلاً، قد يُفضي إلى موسيقى جنائزيّة يحمل معناها الشعريّ العميق المعطف الأسود.

شعريّة الومضة العنوانيّة

توصف عتبة العنوان من بين العتبات النصيّة الأخرى في النصّ الأدبيّ عموماً، والشعريّ منه على نحوٍ خاصّ، بأنّها عروس العتبات وجوهرتها وسيمياؤها، ومركز إشعاعها، وثريّاها اللامعة المضيئة من بداية القصيدة إلى نهايتها، وعلى الرغم من أنّ التراث الشعريّ الشفاهيّ العربيّ لم يمنح هذه العتبة العناية الكافية، بحيث كانت القصائد الوزنيّة خالية من العنوان، وألحق بها بعض النقّاد عنونة حروفيّة نسبة إلى حرف الروي مثل «الرائيّة» و«الميميّة» و«النونيّة» وغير ذلك، بوصفها بديلاً عنوانياً يدفع إلى تشكيله الإحساس الدفين بحاجة القصيدة إلى عنوان يكمل سيمياءها وهيكلها وتشكيلها البنائيّ العام.

يقع العنوان من النصّ موقع الرأس من الجسد شكلاً وفعلاً ونتيجةً، وهو الذي يُوجِدُ النصّ ويكوّنه[94] بحيث يبقى النصّ ناقصاً وحائراً وضائعاً من دون العنوان الذي يمنحه هويّته ووجوده، ويعدّ العنوان على هذا النحو «مفتاحاً إجرائياً في التعامل مع النصّ في بعدَيه الدلاليّ والرمزيّ»[95]، إذ لا يكتفي بتوجيه الدلالة منذ البدء وجهةً معيّنةً على المستوى الفضائيّ العام، بل يتشكّل على رأس النصّ بوصفه أيقونة رمزيّة قادرة على إنتاج العلامات في طبقات المتن النصيّ كلّما كانت القراءة نشيطة وعارفة وأصيلة.

يمكن معاينة شكل العنوان وصورته وقدرته على التأثير في توجيه فضاء القصيدة وحراكها الشعريّ، في سياق قوّته الومضيّة القادرة على ممارسة نوع من الوصاية الدلاليّة على ما يتمخّض عنه المتن النصيّ من معنى شعريّ كثيف ومعقّد، لكنّه لا بدّ من قرائن لغويّة توحي بما يتبعه[96] كي يستطيع التأويل أن يسير في الطريق الصحيحة بلا تخمين غائم أو توجيه عائم، وتعمل هذه القرائن والأسانيد اللغويّة على إنارة السبل نحو الكشف عن النظام الرمزيّ الذي يقوم عليه العنوان ويتسلّح به، فهو يشير إلى نظام الرموز الغامض أكثر من إشارته إلى مضمون الرسالة المباشر والواضح[97]، يحتاج إلى قدرات وإمكانات نقديّة كبيرة ومثقّفة وموهوبة لفكّ شفراته وتحليل نُظُمِهِ والعثور على مفاتيحه المركزيّة.

إنّ هذا النظام الرمزيّ بطبيعته هو نظام إشاريّ ومضيّ لا يتحقّق في منطقة المضامين بتشكيلها القارّ والحاسم والمتّفَق عليه لدى القرّاء جميعاً، على النحو الذي يجعل العنوان فاعلاً في مجريات الحراك النصيّ من الألف إلى الياء، وعلى الرغم من تعقيد هذا النظام وغموض تكويناته، إلا أنّه بالغ الضرورة والأهميّة؛ للانتقال من عتبة القول الطبيعيّ السياقيّ إلى منصّة الكلام الأدبيّ، بشعريّته المعروفة القادرة على بعث قيم الفنّ والجمال والنشوة والأمل، وهو يؤسّس لثقافة تلقٍّ لا تكتفي بالفهم والفائدة المعرفيّة فحسب؛ بل تتوسّع في الانفتاح على فضاء آخر يحقّق صورة من صور السعادة القرائيّة للمتلقّي.

يشكّل العنوان نصاً صغيراً وعميقاً ومشعاً وباثّاً يتعلّق في سماء

النصّ بوصفه أيقونة ثريّة وخصبة ومنتِجة، تحتشد فيه الرؤية المركزيّة الجوهريّة لتجربة الكاتب بما يكشف عن إمكاناته وقدراته النوعيّة الخاصّة، إذ «إنّ نصيّة العنوان ومحمولاته تدل على مستوى وعي الكاتب بروافده التناصيّة من جهة، وبدرجات مخاطبيهِ من جهة ثانية، وهذا الأخير مهم جداً»[98]، فلا قيمة للنصّ عموماً، والعنوان خصوصاً، إذا لم يُتَلقَّ على نحوٍ صحيح ومناسب وحيويّ، لأنّ ثقل المحمولات النصيّة هدفها الوصول إلى القارئ واختبار مستقبِلاته على تفكيكها وحلّ شفراتها، ومن ثمّ اعتماد توصلاته في منطقة العنوان لاستعمالها في المرحلة الثانية المتوغّلة في طبقات المتن النصّي لقراءتها وتحليلها وتأويلها.

يمكن معاينة العنوان الشعريّ في أصل تكوينه بوصفه ومضة شعريّة سرعان ما تلفت انتباه القراءة وتحرّضها على تكوين أفق توقّع خاطف، فهو يبرق في سماء القصيدة بريقاً خاصاً يلقي بظلاله الضوئيّة على طبقات القصيدة كلّها، ولا بدّ للقراءة من توجيه قراءة معمّقة للعنوان في منطقته اللغويّة أولاً؛ ومن ثمّ في تجلّياته السيميائيّة الشعريّة داخل طبقات المتن الشعريّ من أوّله إلى آخره بلا توقّف، وحين تخفق القراءة في التقاط الحساسيّة الومضيّة الماثلة في عتبة عنوان القصيدة يصعب عليه فيما بعد إدراك المقولة الجوهريّة الشعريّة في القصيدة، بحيث تبقى القراءة ناقصة مهما علا شأنها النقديّ بما توفّر لها من رؤية ومنهجيّة وحساسيّة نقديّة وافية، لأنّها ستفقد خاصيّة مركزّية لا تكتمل شروط القراءة النقديّة من دونها حتماً.

يقوم الفضاء العنوانيّ في «كتاب الحدوس» لعلي العامري

على خريطة متنوّعة من حيث طبيعة البُنى والتشكيلات واللقطات والومضات العنوانيّة لغويّاً وسيميائيّاً، فقد جاءت العنوانات بالصيغة «المفرَدة المنكّرة» في مقدمة هذا الفضاء العنوانيّ من حيث الكمّ، إذ بلغت ثلاثة عشر عنواناً هي: «ظلّ/ صورة/ عازفة/ حديقة/ حافة/ رسالة/ لوحة/ قوس/ غفوة/ مساء/ ضحكة/ مجرّة/ شهر»، تكشف علامياً عن رغبة الشاعر في الاكتفاء بأقلّ ما يمكن من كثافة الحروف لتوفير فرصة أكبر للمتلقّي كي يملأ ما يمكن من الفراغات، ويوسّع من حجم الكثافة الدلاليّة في منهجيّة القراءة والبحث والرصد والتفتيش والحفر والتنقيب، للوصول إلى الهدف القرائيّ المنشود على نحوٍ تغتني فيه القراءة، وتوفي بالتزاماتها النقديّة على النحو المطلوب.

في حين اكتفى فضاؤه العنوانيّ بثلاثة عنوانات جاءت فيها الصيغة اللغويّة «مفردة معرفة» هي: «الغرفة/ الغراب/ الباب»، وهي من حيث الكثافة الحروفيّة أكثر من المفردة المنكّرة عموماً بحرفين اثنين هما حرفا التعريف «الـ»، مع ما بين النكرة والمعرفة من فروق جوهريّة في التعامل النقديّ معها داخل حدود الممارسة النقديّة، على مستوى التركيب والتدليل والإيقاع والامتداد الحروفيّ على مساحة التشكيل الخطيّ العنوانيّ.

غير أنّ العنوانات «المفردة الجمعيّة المنكّرة» ضمن الجوّ العام لحالة الإفراد بلغت أربعة عنوانات هي: «خطوط/ ومضات/ مشاهد/ كلمات»، ولا شكّ في أنّ الاختلاف بين المفرد النكرة والجمع النكرة يقود إلى نتائج نقديّة مختلفة بحسب طبيعة السياق الشعريّ، فلكلّ

صيغة منهما معاملة نقديّة خاصّة على أكثر من مستوى قرائيّ وتحليليّ وتأويليّ، وهذه العنوانات الأربعة تتحرّك سيميائياً على الجهات المختلفة في رسم مناخاتها الدلاليّة، بحيث يعبّر كلّ عنوان منها عن قضيّة لها تأثير أساسيّ وجوهريّ في تفاصيل الحياة العامّة والخاصّة.

وجاء عنوان آخر بصيغة «المفرد الجمع المعرّف» هو: «القليعات» منفرداً بأهميّته وسطوته وقوّة حضوره الشعريّة في منطقة النصّ ومنطقة القراءة معاً، لتشغل العنوانات ذات الطبيعة الإفرادية بأشكالها كافّة أكثر من نصف عناوين المختارات، وهي هيمنة ذات دلالة حتماً بما يؤكّد قيمة هذا النوع العنوانيّ بسلطته الكبيرة.

تأتي العنونة النعتية في المركز الثاني من حيث الكثرة والانتشار في هذه المختارات، وتغلّبت العنوانات «النعتيّة المنكّرة» على المشهد، إذ بلغت عشرة عنوانات هي: «روح مقمرة/ ديوك نهرية/ نخب هستيري/ كسوف أبيض/ مفتاح خلّبي/ خفاء طليق/ خيط مسحور/ مشهد داخليّ/ حبر مضيء/ أسبوع حجريّ»، بينما جاء «عنوان نعتيّ واحد بصيغة المعرفة» هو «الشهر الثامن»، ممّا يشير إلى تعالي فضاء التنكير على فضاء التعريف عموماً بوصفه الصيغة الأكثر سيميائيّة وقرباً لروح الفعاليّة الشعريّة.

تتقدّم «العنونة التضايفيّة» إلى المركز الثالث في هذا التراتب العنوانيّ استناداً إلى طبيعة الصيغة اللغويّة المكوّنة للعنوان، فتنتشر تسعة عنوانات تضايفيّة متنوّعة على مساحة الخريطة العنوانيّة في مختارات «كتاب الحدوس» هي: «حجر الحدس/ عين الباب/ نعمة الالتباس/ خزنة المرآة/ باب البعيد/ باب الحِداد/ مقبرة الصورة/ تابوت

الأقواس/ تكوينات البرق»»، في حين تكتفي «العنونة الجُمَلَيّة» في هذه المختارات بثلاثة عنوانات فقط هي: «هذي حدوسي.. هذي يدي المبهمة/ يد موشومة بالأجراس/ دائماً.. نجم قلبي معك»»، وهي عنوانات ذات امتدادات لغويّة وتشكيليّة ورمزيّة عميقة الغور في باطنية التجربة الشعريّة للشاعر ومرجعياتها.

لو أخضعنا هذه العنوانات جميعاً – بصرف النظر عن أشكالها وأنماطها وتشكيلاتها اللغويّة – للرصد النقديّ المتأنّي في سياق البحث عن أشكال حضور الومضة الشعريّ فيها، لعرفنا أنّ العنوانات جميعاً من حيث المبدأ بوسعها الاستجابة لحساسيّة تجلّي الومضة الشعريّة فيها، وبما أنّ التشكيل العنوانيّ أساساً يتحرّى الاختصار والاختزال والتكثيف، فإنّ هذه الخصائص النصيّة تعدّ بيئة صالحة لحضور الومضة الشعريّة وعملها، غير أنّ ما يمكن الاصطلاح عليه بـ«الومضة الشعريّة العنوانيّة» قد لا يظهر بالوضوح الكافي في المنطقة اللغويّة المخصّصة للعنوان حصراً، إذ لا بدّ من الالتفات إلى المتن النصيّ، أو جزء منه، للكشف عن هذا الحضور وفهم استراتيجيّته الشعريّة على نحو متكامل.

سننتخب مجموعة من العنوانات بعناية شديدة تناسب طبيعة الدراسة وجوهرها المنهجيّ والرؤيويّ، وهذه العنوانات المختارة نحسب أنّها تتوفّر على ملامح «الومضة الشعريّة» في أشكالها ومعانيها ودلالاتها المختلفة والمتنوّعة والمتعدّدة بقوّةِ إشراقٍ وتجلٍّ عالية، سنخضعها للمقاربة النقديّة لأجل اكتمال الصورة الشعريّة العامة الخاصّة بموضوع البحث والقراءة والمعاينة، وذلك للاطلاع

على الحساسيّة التي تتركها الومضة في عتبة العنوان أولاً وتأثير ذلك في طبيعة التجربة النصيّة التشكيليّة في العنوان أيضاً.

تتحرّك الرؤية النقديّة داخل هذه الممارسة القرائيّة ضمن فعاليّة استثمار فنّي حيّ للطريقة النوعيّة التي يتمّ فيها التعامل الشعريّ مع اللغة، لأنّ اللغة بطبقاتها المتعدّدة، وانزياحاتها المختلفة، والطاقة السيميائيّة الهائلة التي تنطوي عليها، هي جوهر الفاعليّة الشعريّة وأساس التكوين الإبداعيّ الخلاق في كلّ قصيدة، حيث يبدأ عمل اللغة الشعريّة في القصيدة من عتبة العنوان التي ما تنفكّ تشتغل في طبقات المتن النصيّ للقصيدة حتّى النهاية، ومن بداية القصيدة إلى نهايتها تبقى الفاعليّة العنوانيّة ذات تأثير متنوّع بحسب كلّ طبقة من طبقات المتن لها، وبحسب قوّة الحضور السيميائيّ العنوانيّ ومستوى تأثيره في المحيط الشعريّ.

يشير عنوان قصيدة «عازفة»[99] إلى شخصيّة فنيّة أنثويّة مميّزة تنطوي على كثير من الصفات الذوقيّة الجماليّة، وربّما تنطلق حساسيّة الومضة الشعريّة أساساً من جوهر هذه الصفة التي تتميّز بها أنثى، وتمنح الفضاء الإيقاعيّ المتوقّع حزمة من الإشعاعات القادمة من تفاعل الأنوثة مع الموسيقى في تشكيل تسمويّ واحد، ويسهم الإفراد والتنكير في شحن الصورة الاسميّة بطاقة ومضيّة مفتوحة الأفق بلا حدود.

لكنّ هذا المخزون الومضيّ الشعريّ الكامن في عتبة العنوان لا يظهر على النحو الكافي إلا في طبقة معيّنة من طبقات المتن النصيّ،

ويمكن معاينة المقطع الأوّل من القصيدة للوقوف على طبيعة التجلّي الومضيّ المنطلق من عتبة العنوان:

«بين يديها

يقطرُ

ضوءٌ

من أوتارِ كمانٍ

وعلى كتفيها

يتدلى شالُ الأشكالِ

قلادتُها قمرٌ شمسيٌّ

يتدلّى

بين حريرِ الأسطورةِ».

تتحرّك الدوال الشعريّة مباشرة تحركاً جسدياً «بين يديها» يتمخّض عن فعل يشيع النور والإشراق في دلالات فاعله «يقطرُ/ ضوءٌ»، وحتى يكون هذا النور موسيقياً ينبعث من الآلة الموسيقيّة التي تستعملها العازفة «من أوتارِ كمانٍ» تكون الومضة الشعريّة المطلوبة قد ولِدَتْ، وبدأت بالعمل على إنتاج طبقات ومضيّة أخرى تسهم في توسيع حجم الإشراق الومضيّ في إجابة تشكيليّة على سؤال العنوان، لتنفتح على طبقة ومضيّة جديدة تبدأ من أعلى سلّم الجسد وتهبط إلى الأسفل في حركة مموسقة تتماهى مع حركة العزف

«وعلى كتفيها/ يتدلى شالُ الأشكالِ»، فالفعل «يتدلّى» هو فعل موسيقيّ ومضيّ يحرّك ما يتّصل به من دوال بإيقاعيّة تلائم حساسيّة العزف الموسيقيّ الهابط من الأعلى إلى الأسفل.

تعقبها طبقة ومضيّة أخرى لا تبتعد كثيراً عن سابقتها وتدور في فلك العنونة بإيقاعها الحركيّ والفعليّ «قلادتُها قمرٌ شمسيٌّ/ يتدلّى/ بين حريرِ الأسطورةِ»، إذ تتشكّل هذه الصورة المموسقة من شبكة دوال ذات طاقة هائلة على الإشباع الدلاليّ «قلادتُها/ قمرٌ/ شمسيٌّ/ يتدلّى/ بين/ حريرِ/ الأسطورةِ»، إذ في كلّ دالّ ثمّة ومضة لها معناها الخاصّ جداً، لا بل في كل التحام وتواصل بين دالّ وآخر تنولد ومضة أخرى أكثر بريقاً وإشراقاً، وفي تواصل حميم وديناميّ مع ما تبثّه عتبة العنوان «عازفة» من إشارات وعلامات مكلّلة بعزف موسيقيّ مثير، يجعل الدوال تتقمّص صورة العنوان، وتشتغل داخل السياق الشعريّ على هذا الأساس.

يتفاعل المقطع الآخر من القصيدة مع مفردات التجلّي الموسيقيّ المكتنزة أساساً في عتبة العنوان، كي تتضاعف مساحة الومضة الشعريّة العنوانيّة وتغتني وتتعمّق، وتغطي الحساسيّة الومضيّة العنوانيّة المنطلقة من منصّة «عازفة» نحو التضاريس الدلاليّة للمعجم اللغويّ وهو يلتفّ حول إشراقة البثّ العنوانيّ:

«عازفةٌ في الساحةِ

تُطلقُ أرواح الأشجارِ

وتغمسُ ظلاً في المعنى.

عازفةٌ

وكمانٌ

وسماءٌ تجلسُ قُدّامَ الليلكِ، تنظرُ صوب نجومٍ

تتمايل في حجرٍ يصغي للموسيقى.

عازفةٌ ظلّت مغمضةً أثناء العزفِ

ولمّا فتحت عينيها

كانت ساحتها تكتظُّ بأقمارٍ وطيورٍ زرقاء».

يتفتّح الدالّ الومضيّ العنوانيّ على إشراقات تطلع من جوف المعنى، ومن تخومه، ومن طبقاته، ومن تجلّياته، ومن أكنافه، إذ يتمترس العنوان في خريطة الجسد اللغويّ للقصيدة بتكرار لفظيّ يجعل منه مهيمنة لسانيّة بالغة القصديّة، وفي كلّ تكرار يرسم ومضة شعريّة مختلفة عن الأخرى ضمن رؤية جماليّة تغرّد في قلب الطبيعة، ففي التكرار الأول لعتبة العنوان تنبني ومضة شعريّة خفّاقة في جوهر المعنى وفضاء التشكيل «عازفةٌ في الساحةِ/ تُطلقُ أرواح الأشجارِ/ وتغمسُ ظلاً في المعنى»، تتشكّل من تعالق الدوال ونشاطها الظاهر والخفيّ معاً.

تقوم شخصيّة العازفة المتحدّرة من عتبة العنونة نحو المجال المكانيّ النموذجيّ للأفعال الاستثنائيّة القادمة «في الساحة»، على النحو الذي يؤهّل عازفة العنوان النهوض بفعلين يعمل كلّ منهما في

اتجاه، الأوّل «تُطلقُ» وهو يتّجه إلى تسريح «أرواح الأشجارِ» من أسرها كي تملأ الحياة خضرة وثمراً وأملاً، والثاني «تغمسُ» وهو يتّجه نحو معنى المعنى «ظلاً في المعنى» كي يشتغل هذا الظلّ في طبقة عميقة لإنتاج الأسرار الخفيّة.

يقع التكرار الثاني لعتبة العنوان في دائرة الوصف والرصد الجماليّ الموسيقيّ لتجلّيات الأشياء في حضن الطبيعة وعلى تخومها، إذ يتقدّم الدالّ العنوانيّ «عازفةٌ» مزوّداً بآلته الموسيقيّة المخصوصة «وكمانٌ»، وحتى تكتمل الصورة الومضيّة في أعلى درجاتها صفاءً وعمقاً وحراكاً وانتشاراً وتأثيراً لا تكتفي العازفة بصحبة الكمان، بل تمتدّ إلى سماء مؤنسنة راقصة تضفي على مشهد الومضة سحراً أشدّ «وسماءٌ تجلسُ قُدّامَ الليلكِ، تنظرُ صوب نجومٍ/ تتمايل في حجرٍ يصغي للموسيقى»، فهي «تجلس/ تنظر/ تتمايل» داخل مثلّث فعليّ دراميّ يضاعف من طاقة الحراك الموسيقيّ في الومضة الشعريّة، على نحو يجعل الحجر «يصغي» للموسيقى بفضل العازفة التي متنبّي جديد تُسمِعُ كلماتُهُ من به صممُ.

يرتفع التكرار الثالث إلى قمّة الحساسيّة الشعريّة الومضيّة، حيث ترسم شخصيّة عازفة العنوان بحركة استثنائيّة بين الغياب والحضور سحر الومضة، ففي صورة الغياب والحَجب والعزل البصَريّ «عازفةٌ ظلّت مغمضةً أثناء العزفِ» يصل الاستغراق في متعة العزف إلى أقصاه، وحين تتجلّى صورة اليقظة من عمق الإغماض تتّسع الومضة الشعريّة إلى مديات جماليّة وجدانيّة لا حدود لها «ولمّا فتحت عينيها/ كانت ساحتها تكتظُّ بأقمارٍ وطيورٍ زرقاء»، فالفعل «تكتظّ» يتعمّق

في المكان الشعريّ داخل كثافة سيميائيّة متعدّدة هائلة، وتتولّد من الدالّين الجمعييّن «أقمار/ طيور زرقاء» كرنفال من المعاني الراقصة على أنغام العازفة المعلّقة في ذاكرة العنونة بلا غياب محتمَل.

يتحفّز عنوان قصيدة «مساء» المفرد المنكّر الظرفيّ الزمنيّ لاستقطاب جملة من الومضات الشعريّة التي تتشكّل تحت فضائه العنوانيّ، بوصفه حاضنة سيميائيّة حاوية بوسعها اختزان ومضات شعريّة تفيد من طاقته الدلاليّة الزمنيّة الخاصّة، فالفضاء المفتوح بقوّة واتّساع وشفافيّة على أفق لامحدود في صيغة التنكير يعطي الدالّ حريّة التجوّل والحركة على سلّم الدلالات والقيم، وهو ما يتوزّع على طبقات المتن النصيّ بصور وأشكال متنوّعة تتشكّل في سياق تكوينيّ جُمَليّ مترابط ومتفاعل وحيويّ:

«كلّ مساءٍ تأوي أقمارٌ

في البيتِ

وتخضرُّ زلازلُ قرب الشّرفةِ

حيث أحاورُ نقطةَ ضوءٍ في ليلِ المعنى.

كلّ مساءٍ

أفتحُ باباً

وأرى صورةَ نهرٍ في البرِّ

وفي منتصف الليل يطيرُ غمامٌ في السّقفِ

وأغفو مثل رسالة»[100].

يضيف مطلع المتن النصيّ مفردة «كلّ» مضافة إلى الدالّ العنوانيّ «مساء» لتحقيق ما يُسمّى باستغراق الجنس الظرفيّ الزمنيّ، والافتتاحيّة الشعريّة «كلَّ مساءٍ» تفتح السبيل أمام اندفاع الومضات الشعريّة نحو هذه الحاضنة، وسرعان ما تدلف الومضة الشعريّة الأولى إلى ساحة التشكيل «تأوي أقمارٌ/ في البيتِ» لتحوّل المكان «البيت» إلى مأوى لأكثر ما تحويه السماء من ثريّات وبؤر محتفلة بالضوء، تعقبها مباشرة ومضة شعريّة موازية لا تخلو من مفارقة «وتخضرُّ زلازلُ قرب الشّرفةِ» حين يمتدّ الفعل «تخضرّ» نحو «زلازل» في مكاني رومانسيّ «قرب الشرفة»، لتجعل منها وسيلة للعطاء والحياة خلافاً لمهمّة التدمير التي تضطلع بها عادةً، ومن هنا تنبثق شعريّة الومضة.

تتألّق هاتان الومضتان الشعريّتان في ظلّ رعاية الراوي الذاتيّ الشعريّ وهو يرسم من جانبه الشخصيّ ومضة ثالثة تدعم حركيّة الومضتَين السابقتَين وديناميتهما «حيث أحاورُ نقطةَ ضوءٍ في ليلِ المعنى»، وبهذا تكتمل الدائرة الومضيّة الأولى داخل حاضنة العنونة، وقد حقّقت كثافة ومضيّة عميقة في مسيرة القصيدة.

تندفع دائرة ومضيّة ثانية تقف على الجانب الآخر من القصيدة باستثمار فضاء العنونة والاستغراق في جنسها الظرفيّ الزمنيّ على شكل لازمة تتكرّر من جديد «كلَّ مساءٍ»، كي تشرق من أربع ومضات شعريّة يرتبط ثلاث منها بشخصيّة الراوي الذاتيّ الشعريّ

في الأفعال الذاتية الكاشفة عن دوره في الإنتاج، وتبدأ من الومضة الشعريّة الأولى المفتوحة على أفق لا نهاية له «أفتحُ باباً» في صورة ذات استمراريّة وصيرورة شعريّة خالدة، لتأتي الومضة الشعريّة اللاحقة معطوفة عليها تحقّق فكرة السراب بطريقة شعريّة بالغة الطرافة «وأرى صورةَ نهرٍ في البرِّ»، بكلّ ما يترشّح من تعالق سيميائيّ تشكيليّ بين الومضَتَين.

تعقبها ومضة شعريّة أخرى خارج دائرة الراوي الذاتيّ الشعريّ، وترصد حراكاً شعرياً يختزل الطبيعة الحرّة في مكان محدود جداً «وفي منتصف الليل يطيرُ غمامٌ في السّقفِ»، وقد رُسِمتْ صورة الومضة ببراعة تختزل أدوات التشكيل إلى أقلّ درجة ممكنة، فاختصر عنصر الزمن في «منتصف الليل» واختصر الحادثة الشعريّة استعارياً «يطير غمام»، واختصر المكان «السقف»، داخل فعاليّة سرد-شعريّة تنسج العناصر السرديّة المكوّنة للومضة حشداً فنياً شديد الكثافة والتدليل والتصوير والتعبير والتشكيل.

ما يلبث الراوي الذاتيّ الشعريّ أن يعود ليقدّم ومضته الثالثة التي يصف فيها ذاته الفعليّة في سياق صورة تشبيهيّة طريفة «وأغفو مثل رسالة»، إذ يعمل الفعل «أغفو» على واجهة المتن النصيّ في موازاة مع الفعلين الآنفَين في الومضتّين السابقتَين «أفتح/ أرى»، ضمن صيغة تشبيهيّة لرسالة في سبيلها إلى الوصول لكنّها في حالة غفوة بانتظار أن تكون بين يدّي المرسَل إليه بعد اليقظة، ولا شكّ في أنّ عتبة العنوان «مساء» تعدّ هنا الفاعل التشكيليّ الأكثر تأثيراً في نُظُم صوغ الومضات الشعريّة، بما تمنحه من حريّة زمنيّة فضائيّة

تسهّل حركة الأدوات والفواعل والآليّات لبلوغ الطبقة المقصودة تعبيرياً وتشكيلياً.

تتضمن عتبة العنونة في قصيدة «لوحة»[101] فرضيات مسبقة تذهب باتجاه انتماء القصيدة عموماً إلى الفضاء التشكيليّ الصرف، ولا شكّ في أنّ فعاليّة الومضة وتقاناتها الفنيّة تنمو على نحوٍ كبير في آليّات العمل التشكيليّ، وهو ما يناظر حضورها في العمل الشعريّ لطبيعة التجانس المعروف الحاصل بين فنّ الشعر وفنّ الرسم، في سياق المقولة البدهيّة التي تقول إنّ الشعر رسم بالكلمات والرسم شعر بالألوان والخطوط.

تطرح قصيدة «لوحة» شخصيّة شعريّة تحاول أن تملأ حدود اللوحة تشكيلياً هي شخصيّة «عاشق» مستفيدة من كلّ ما يحيط بها من دلالات ورموز وتاريخ لغويّ وحكائيّ، وتعكس في فعاليّاتها الشعريّة المختلفة مجموعة من الومضات الشعريّة الوجدانيّة والعاطفيّة التي تتحرّك في أكثر من اتجاه، وتفيد من طاقة العنونة التشكيليّة المعلّقة في ذاكرة النصّ العليا، ومستويات تأثيرها في رصد تحوّلات ثريّة تسير نحو تفعيل هذه الومضات وتسخيرها للوصول بشخصيّة القصيدة إلى مرتبة ملء اللوحة.

تفتح العنونةُ المنكّرةُ المفردة «لوحة» السبيلَ الشعريَّ حرّاً وتائهاً لاحتمالات لا حصر لها يمكن أن تملأ مساحتها، فهي لوحة تخضع لسلسلة لامتناهية من الصور والإشارات والكتل والألوان التي لا تقف عند حدّ معيّن، طالما أن فضاء التنكير يسمح بمزيد من التوقّعات داخل أفق احتماليّ واسع وممتدّ بلا سقف:

«عاشقٌ في ممرٍّ طويلٍ رأى لوحةً لطيورٍ محلّقةٍ

في الأعالي

هناكَ

رأى

بينما ظلُّهُ يتمدّدُ فوق الجدارِ

ترفُّ يداهُ

كأنَّ الإشارةَ قطرةُ ضوءٍ

على ليلكٍ في النفوسِ

ولكنَّ ليلاً رمى نجمةً في السكوتِ المربعِ

نامَ المكانُ

ونامَ الكمانُ على حجرِ الأمسِ

مالتْ سماءٌ على مقعدٍ في ممرٍّ طويلٍ

وغطّت بمعطفها عاشقاً عشّشتْ في يديه الطيور».

يبدأ مشروع المتن الشعريّ في القصيدة بالإعلان عن الشخصيّة «عاشق» بهذه الصورة المفردة المنكّرة المفتوحة على شتّى الاحتمالات، داخل بنية مكانيّة ممتدّة في مساحتها الطوليّة «في ممرٍّ طويلٍ»، تمارس فعلاً بصريّاً فنياً باتجاه تشكيليّ يتطلّع نحو عتبة العنونة «رأى لوحةً»، وموضوع هذه اللوحة يتخصّص ويستجيب

لحالة معيّنة «لطيورٍ محلّقةٍ/ في الأعالي»، وهنا تكتمل أوّل ومضة شعريّة لها صلة وثيقة بعتبة العنوان، أو أنّها بالأحرى مستمدّة أساساً من وحيها والدخول في أجوائها التشكيليّة المحض.

يتمّ رصد حركة الشخصيّة الشعريّة من راوٍ شعريّ كلّي العلم يسلّط عدسة كاميرته اللاقطة على معاينة العلاقة بين شخصيّة الرائي ومساحة اللوحة المرئيّة، ويحدّد عن طريق الإشارة المكانيّة البعيدة قليلاً «هناكَ» مجال رؤية الرائي في حالة تركيز الرؤية نحو اللوحة «رأى»، حيث يستقلّ الفعل «رأى» بمساحة سطر شعريّ خطيّ كامل ينفرد به هذا الفعل، توكيداً لقدرته الفرديّة على رصد المرئيّ في ومضة شعريّة خاطفة تحتوي اللوحة كاملةً.

تتوسّع عدسة كاميرا الراوي في رصد ما يحيط بهذه الرؤية وتفاصيلها وحيثياتها لتنجح في تصوير مجموعة من الومضات الشعريّة خارج إطار مساحة اللوحة، أوّلها الومضة الظليّة المتمدّدة فوق الجدار «بينما ظلُّهُ يتمدّدُ فوق الجدارِ»، على النحو الذي يؤسّس لرسم لوحة ثانية بجانب اللوحة الأصليّة تعكس ظلّ الشخصيّة الشعريّة، تعقبها مباشرة ومضة شعريّة ثانية ذات طبيعة جسديّة داخل لوحة الظلّ «ترفُّ يداهُ»، بما يساعد الرؤية التشكيليّة ويمهّد لها سبيل الانتقال نحو آليّة التشبيه لإنتاج مزيد من الومضات الشعريّة في الطرف الثاني من ميزان التشبيه «كأنَّ الإشارةَ قطرةُ ضوءٍ/ على ليلكٍ في النفوسِ»، بحيث يكون ذراع المشبّه «الإشارة» ذا قوّة سيميائيّة تشكيليّة تحقّق فعاليّتها الومضيّة في ذراع المشبّه به «قطرة ضوء»، حين تستقرّ حركتها التنويريّة «على ليلكٍ في النفوسِ»

لتنتشر الومضة الشعريّ على أوسع مساحة ممكنة داخل الحاضنة التشبيهيّة العامة تناظراً مع لوحة العنوان.

تنتقل القصيدة إلى طبقة أخرى عن طريق أداة الاستثناء وتتوجّه عدسة كاميرا الراوي فوراً نحو الطبقة الشعريّة الجديدة لرصد تحوّلاتها الشعريّة الومضيّة «ولكنَّ ليلاً رمى نجمةً في السكوتِ المربعِ»، إذ تتشكّل ومضة شعريّة على شكل لوحة بدت وكأنّها شبه كاملة بحضور الفاعل «ليلاً» والمفعول «نجمة» وشبه الجملة بوصفها المستقرّ الفضائيّ للوحة «في السكوتِ المربع»، لكنّ هذا الفضاء التشكيليّ الجديد يفتح المجال واسعاً أمام ومضات شعريّة أخرى تتدافع نحو فضاء اللوحة الثانيّة، لتكسب موقعاً فيها يؤهّلها لتحقيق الوجود الشعريّ المناسب في لوحة المتن الكبرى الماثلة في عتبة العنوان أصلاً.

تتشكّل أربع ومضات شعريّة بوساطة أربعة أفعال يهيمن كل فعل منها على سطر شعريّ خاصّ بها ابتداءً من الومضة الأولى في السطر الأوّل «نامَ المكانُ»، ثم الومضة الشعريّ الثانية «ونامَ الكمانُ على حجرِ الأمسِ»، حيث يخرج النوم الثاني من رحم النوم الأوّل في ومضة شعريّة أخرى تأويليّة متخيَّلَة، ثمّ تعود الومضة الشعريّة الثالثة «مالتْ سماءٌ على مقعدٍ في ممرٍّ طويلٍ» إلى الشخصيّة الشعريّة «عاشق» في أوّل عهده بالوجود الشعريّ، وتقترب من عتبة العنوان المتحرّك داخل «لوحة» لا نهاية لتأثيراتها في طبقات المتن.

تولد الومضة الشعريّة الرابعة أخيراً من رحم سابقتها «وغطّت بمعطفها عاشقاً عشّشتْ في يديه الطيور»، وهي الومضة الشعريّة

الحاوية للومضات السابقة جميعاً حين تنتهي السماء إلى معطف يغطّي عاشقاً ميتاً، بَنَتِ الطيورُ أعشاشها في يديه إيذاناً باكتمال «لوحة» العنوان وتعريفها في خاتمة القصيدة، وهنا تتّحد عتبة العنوان مع تحولات المتن الشعرية في ومضة شعريّة كليّة تجمع الجزئيّات والتفاصيل والأشكال والتجلّيات كلّها في سلّة واحدة، وتنطوي هذه السلّة على الذخيرة الشعريّة الومضيّة بأكملها.

تنتمي الصيغة التركيبيّة اللغوية لعتبة عنوان قصيدة «كسوف أبيض»[(102)] لفضاء نعتيّ يحقّق نوعاً من المطابقة البلاغيّة غير المباشرة بين الموصوف الخبريّ «كسوف/ أسود» و«أبيض»، وتعكس قدراً من المفارقة الشعريّة قد يكون بوسعها على نحوٍ ما إنتاج ومضة شعريّة خاطفة، يمكن أن تتجلّى بصورٍ أوضح في متن القصيدة:

«في الصيف الماضي

عَبَرَ الليلُ إلى النهرِ، بجانب حجرٍ يتلألأُ مَدَّ بساطَ

الخيْشِ وراحَ يثرثرُ وَهْوَ يصبُّ كواكبَهُ في الماءِ،

وكانَ

الماءُ

بعكازتِهِ

يفتحُ بابَ الهذيانِ

فأسمعُ أصواتاً تتكسّرُ مثل ظلالٍ في

آخر منفى للفخّارِ. على بُعدِ مماتٍ أرزقَ كان الليلُ

يهيّئُ مجلسَهُ، ويشدّ التيهَ العابثَ بالأشجارِ

وكنتُ أرى

وأكادُ أرفرفُ بالأخطاءِ وبالحُمّى.

في الصيف الماضي

كنتُ هناك أفيءُ إلى الأسرارِ

وألهجُ باسمِ الجريانِ

وفي كفيَّ نذورٌ وكسوفٌ أبيض».

يقود الراوي الذاتيّ الشعريّ الحراك الومضيّ الشعريّ في متن القصيدة من عتبة التشكيل الزمنيّ المحدّد «في الصيف الماضي»، ثمّ يشرع في رصد التحولات الومضية وهي تتناسل من بعضها زماناً ومكاناً وحدثاً من أوّل ومضة شعريّة ترصد زمن العلاقة بين الليل والنهر، وشكلها «عَبَرَ الليلُ إلى النهرِ»، انتقالاً إلى ومضة شعريّة ثانية تعيّن مكان الحدث النوعيّ المضيء «بجانب حجرٍ يتلألأُ»، حيث يبدأ الفعل الشعريّ بالانتقال نحو الومضات الشعريّة الفعليّة القائمة على حركة الفعل وطريقة أدائه ومستوى إنتاجه.

تمارس حركة الأفعال نشاطاً تشكيلياً متنوّعاً في مجال فعاليّة التحولات الشعريّة الومضيّة من الومضة الشعريّة الأولى «مَدَّ بساطَ الخيْشِ»، وانتقالاً إلى الومضة الشعريّة الثانية ذات الطبيعة الفعليّة

الكلاميّة «وراحَ يثرثرُ»، تتبعها الومضة الشعريّة الثالثة «وَهْوَ يصبُّ كواكبَهُ في الماءِ» ليرسم صورته المنعكسة في توكيد تشكيليّ لقوّة حضوره في الماء، وهذه الومضات الشعريّة الثلاث تتناغم فيما بينها تناغماً عالي التماسك والصيرورة لتؤسّس ومضة شعريّة حاوية للومضات الشعريّة الصغرى، وتنمو كلّها في حاضنة التشكيل العنوانيّ للقصيدة متحرّكة بين دالّ «كسوف» الذي ينقل النهار إلى الليل، ودالّ «أبيض» الذي يسمح للماء أن يعبّر عن لونه وحيويّته وقدرته على الوضوح والإبانة.

يتحوّل الرصد الشعريّ لعدسة كاميرا الراوي من عتبة دالّ «الليل» – بوصفه الفاعل التشكيليّ العامل على إنتاج الومضات الشعريّة في مركز المتن – إلى «الماء»، على ما في العلاقة بين «الليل» و«الماء» داخل فضاء المتن من تفاهم وانسجام وسيولة وعلاميّة على أكثر من صعيد تشكيليّ وسيميائيّ؛ لذا تنطلق ومضات شعريّة جديدة تتدافع وتزدحم وتتشابك بالولادة من بداية حكاية الليل المرويّة بلسان المحكي الماضويّ «وكانَ/ الماءُ/ بعكازتِهِ/ يفتحُ بابَ الهذيانِ»، ضمن حركة رصدٍ شعريٍّ دقيقٍ يحاول أن يأتي على أصغر وحدة صوريّة يمكن التقاطها كي يترك فيها أثراً جمالياً نوعياً.

إذ يتمخّض دالّ «الماء» عن شخصيّة أسطوريّة تحيل في طبقة تناصيّة من طبقاتها إلى «قصّة موسى» المعروفة، لكنّ التناص هنا هو من النوع المقلوب الذي يتفاعل ومضياً مع فضاء عتبة العنونة «كسوف أبيض»، من حيث طريقة القلب المعنويّ والدلاليّ للتشكيل الطبيعي الخاصّ بأفق المعنى، ولا تكتفي هذه الومضة الشعريّة

بالمكوث في حدودها الدنيا، بل تتحوّل سردياً نحو ومضات أخرى طالعة منها.

يسرد الراوي الذاتيّ الشعريّ ما يرد إلى سمعه من أصوات موصوفة بتكسّر الظلال على الأرض في سياق، وتحت أشعّة شمس مهدّدة بالكسوف كما تشير عتبة العنوان في سياق آخر «فأسمعُ أصواتاً تتكسّرُ مثل ظلالٍ»، لتتشكّل الومضة الشعريّة تشكلاً إيقاعياً يتردّد صداه في دوال الومضة كلّها «أسمعُ/ أصواتاً/ تتكسّرُ / ظلالٍ»، فكلّ دالّ منها له إيقاع خاصّ يلتئم مع ما يجاوره ويتفاعل معه، تلحقها ومضة شعريّة خاطفة تقارب المكان الغائر في غيابه «في/ آخر منفى للفخّارِ»، بالنظر إلى دالّ «منفى» وما يثيره من إحساس عارم بالقهر والحنين والذكرى والعيش في كنف الماضي السعيد ما قبل المنفى.

ثمّ ومضة شعريّة أخرى تتوسّل بعنصر الزمن الملوّن «على بُعدِ مماتٍ أرزقَ كان الليلُ»، مصحوبة بلقطة ومضيّة تابعة لها ومشدودة إليها مكانياً «يهيّئُ مجلسَهُ»، ومترافقة مع ومضة شعريّة موازية لها ترتفع نحو طبقة مؤسطرة بالمعنى والتشكيل والرؤية «ويشدّ التيهَ العابثَ بالأشجارِ»، وهي تتماهى جميعاً على نحوٍ من الأنحاء مع فضاءات عتبة العنوان «كسوف أبيض» وتموّجاته الدلاليّة.

يستأنف الراوي الشعريّ الذاتيّ سرده الرؤيويّ حاملاً تجربته الشخصيّة كي يضع في خاتمة القصيدة ومضاتِهِ الخاصّةَ ويشتغل لحسابه، فيروي رؤيته الواسعة الشاملة للجهات كلّها «وكنتُ أرى» محققاً أوّل ومضة سريعة رائية، تحكي قصّة الرؤية والنفاذ البَصَريّ في قلب الأشياء وجوهرها ومضمونها الشعريّ الكامن، ثمّ ومضة

شعريّة أخرى تقف على حافّة الفعل ولا تتوغّل فيه على النحو الكافي «وأكادُ أرفرفُ بالأخطاءِ وبالحُمّى»، فعلى الرغم من أنّ فعل الرفرفة «أرفرف» ينحاز لدلالة إيجابية تدور حول معنى الفرح، غير أنّ أداة هذه الرفرفة تقلب هذا المعنى وتذهب به في اتجاه مضادّ «الأخطاء والحمّى»، بما يتناسب وفضاء العنونة القائم على ومضيّة التضادّ «كسوف أبيض».

يواصل الراوي الذاتيّ الشعريّ استرجاع تجربته واستذكار ماضيه طمعاً في الحصول على ومضات شعريّة سخيّة في طريقها إلى تمثيل عتبة العنونة وتثميرها في آن، فيروي ذاته ضمن حدود زمنيّة واضحة المعالم «في الصيف الماضي»، تضيء سلوكاً خاصاً يصنع ومضته الشعريّة انطلاقاً من تلاحم عنصر المكان مع عنصر الزمن، على نحوٍ جدليّ يتمثّل في صورة «كنتُ هناك أفيءُ إلى الأسرارِ»، وتنعطف على ومضة أخرى تنبثق من جوف الإيقاع الصوتيّ القادم من منابع أصليّة «وألهجُ باسمِ الجريانِ»، حيث يعمل الفعل «ألهج» بموسيقيّته النشيطةِ الحركةِ على تمثيل الحالة الشعريّة الومضيّة بحساسيّة أعلى وأشدّ عمقاً ودلالة، إيذاناً بصعود الحركيّة الفعليّة نحو طبقة أعلى من طبقات التشكيل الشعريّ الومضيّ.

وصولاً إلى لحظة الإقفال الشعريّة الحاسمة التي تسدل الستار على حفل الومضات الشعريّة بالعودة إلى عتبة العنوان «وفي كفيَّ نذورٌ وكسوفٌ أبيض»، حيث يتلخّص الجسد في الأداتَين الجسديتَين الأكثر حراكاً وفاعليّة ميدانيّة «كفيَّ»، بوصفهما الواجهة الأكثر بروزاً لأداء مهام التشكيل على النحو المطلوب والضروري والمناسب، لمحمول

جمعيّ يحيل إلى ارتباط نوعيّ خاصّ جداً بالسماء في حالة استباق واستدعاء وتمنٍّ محتمَلة «نذورٌ»، مع معطوف أخير يحقق دورة كليّة، ويعود على عتبة العنوان المركزيّة العاملة بقوّة في الميدان «كسوفٌ أبيض»، علامة تكلّل الحركات الشعريّة العاملة تحتها بضمانة عنوانيّة أكيدة ودائمة وخاضعة لحساسيّة تشكيل مستمرّة.

تحاول القصيدة الموسومة «شهر»[103] أن تمنح عنوانها هذه الصيغة المنكّرة المفردة لتكون ذات دلالة زمنيّة مستمرّة لا يمكن أن تتوقّف، فهذا الدالّ تكتمل صورته الزمنيّة كلّ ثلاثين يوماً متواصلاً تقريباً كي ينتهي «شهر» ويبدأ «شهر» جديد بالغوص في نهر الزمن، على الرغم من أنّ المتن الشعريّ في أوّل سطر شعريّ منه سيعيّن موقع هذا الشهر من السنة فقط، ولا يقفل المدى الزمنيّ بتعيين السنة التي يتبع لها هذا الشهر كي لا تفقد القصيدة بأكملها طاقة الومض الشعريّ وتتحوّل إلى تاريخ:

«في الأولِ من شهرِ شباطَ

فراشٌ رفرفَ في روحي

وأضاءَ الأبديةَ والأعشاب.

**

في السادسِ من شهر شباطَ

تذوّقتُ المعنى

كان الإثنينُ يصبُّ نبيذاً للإثنينِ

وكنّا

نتدحرجُ

في الغبطةِ

نحن الإثنين».

يتحدّد اسم الشهر فوراً مصحوباً بتحديد اليوم من الشهر في المقطع الأوّل من القصيدة «في الأولِ من شهرِ شباطَ»، فتنتقل العنونة من فضاء النكرة المفتوح إلى مجال المعرفة المحدود كي تفسح الطريق واسعة لتدفّق الومضات الشعريّة المرتبطة بشعريّة هذا التحوّل، لتدخل الومضة الشعريّة الأولى حيّز التشكيل من باب الصورة/ اللوحة العائدة على الراوي الذاتيّ الشعريّ «فراشٌ رفرفَ في روحي»، وتنعطف عليها مباشرة ومضة شعريّة أخرى متّصلة بالفاعل السابق وطالعة من وحي الصورة «وأضاءَ الأبديةَ والأعشاب»، إذ ينتشر الضوء بدلالة الفعل الصريح «أضاء» متوجّهاً نحو الفضاء الكونيّ العام «الأبدية»، ومعطوفاً على الطبيعة الأرضيّة التي تحيل إلى فصل الربيع «والأعشاب» بما ينطوي عليه من مرجعيّات أسطوريّة غزيرة.

تمثّل هاتان الومضتان الجزء الأوّل من القصيدة، وقد فصلها الشاعر عن الجزء الثاني بنجمتين متجاورَتَين: «**»؛ يمكن مقاربتهما بوصفهما ومضة شكليّة خطيّة تفصل بين حالين شعريين، وحين تنتقل القصيدة إلى الجزء الثاني من حراكها الشعريّ الومضيّ

تتقدّم زمنياً في ضبط الوقت الشعريّ الخاص بالحكاية «في السادسِ من شهر شباطَ»، بعد عبور خمسة أيام شباطيّة من الأول منه إلى السادس منه، كي يسهم هذا الانتقال الزمنيّ بانتقال آخر مصاحب له هو الانتقال الومضيّ داخل مشهد حكائيّ يبدأ بومضة خاطفة عميقة الغور في أنسنة الغائب «تذوّقتُ المعنى».

تظهر بعد ذلك شخصيّة عدديّة هي شخصيّة «الإثنين» ليبدأ مع هذا الظهور سؤال المعنى حول ماهية الشخصيّتَين، هل هما الأوّل من شباط والسادس من شباط؟ هل هما النجمتان الفاصلتان بين المقطعين الشعرييَن لجزأي القصيدة؟ أم هما «الفراش» و«المعنى»؟ أم هما ما يختفي بين تخوم هذه الثنائيّات من دلالات أخرى؟

تتكشّف الومضة الشعريّة الأولى في المقطع الثاني من القصيدة عن نوع من اللعبة الشعريّة في لفظ «الإثنين» داخل لوحة الصورة «كان الإثنينُ يصبُّ نبيذاً للإثنينِ»، إذ ظهر «الإثنين» مفرداً وليس مثنّى بدلالة الفعل «يصبّ» ليكون الفاعل هو يوم «الإثنين»، في حين يأتي دالّ «الإثنين» المجرور على قدر من الالتباس بين اليوم والمثنّى، لأنّ كليهما يصلح لهذا الوضع الشعريّ في درجة من درجات الاحتمال والتأويل، غير أنّ الومضة الشعريّة اللاحقة والأخيرة وقد جاءت بوضع صوريّ هابط من الأعلى إلى الأسفل على هذا الشكل

كانت الهمزةُ المكسورة المثبّتة في كلمة «الإثنين» الحبلَ السريّ للمعنى، وبقطعه انفصل التأويل عن الحقيقة، وانتمى الدالّ لمدلوله السياقيّ والأصليّ، ولكنّ هذه المسافة الزمنية التأويلية الفاصلة ما بين

التخمين والتقرير هي تقانة شعرية تمويهية، وظّفها الشاعر للعب على إيقاعات تماهي الدالّ كتابيّاً مع مدلوله المراد المتروك لآخر سطر شعريّ، بعد الترخيص الشعريّ لطباعة الهمزة على ألف كلمة الاثنين:

«وكنّا

نتدحرجُ

في الغبطةِ

نحن الإثنين».

تستقر عند الجملة الإشاريّة الدالّة «نحن الإثنين» للدلالة الحاسمة على «المثنّى»، وهما شخصيّة الراوي الذاتيّ الشعريّ وهو يروي حكاية الومضة الشعريّة، وشخصيّة «الأنثى» الخفيّة في منطقة ما من طبقات الصورة غير المرئيّة بدلالة جملة البهجة «نتدحرج/ في الغبطة»، وهي جملة لا يمكن أن تتجلّى على هذا النحو من دون فضاء الحساسيّة العاطفيّة التي لا يمكن أن تحصل إلا بين الذكر والأنثى، بما يضمّخ عنوان القصيدة «شهر» بألوان هذه الومضات وسحرها ووجدانيتها بوصفه موعداً للحبّ وشرفة تشكيليّة جماليّة له.

الخاتمة:

«المسكوت عنه الومضيّ»

يختصّ مصطلح «المسكوت عنه الومضيّ» هنا، وفي حدود هذه الرؤية النقديّة، بطبقةٍ خفيّةٍ داخل أعماق القصيدة الومضيّة لا تمنح نفسها بسهولة، وتحتاج إلى عُدّةٍ نقديّةٍ مكتمِلةٍ تستعملها شخصيّة نقديّة تنتمي لذاتها المعرفيّة، ولا تدين بالولاء لمنهج معيّن، يكون بوسعها تلمّس السبل للولوج إلى جوهر الطبقة الخفيّة والكشف عن مكنونها السيميائيّ، بالمعنى الذي يجعل من المسكوت عنه علامة محرِّضة تختبر قدرة الناقد على تفكيكها وتأويل معطياتها، على النحو الذي يناسب السياق الشعريّ المؤلِّف لكيان الومضة الشعريّة وعالمها.

امتلكت مختارات الشاعر علي العامري الموسومة «كتاب الحدوس» كثيراً من الخصائص الفنيّة الشعريّة الصالحة للقراءة والفحص والمعاينة النقديّة المنهجيّة، وكان اختيارنا لآليّة شعريّة تتدخّل في أدقّ تفاصيل التشكيل الشعريّ – وهي «الومضة الشعريّة» – نابعاً من فهم المقولة الشعريّة الجوهريّة التي يشتغل عليها الشاعر في شعره، على النحو الذي يقترح مفهوماً خاصّاً للشعر عملتْ عليه قصائدُهُ بوَعيٍ فنيّ عالٍ، وموهبة فريدة أصيلة، وثقافة محوريّة كثيفة وغزيرة ومتعدّدة، تسندها تجربة ثرّة وحساسيّة جماليّة باللغة والصورة والإيقاع متقدّمة وواضحة وتعرف ماذا تريد بدقّةٍ ووعيٍ وشمولٍ، على النحو الذي يجعلها تجربة نوعيّة مهمّة تستحق الدراسة

والبحث والاحتفاء للكشف عن جوهرها الشعريّ الومضيّ الأصيل.

قاربت دراستنا مفهوم «الومضة الشعريّة» من حيث التشكيل القائم على أداء اللغة الخاصّ والمميّز ضمن أداء الفضاء العام للصورة بتخومها وحواشيها وطيّاتها، لأنّ هذا المفهوم يتّصل أولاً وأخيراً بحيويّة اللغة وبلاغتها وقدرتها على تمثيل الفكرة واستقطاب شعريّتها، والاستجابة لعمق التجربة وخصبها وحيويّتها وطرافتها وكثافة فواعلها وسعة مساحتها، وهذا المفهوم هو ذو صلة وثيقة جداً بتقانات الصورة الشعريّة من حيث اعتماد حركة الومضة داخل إطارٍ جماليٍّ شاملٍ، وحركة ديناميّة تتفاعل فيها المكوّنات بأعلى درجة ممكنة من الحماس، وتفاصيل حكائيّة بسيطة، وتكامل نموذجيّ في عناصر التشكيل، تجعل من تقانة الومضة الشعريّة نتيجة جماليّة ذات بلاغة متكاملة من حيث التعبير والتشكيل والتصوير والتدليل معاً.

يهدف المفهوم في مساحات عمله الثريّة المتنوّعة إلى اقتناص لقطةٍ استثنائيّةٍ ونوعيّةٍ تتجاوز الحدود التقليديّة المتعارَف عليها للصورة، وترتقي إلى حساسيّة شعريّة مُشبَعَة بالضوء والنور والألق والإشعاع الومضيّ السريع نسبياً، وتحتاج إلى قوّة إلماحٍ ورصدٍ عاليةٍ وكفوءةٍ تتمكّن من فحص هذا الحراك الومضيّ فيها استناداً إلى جملة معطيات قرائيّة خاصّة، بالمعنى الذي يجعل من منطقة التلقّي الساخنة وفعاليّات القراءة وأدواتها وسيلة أساسيّة في تحويل الومضة إلى خطاب أدبيّ قابل للتلقّي والقراءة والتداول، داخل منظومة قرائيّة منهجيّة تسهم في إعلاء شأن التقانة وتبرير حضورها الشكليّ النوعيّ.

تتميّز الومضة الشعريّة – بتنويعاتها المختلفة وأشكالها المتعدّدة –

بما اصطلحنا عليه في عنوان الدراسة: «سحر التشكيل» في الشطر الأوّل من توصيف المقاربة على أساس حضور التشكيل أولاً، إذ لا بدّ أن تتعدّى صورةُ الومضة حدودَ التشكيل القارّ المتعارَف عليه في فضاء الصورة وتقاناتها، بمعنى أنّ طاقة السحر الخلاق يجب أن تظهر في أكثر من التفاتة صوريّة تعكسها لوحة الومضة العامّة، بوساطة حرارة التشكيل اللغويّ وكثرة مائِهِ وحيويّة فعاليّاته في أكثر من سياق، وأكثر من حالة، وأكثر من رؤية، حين تتفاعل الدوال لسانياً وبلاغياً وشعرياً في أبلغ درجات التفاعل وأكثرها سخونةً وحراكاً، وانسجاماً مع معايير المفهوم العام للومضة الشعريّة تحت منظور التجربة ومعطياتها.

إنّ الاقتصاد التشكيليّ في هذا السياق لا بدّ أن يكون في أمثل حالاته وأبلغها استجابة لطبيعة التجربة وقيمتها ورؤيتها، وكلّما كان الاقتصادُ أشدّ اختزالاً وأكثر تقنيناً، فإنّ استجابة النصّ لتقانة الومضة يكون أعلى وأجمل وأعمق تأثيراً وفاعليّة وجدوى، وهو ما يجعل نصّ «الومضة الشعريّة» مكوّناً من طبقتين، طبقة سطحيّة ظاهرة تتمتّع بمواصفات الومضة على مستوى التقنين والاقتصاد والاختزال والتبئير، وطبقة خفيّة تنتمي لما يسمّى «المسكوت عنه الومضيّ» الذي يكتنز بين طيّاته ما يغيب عن الطبقة السطحيّة من خواصّ دفينة ثريّة، وبتلاحم الطبقتين معاً تبلغ الومضة الشعريّة أعلى قوّة إدهاش ممكنة في الفضاء الاستقباليّ لمجتمع التلقّي.

أمّا «بلاغة الجوهر» في الشطر الثاني من توصيف هذه المقاربة النقديّة المتعلّقة بـ«الومضة الشعريّة» فهي مقولة تكمن حتماً في طبقة

المسكوت عنه الومضيّ، أيّ الطبقة التي تتخفّى جماليّاً خلف الطبقة الظاهرة لأجلِ أن يكون الكشف عن المسكوت عنه فيها حدثاً جمالياً استثنائياً، يقوده القارئ النوعيّ القادر على استكناه هذا النوع من الأسرار الفنيّة الجماليّة المسكوت عنها، والاستمتاع بطريقة الكشف وأسلوبيتها وهويتها وقدرتها على توفير أكبر طاقة شعريّة في التفاعل الحرّ مع حساسيّة الومضة وتعبيريّتها وتشكيليّتها.

حاولت الدراسة إحداثَ فضاءٍ تنبيهيٍّ خاصٍّ يوجّه العناية نحو تجربة شعريّة مغايرة ترتفع اللغة الشعريّة فيها إلى طبقة عليا، ترفع بدورها عملَ الصورة الفنيّة الشعريّة درجات صاعدة نحو الأعلى لترتقي إلى مستويات جماليّة رفيعة، لا تقنع بما تنجزه بلاغياً في الحدود الدنيا للفاعليّة البيانيّة والبديعيّة التقليديّة، بل تتعدّى هذا المنطق البلاغيّ إلى أسلوبيّة جماليّة سيميائيّة تجعل من الجملة الشعريّة جملة غالية ثمينة، وليس لها بديل.

بالمعنى الذي يجعل من الجملة الشعريّة ذات التشكيل الومضيّ تكويناً متماسكاً تتحرّك في مجالها الشعريّ بوصفها نصاً صغيراً مكتمل الأركـان، لا بدّ من اختراقه وحرثه والحفر في مساحته للوصول إلى فهم آليّات عمله بمراحلها وطبيعة فعاليّاتها ونوعيّة جهدها، إذ لا يمكن بلوغ طبقة استيعاب الفضاء الشعريّ والاستمتاع به من دون معرفة مراحل تكوّنه وتشكيله، وإدراك الجوهر الفنيّ والجماليّ القادر على تحويل ومضيّة هذه الجملة الشعريّة إلى كائن شعريّ له شخصيّته البارزة.

ولعلّ هذه الفرادة هي ما تبحث عنه أيّ تجربة شعريّة تروم إثبات

شخصيّتها والتعبير عن هويّتها الخاصّة، ولم يكن موضوع هذه الدراسة الخاصّ بـ«الومضة الشعريّة» – أو قد يكون بوسعنا القول «شعريّة الومضة» – إلا مناسبة لشدّ الانتباه نحو أهميّة هذه التجربة، وقد وصلتْ إلى أعلى خلاصة ممكنة لها في مختارات شعريّة عنوانها «كتاب الحدوس» عُنيَ الشاعرُ نفسُهُ علي العامري بوضعها، بحيث تكون هذه المختارات من ثلاثة دواوين سابقة جوهر التجربة وبؤرتها ومركزها الجماليّ الكثيف، وقد منحت منهجيّة الدراسة الفرصة الأكبر للوقوف على سحر التشكيل من طرف، وبلاغة الجوهر من طرف آخر.

يكمن المسكوت عنه الومضيّ في جوهر التشكيل الشعريّ الومضيّ في القصيدة، إذ يتحدّى مهارة القارئ، ويمتحن كفاءته في إزاحة غطائه، فهو اللعبة المركزيّة التي يلعبها الشاعر في التقدّم إلى منطقة القراءة لتغري القارئ وتغويه للدخول في عتمتها، ومن ثمّ قبول التحدّي والاندفاع نحو النصّ بطاقة كاملة تستدعي كلّ ما يمتلك من طاقات وقدرات، وصولاً إلى فهم قوانين اللعبة وإدراك مفاتيحها لأجل التسلّل من وراء الحُجُب والوقوف وجهاً لوجه أمام المسكوت عنه النصيّ، واستقطاب ما يكتنزه من حمولات وإخضاعها لرغبة القراءة، وولعها في الكشف عن الطيّات الساكتة التي تتعمّد اللجوء إلى مناطق الظلّ، والسعي إلى تلمّس خطواتها الداخليّة لتفكيك أسلوبها في التشكيل والفعل والحركة.

الهوامش:

1 – مرشد الزبيدي، بناء القصيدة الفني في النقد العربي القديم، دار الشؤون الثقافية العامة، بغداد ط1، 1988م، ص117.

2 – إشراق مظلوم التميمي، تداخل الفنون في شعر سعدي يوسف، من إصدارات مشروع بغداد عاصمة الثقافة العربية، ط1، بغداد، 2013م، ص29.

3 – محمد صابر عبيد، البقع الشعرية الأرجوانية، مقاربة جمالية في ديوان «لا حرب في طروادة، كلمات هوميروس الأخيرة»، دار خطوط وظلال للنشر والتوزيع، عمّان، ط1، 2020م، ص16.

4 – البقع الشعرية الأرجوانية، ص16.

5 – أ. أ. رتشاردز، مبادئ النقد الأدبي والعلم والشعر، ترجمة وتقديم وتعليق: محمد مصطفى بدوي، المشروع القومي للترجمة، العدد416، القاهرة، ط1، 2015م، ص126.

6 – أبو الفضل جمال الدين محمد بن مكرم ابن منظور الإفريقي المصري، لسان العرب، المجلد الخامس عشر، باب الواو، ص286، بيروت – لبنان، ط1، 2000م.

7 – د. لطفي فكري محمد الجودي، النصّ الشعريّ بوصفه أفقاً تأويلياً، قراءة في تجربة التأويل الصوفيّ عند محيي الدين بن عربي، ديوان «ترجمان الأشواق» نموذجاً، مؤسسة المختار للنشر والتوزيع، القاهرة، ط1، 2011م، ص47.

8 – إريك غريلو، فلسفة اللغة، ترجمة: د. عفيف عثمان، دار المعارف الحكمية، بيروت، ط1، 2018م، ص18-19.

9 – شاعرية الكتب والأمكنة، حوارات مع عز الدين المناصرة، المؤسسة العربية للدراسات والنشر، بيروت، ط1، 2000م، ص489.

10 – علي متعب جاسم، الشعر العراقي الحديث (جيل السبعينات: الرؤية والفن)،

أطروحة دكتوراه، الجامعة المستنصرية، كلية الآداب، 2006م، ص120.

11 – خزعل الماجدي، العقل الشعري، الجزء2، دار الشؤون الثقافية العامة، بغداد، ط1، 2004م، ص19.

12 – محمد صابر عبيد، نماذج البناء الفني في شعر أحمد عبد المعطي حجازي، مجلة الأقلام، بغداد، العدد2، السنة 1987م، ص102.

13 – أحمد زياد محبك، قصيدة النثر في سوريا في التسعينيات من القرن العشرين، ملخصات بحوث التجربة الشعرية السورية الحديثة، واقع وآفاق، جامعة تشرين، كلية الآداب والعلوم الإنسانية، اللاذقية، سوريا، 2002م.

14 – محمد صابر عبيد، القصيدة الرائية، أسئلة القيمة الشعرية، دار الحوار للنشر والتوزيع، سوريا، اللاذقيّة، الطبعة الأولى، 2011م، ص73.

15 – د. علي نجيب إبراهيم، جماليّات اللفظة بين السياق ونظرية النظم، بحثاً عن طريقة لقراءة النصّ القديم، دار كنعان للدراسات والنشر والتوزيع، دمشق، ط1، 2002م، ص33.

16 – منصف الشللي، ومض الأعماق، مقالات في علم الجمال والنقد، دار كنعان للدراسات والنشر والتوزيع، دمشق، 2001م، ص172.

17 – د. أحمد مطلوب، معجم النقد العربي القديم، الجزء الأوّل، دار الشؤون الثقافية العامة، بغداد، 1989م، ص282.

18 – أبو الحجاج يوسف بن سليمان بن عيسى الأعلم (الشنتمري ت 476هـ) (ترتيب) كتاب الحماسة، ج1، تحقيق: د. مصطفى عليان، منشورات جامعة أم القرى، مكة المكرّمة، 1422هـ، من المقدمة التي كتبها أ.د. محمد حمزة السليماني، ص5.

19 – محمد بن سلام الجمحي 139-231هـ، طبقات فحول الشعراء، السفر الأول، قرأه وشرحه: أبو فهر، محمود محمد شاكر، مطبعة المدني، المؤسسة السعودية بمصر، القاهرة، د. ت، ص23-24.

20 – بدوي محمد، المنهجية في البحوث والدراسات الأدبية، تونس، مدينة سوسة، دار الطباعة للمعارف والنشر، 1998م، ص6.

21 – علي العامري، كتاب الحدوس – مختارات من ثلاث مجموعات شعرية – ، خطوط وظلال للنشر والتوزيع، عمّان، 2021م.

22 – كتاب الحدوس – مختارات من ثلاث مجموعات شعرية – ، ص7.

23 – جيرار لو لودال، بالتعاون مع جوويل ريطوري، السيميائيات أو نظرية العلامات، ترجمة: د. عبد الرحمن بو علي، دار الحوار للنشر والتوزيع، سوريا – اللاذقية، ط1، 2004م، ص175.

24 – د. نصر الدين بن غنيسة، فصول في السيميائيات، عالم الكتب الحديث للنشر والتوزيع، إربد، الأردن، ط1، 2011م، ص21.

25 – جان كوهن، الكلام السامي، نظرية في الشعرية، ترجمة وتقديم وتعليق: د. محمد الولي، دار الكتاب الجديد المتّحدة، بيروت، ط1، 2013م، ص15.

26 – د. عبد الله الغذّامي، القصيدة والنصّ المضاد، المركز الثقافي العربي، بيروت، ط1، 1994م، ص32.

27 – هانس غيورغ غادامير، فلسفة التأويل، الأصول – المبادئ – الأهداف، ترجمة: محمد شوقي الزين، منشورات الاختلاف، الجزائر، المركز الثقافي العربي، بيروت، الدار العربية للعلوم، بيروت، ط2، 2006م، ص27.

28 – فلسفة التأويل، ص26-27.

29 – د. سمير سعيد حجازي، قاموس مصطلحات النقد الأدبي المعاصر، دار الآفاق العربية، القاهرة، ط1، 2001م، ص181.

30 – كتاب الحدوس، ص13-14.

31 – كتاب الحدوس، ص14.

32 – محمد مفتاح، دينامية النصّ – تنظير وإنجاز – ، المركز الثقافي العربي، بيروت، ط1، 1987م، ص43.

33 – كتاب الحدوس، ص17.

34 – كتاب الحدوس، ص27.

35 – كتاب الحدوس، ص89.

36 – كتاب الحدوس، ص89-90.

37 – ابن منظور، معجم لسان العرب، باب الألف.

38 – كتاب الحدوس، ص90.

39 – كتاب الحدوس، ص91.

40 – كتاب الحدوس، ص91-92.

41 – كتاب الحدوس، ص92-93.

42 – ديوان الشافعي، تحقيق: الدكتور محمد عبد المنعم خفاجي، مكتبة الكليات الأزهرية، القاهرة، ط2، 1985م، ص55.

43 – ينظر: ميجان الرويلي وسعد البازعي، دليل الناقد الأدبي، إضاءة لأكثر من سبعين تياراً ومصطلحاً نقدياً معاصراً، المركز الثقافي العربي، بيروت، ط3، 2002م، ص239-241.

44 – كتاب الحدوس، ص113.

45 – كتاب الحدوس، ص114.

46 – كتاب الحدوس، ص114.

47 – أمبرتو إيكو، سيميائيات الأنساق البصريّة، ترجمة: محمد التهامي العماري، محمد أودادا، مراجعة وتقديم: سعيد بنكراد، دار الحوار للنشر والتوزيع، سوريا، اللاذقية، ط1، 2008م، ص37.

48 – محمد مفتاح، في سيمياء الشعر القديم، دراسة نظرية وتطبيقية، دار الثقافة للنشر والتوزيع، الدار البيضاء، 1989م، ص28.

49 – كتاب الحدوس، ص119-124.

50 – جيرالد برنس، المصطلح السردي، ترجمة: عابد خزندار، مراجعة وتقديم: محمد بريري، المجلس الأعلى للثقافة، القاهرة، ط1، 2003م، ص104.

51 – كتاب الحدوس، ص61-63.

52 – كتاب الحدوس، ص43-44.

53 – ينظر: لسان العرب المحيط (هطل) 812/3، اللب اللباب 38/1، المعجم الوسيط2 /988.

54 – أوكتافيو باث، اللهب المزدوج، ترجمة: المهدي أخريف، المجلس الأعلى للثقافة والفنون، القاهرة، ط1، 1998م، ص7.

55 – د. عبد الملك مرتاض، التحليل السيميائي للخطاب الشعري، منشورات اتحاد الكتاب العرب، دمشق، 2005م، ص11.

56 – فصول في السيميائيات، ص45.

57 – كتاب الحدوس، ص98-107.

58 – المصطفى شادلي، البنيوية في علوم اللغة، ترجمة: سعيد جبار، رؤية للنشر والتوزيع، القاهرة، ط1، 2015م، ص29 وما بعدها.

59 – كتاب الحدوس، ص28-30.

60 – د. رشيدة التركي، الجماليات وسؤال المعنى، ترجمة وتقديم: إبراهيم العميري، الدار المتوسطية للنشر تونس، ط1، 2009م، ص21.

61 – حسن نجمي، شعريّة الفضاء، المتخيّل والهويّة في الرواية العربيّة، المركز الثقافي العربي، بيروت، ط1، 2000م، ص19.

62 – محمد صابر عبيد، التنوير الشعريّ، دار فضاءات للنشر والتوزيع، عمّان، ط1، 2020م، ص9-10.

63 – عادل ضاهر، الشعر والوجود، دراسة فلسفية في شعر أدونيس، دار المدى للثقافة والنشر، دمشق، ط1، 2000م، ص85.

64 – غالي شكري، شعرنا الحديث إلى أين؟ دار الآفاق الجديدة، بيروت، ط2، 1978م، ص124.

65 – هاشم صالح، ميشيل فوكو كما يراه النقد الفلسفي الفرنسي، مجلة مواقف، بيروت، عدد49، سنة 1984م، ص103.

66 – إبراهيم بن سعيد، حياة الشعر، مجلة الفلق، العدد السابع والأربعون، ثقافة وفكر، سقنط، بتاريخ 2014/3/27م.

67 – كتاب الحدوس، ص23-24.

68 – كتاب الحدوس، ص42.

69 – كتاب الحدوس، ص64.

70 – كتاب الحدوس، ص72.

71 – كتاب الحدوس، ص94-95.

72 – كتاب الحدوس، ص125-126.

73 – جمال حمود، فلسفة اللغة عند لودفيغ فتغنشتاين، منشورات الاختلاف، الجزائر، ط1، 2011م، ص209-210.

74 – د. عزيز لعكايشي، مستويات الأداء الدرامي عند شعراء التفعيلة، عالم

الكتب الحديث، إربد، الأردن، 2010م، ص8-9، وينظر إبراهيم رماني، الغموض في الشعر العربي الحديث، ديوان المطبوعات الجامعية، الجزائر، 1991م، ص264-269.

75 – اعتدال عثمان، جماليات المكان، مجلة الأقلام، بغداد، العدد2 لسنة 1986م، ص76.

76 – د. علي عبد المعطي محمد، تيارات فلسفية معاصرة، دار المعرفة الجامعية، الإسكندرية، 1984م، ص280-281.

77 – ليلى درغوث، المكان والزمان في يوميات نائب في الأرياف، مجلة الحياة الثقافية، العدد58 لسنة 1990م، ص47.

78 – نجيب العوفي، مقاربة الواقع في القصة القصيرة المغربية من التأسيس إلى التجنيس، المركز الثقافي العربي، ط1، الدار البيضاء، 1987م، ص149.

79 – د. نبيلة إبراهيم، نقد الرواية من وجهة نظر الدراسات اللغوية، مطابع الفرزدق، السعودية، 1980م، ص58.

80 – د. شجاع مسلم العاني، البناء الفني في الرواية العربية في العراق (الوصف وبناء المكان)، دار الشؤون الثقافية العامة، ط1، بغداد، 2000م، ص28.

81 – كتاب الحدوس، ص135.

82 – كتاب الحدوس، ص81-82.

83 – كتاب الحدوس، ص15-16.

84 – يوري لوتمان، تحليل النص الشعري بنية القصيدة، ترجمة: د. محمد فتوح أحمد، مؤسسة المعارف لطباعة والنشر، القاهرة، 1995م، ص27.

85 – كتاب الحدوس، ص96.

86 – إبراهيم جابر علي، المعجم الشعري، بحث في الحقول الدلاليّة للكلمة في الخطاب الشعري، أمواج للنشر والتوزيع، عمّان، 2015م، ص15.

87 – د. محمد عبد المطلب، قراءات أسلوبيّة في الشعر الحديث، الهيئة المصرية العامة للكتاب، القاهرة، ط1، 1995م، ص60.

88 – د. صلاح عيد، التخييل نظرية الشعر العربي، مكتبة الآداب، القاهرة، سلسلة الدراسات الإنسانية (4)، 1993م، ص83.

89 – سيلفي باترون، الراوي، مدخل إلى النظرية السردية، ترجمة: أحمد السماوي، محمد الخبو، محمد القاضي، محمد نجيب العمامي، إشراف: محمد القاضي، وزارة الشؤون الثقافية، معهد تونس للترجمة، تونس، ط1، 2017م، ص346.

90 – شربل داغر، خارج القصيدة: بين تلفّظ المتكلّم والتعالق مع الغير، دار خطوط وظلال، عمّان، ط1، 2021م، ص10.

91 – كتاب الحدوس، ص69-71.

92 – نبيل منصر، الخطاب الموازي للقصيدة العربية المعاصرة، دار توبقال للنشر، الدار البيضاء، ط1، 1997م، ص47.

93 – هنري برغسون، التطوّر المبدع، ترجمة: جميل صليبا، اللجنة اللبنانية لترجمة الروائع، بيروت، 1981م، ص272.

94 – روبرت شولتز، السيمياء والتأويل، ترجمة: سعيد الغانمي، المؤسسة العربية للدراسات والنشر، بيروت، عمّان، ط1، 1994م، ص73.

95 – شعيب حليفي، النصّ الموازي للرواية (استراتيجية العنوان)، مجلة الكرمل، قبرص، العدد46، 1992م، ص82.

96 – د. محمد مفتاح، دينامية النص، المركز الثقافي العربي، الدار البيضاء، ط1، ص72.

97 – بيير غيرو، السيمياء، ترجمة: أنطوان أبي زيد، منشورات عويدات، بيروت، ط1، 1984م، ص14.

98 – محمد سالم الأمين الطلبة، مستويات اللغة في السرد المعاصر (دراسة نظرية تطبيقية في سيمانطيقا السرد)، الانتشار العربي، بيروت، ط1، 2008م، ص135.

99 – كتاب الحدوس، ص18.

100 – كتاب الحدوس، ص97.

101 – كتاب الحدوس، ص42.

102 – كتاب الحدوس، ص68.

103 – كتاب الحدوس، ص128.

قائمة المصادر والمراجع:

(1) إبراهيم بن سعيد، حياة الشعر، مجلة الفلق، العدد السابع والأربعون، ثقافة وفكر، مسقط، بتاريخ 2014/3/27م.

(2) إبراهيم جابر علي، المعجم الشعري، بحث في الحقول الدلاليّة للكلمة في الخطاب الشعري، أمواج للنشر والتوزيع، عمّان، 2015م.

(3) إبراهيم رماني، الغموض في الشعر العربي الحديث، ديوان المطبوعات الجامعية، الجزائر، 1991م.

(4) أبو الحجاج يوسف بن سليمان بن عيسى الأعلم (الشنتمري ت 476هـ) (ترتيب) كتاب الحماسة، ج1، تحقيق: د. مصطفى عليان، منشورات جامعة أم القرى، مكة المكرّمة، 1422هـ.

(5) أبو الفضل جمال الدين محمد بن مكرم ابن منظور الإفريقي المصري، لسان العرب، المجلد الخامس عشر، باب الواو، ص286، بيروت – لبنان، ط1، 2000م.

(6) أحمد زياد محبك، قصيدة النثر في سوريا في التسعينيات من القرن العشرين، ملخصات بحوث التجربة الشعرية السورية الحديثة، واقع وآفاق، جامعة تشرين، كلية الآداب والعلوم الإنسانية، اللاذقية، سوريا، 2002م.

(7) د. أحمد مطلوب، معجم النقد العربي القديم، الجزء الأوّل، دار الشؤون الثقافية العامة، بغداد، 1989م.

(8) أ. أ. رتشاردز، مبادئ النقد الأدبي والعلم والشعر، ترجمة وتقديم وتعليق: محمد مصطفى بدوي، المشروع القومي للترجمة، العدد416، القاهرة، ط1، 2015م.

(9) إريك غريلو، فلسفة اللغة، ترجمة: د. عفيف عثمان، دار المعارف الحكمية، بيروت، ط1، 2018م.

(10) إشراق مظلوم التميمي، تداخل الفنون في شعر سعدي يوسف، من إصدارات مشروع بغداد عاصمة الثقافة العربية، ط1، بغداد، 2013م.

(11) اعتدال عثمان، جماليات المكان، مجلة الأقلام، بغداد، العدد2 لسنة 1986م.

(12) أمبرتو إيكو، سيميائيات الأنساق البصريّة، ترجمة: محمد التهامي العماري، محمد أودادا، مراجعة وتقديم: سعيد بنكراد، دار الحوار للنشر والتوزيع، سوريا، اللاذقية، ط1، 2008م.

(13) أوكتافيو باث، اللهب المزدوج، ترجمة: المهدي أخريف، المجلس الأعلى للثقافة والفنون، القاهرة، ط1، 1998م.

(14) بدوي محمد، المنهجية في البحوث والدراسات الأدبية، تونس، مدينة سوسة، دار الطباعة للمعارف والنشر، 1998م.

(15) بيير غيرو، السيمياء، ترجمة: أنطوان أبي زيد، منشورات عويدات، بيروت، ط1، 1984م.

(16) جان كوهن، الكلام السامي، نظرية في الشعرية، ترجمة وتقديم وتعليق: د. محمد الولي، دار الكتاب الجديد المتّحدة، بيروت، ط1، 2013م.

(17) جمال حمود، فلسفة اللغة عند لودفيغ فتغنشتاين، منشورات الاختلاف، الجزائر، ط1، 2011م.

(18) جيرار لو لودال، بالتعاون مع جوويل ريطوري، السيميائيات أو نظرية العلامات، ترجمة: د. عبد الرحمن بو علي، دار الحوار للنشر والتوزيع، سوريا، اللاذقية، ط1، 2004م.

(19) جيرالد برنس، المصطلح السردي، ترجمة: عابد خزندار، مراجعة وتقديم: محمد بريري، المجلس الأعلى للثقافة، القاهرة، ط1، 2003م.

(20) حسن نجمي، شعريّة الفضاء، المتخيّل والهويّة في الرواية العربيّة، المركز الثقافي العربي، بيروت، ط1، 2000م.

(21) خزعل الماجدي، العقل الشعري، الجزء الثاني، الطبعة الأولى، دار الشؤون الثقافية العامة، بغداد، 2004م.

(22) ديوان الشافعي، تحقيق: الدكتور محمد عبد المنعم خفاجي، مكتبة الكليات الأزهرية، القاهرة، ط2، 1985م.

(23) د. رشيدة التركي، الجماليات وسؤال المعنى، ترجمة وتقديم: إبراهيم العميري، الدار المتوسطية للنشر تونس، ط1، 2009م.

(24) روبرت شولتز، السيمياء والتأويل، ترجمة: سعيد الغانمي، المؤسسة العربية للدراسات والنشر، بيروت، عمّان، ط1، 1994م.

(25) د. سمير سعيد حجازي، قاموس مصطلحات النقد الأدبي المعاصر، دار الآفاق العربية، القاهرة، ط1، 2001م.

(26) سيلفي باترون، الراوي، مدخل إلى النظرية السردية، ترجمة: أحمد السماوي، محمد الخبو، محمد القاضي، محمد نجيب العمامي، إشراف محمد القاضي، وزارة الشؤون الثقافة، معهد تونس للترجمة، تونس، ط1، 2017م.

(27) شاعرية الكتب والأمكنة، حوارات مع عز الدين المناصرة، المؤسسة العربية للدراسات والنشر، بيروت، ط1، 2000م.

(28) د. شجاع مسلم العاني، البناء الفني في الرواية العربية في العراق (الوصف وبناء المكان)، دار الشؤون الثقافية العامة، ط1، بغداد، 2000م.

(29) شربل داغر، خارج القصيدة: بين تلفّظ المتكلّم والتعالق مع الغير، دار خطوط وظلال، عمّان، ط1، 2021م.

(30) شعيب حليفي، النصّ الموازي للرواية (استراتيجية العنوان)، مجلة الكرمل، قبرص، العدد46، 1992م.

(31) د. صلاح عيد، التخييل نظرية الشعر العربي، مكتبة الآداب، القاهرة، سلسلة الدراسات الإنسانية (4)، 1993م.

(32) عادل ضاهر، الشعر والوجود، دراسة فلسفية في شعر أدونيس، دار المدى للثقافة والنشر، دمشق، ط1، 2000م.

(33) د. عبد الله الغذّامي، القصيدة والنصّ المضاد، المركز الثقافي العربي، بيروت، ط1، 1994م.

(34) د. عبد الملك مرتاض، التحليل السيميائي للخطاب الشعري، منشورات اتحاد الكتاب العرب، دمشق، 2005م.

(35) د. عزيز لعكايشي، مستويات الأداء الدرامي عند شعراء التفعيلة، عالم الكتب الحديث، إربد، الأردن، 2010م.

(36) علي العامري، كتاب الحدوس – مختارات من ثلاث مجموعات شعرية –، خطوط وظلال للنشر والتوزيع، عمّان، 2021م.

(37) د. علي عبد المعطي محمد، تيارات فلسفية معاصرة، دار المعرفة الجامعية، الإسكندرية، 1984م.

(38) علي متعب جاسم، الشعر العراقي الحديث (جيل السبعينات: الرؤية والفن)، أطروحة دكتوراه، الجامعة المستنصرية، كلية الآداب، 2006م.

(39) د. علي نجيب إبراهيم، جماليّات اللفظة بين السياق ونظرية النظم، بحثاً عن طريقة لقراءة النصّ القديم، دار كنعان للدراسات والنشر والتوزيع، دمشق، ط1، 2002م.

(40) غالي شكري، شعرنا الحديث إلى أين؟ دار الآفاق الجديدة، بيروت، ط2، 1978م.

(41) محمد سالم الأمين الطلبة، مستويات اللغة في السرد المعاصر (دراسة نظرية تطبيقية في سيمانطيقا السرد)، الانتشار العربي، بيروت، ط1، 2008م.

(42) محمد بن سلام الجمحي 139-231هـ، طبقات فحول الشعراء، السفر الأول، قرأه وشرحه: أبو فهر، محمود محمد شاكر، مطبعة المدني، المؤسسة السعودية بمصر، القاهرة، د. ت.

(43) محمد صابر عبيد، البقع الشعرية الأرجوانية، مقاربة جمالية في ديوان «لا حرب في طروادة، كلمات هوميروس الأخيرة»، دار خطوط وظلال للنشر والتوزيع، عمّان ط1، 2020م.

(44) محمد صابر عبيد، التنوير الشعريّ، دار فضاءات للنشر والتوزيع، عمّان، ط1، 2020م.

(45) محمد صابر عبيد، القصيدة الرائية، أسئلة القيمة الشعرية، دار الحوار للنشر والتوزيع، سوريا، اللاذقيّة، الطبعة الأولى 2011م.

(46) محمد صابر عبيد، نماذج البناء الفني في شعر أحمد عبد المعطي حجازي، مجلة الأقلام، بغداد، العدد2، السنة 1987م.

(47) د. محمد عبد المطلب، قراءات أسلوبيّة في الشعر الحديث، الهيئة المصرية العامة للكتاب، القاهرة، ط1، 1995م.

(48) محمد مفتاح، دينامية النصّ – تنظير وإنجاز – ، المركز الثقافي العربي، بيروت، ط1، 1987م.

(49) محمد مفتاح، في سيمياء الشعر القديم، دراسة نظرية وتطبيقية، دار الثقافة للنشر والتوزيع، الدار البيضاء، 1989م.

(50) مرشد الزبيدي، بناء القصيدة الفني في النقد العربي القديم، دار الشؤون الثقافية العامة، بغداد ط1، 1988م.

(51) المصطفى شادلي، البنيوية في علوم اللغة، ترجمة: سعيد جبار، رؤية للنشر والتوزيع، القاهرة، ط1، 2015م.

(52) منصف الشللي، ومض الأعماق، مقالات في علم الجمال والنقد، دار كنعان للدراسات والنشر والتوزيع، دمشق، 2001م.

(53) ميجان الرويلي وسعد البازعي، دليل الناقد الأدبي، إضاءة لأكثر من سبعين تياراً ومصطلحاً نقدياً معاصراً، المركز الثقافي العربي، بيروت، ط3، 2002م.

(54) د. لطفي فكري محمد الجودي، النصّ الشعريّ بوصفه أفقاً تأويلياً، قراءة في تجربة التأويل الصوفيّ عند محيي الدين بن عربي، ديوان «ترجمان الأشواق» نموذجاً، مؤسسة المختار للنشر والتوزيع، القاهرة، ط1، 2011م.

(55) ليلى درغوث، المكان والزمان في يوميات نائب في الأرياف، مجلة الحياة الثقافية، العدد58 لسنة 1990م.

(56) د. نبيلة إبراهيم، نقد الرواية من وجهة نظر الدراسات اللغوية، مطابع الفرزدق، السعودية، 1980م.

(57) نبيل منصر، الخطاب الموازي للقصيدة العربية المعاصرة، دار توبقال للنشر، الدار البيضاء، ط1، 1997م.

(58) د. نصر الدين بن غنيسة، فصول في السيميائيات، عالم الكتب الحديث للنشر والتوزيع، إربد، الأردن، ط1، 2011م.

(59) نجيب العوفي، مقاربة الواقع في القصة القصيرة المغربية من التأسيس إلى التجنيس، المركز الثقافي العربي، ط1، الدار البيضاء، 1987م.

(60) هانس غيورغ غادامير، فلسفة التأويل، الأصول. المبادئ. الأهداف، ترجمة محمد شوقي الزين، منشورات الاختلاف، الجزائر، المركز الثقافي العربي، بيروت، الدار العربية للعلوم، بيروت، ط2، 2006م.

(61) هاشم صالح، ميشيل فوكو كما يراه النقد الفلسفي الفرنسي، مجلة مواقف، بيروت، عدد49، سنة 1984م.

(62) هنري برغسون، التطوّر المبدع، ترجمة: جميل صليبا، اللجنة اللبنانية لترجمة الروائع، بيروت، 1981م.

(63) يوري لوتمان، تحليل النص الشعري بنية القصيدة، ترجمة: د. محمد فتوح أحمد، مؤسسة المعارف لطباعة والنشر، القاهرة، 1995م.104

الفهرس